GOOD POWER

Leading Positive Change in Our Lives, Work, and World

勇往直前

［美］罗睿兰（Ginni Rometty）著　靳婷婷 译

中国出版集团
中译出版社

Original work copyright © 2023 Harvard Business School Publishing Corporation
Published by arrangement with Harvard Business Review Press
Unauthorized duplication or distribution of this work constitutes copyright infringement.
Simplified Chinese translation copyright © 2024 by China Translation & Publishing House
ALL RIGHTS RESERVED

著作权合同登记号：图字 01-2023-3050 号

图书在版编目（CIP）数据

勇往直前 /（美）罗睿兰著；靳婷婷译 . -- 北京：中译出版社，2024.1（2024.5 重印）
书名原文：Good Power: Leading Positive Change in Our Lives, Work, and World
ISBN 978-7-5001-7500-1

Ⅰ. ①勇… Ⅱ. ①罗… ②靳… Ⅲ. ①罗睿兰—自传 Ⅳ. ① K837.125.38

中国国家版本馆 CIP 数据核字（2023）第 204179 号

勇往直前

著　　者：[美] 罗睿兰
译　　者：靳婷婷
策划编辑：刘　钰
责任编辑：刘　钰　刘　畅
营销编辑：赵　铎　魏菲彤
版权支持：马燕琦

出版发行：中译出版社
地　　址：北京市西城区新街口外大街 28 号普天德胜大厦主楼 4 层
电　　话：(010) 68002494（编辑部）
邮　　编：100088
电子邮箱：book@ctph.com.cn
网　　址：http://www.ctph.com.cn

印　　刷：北京盛通印刷股份有限公司
经　　销：新华书店
规　　格：710 mm×1000 mm　1/16
印　　张：17
字　　数：220 千字
版　　次：2024 年 1 月第 1 版
印　　次：2024 年 5 月第 2 次印刷

ISBN 978-7-5001-7500-1　　　　定价：69.00 元

版权所有　　侵权必究
中　译　出　版　社

献给我一生的挚爱马克，
献给我的母亲，
献给我的小姨黛安娜，
献给我的外婆玛丽，
献给我的太婆乌什卡。

推荐序

我在她的光芒中

李恩祐 / 耶鲁大学管理学院副院长，京东集团董事

"我在她的光芒中。"

在《勇往直前》（*Good Power*）这本书中，IBM 前董事长兼 CEO、作者罗睿兰曾经的竞争对手和长期合作伙伴贾尼丝·卡夫迈耶如此形容与她的关系，这也是我在读完这本书之后久久不能平复的感受。

作为 IBM 历史上第一位女性掌舵人，外界关注的是她如何能坐到这个位置上，以及如何在尖端且多变的行业中领航一家有着百年辉煌史的优秀科技企业。显然，罗睿兰用三大部分共 13 章的篇幅完美地回答了这个问题，并讲述了自己是如何坚韧地突破家庭、机构和世界的重围，引领积极变革的动人故事。

罗睿兰非凡的旅程始于她的成长岁月，一个由坚强的女性们组成的家

庭以优雅的力量面对并克服了动荡。在一个女性容易被边缘化的世界里，罗睿兰的家人用实际行动让她相信，她不仅可以融入，还可以引领和超越。这堂关于独立与开拓的早期课对塑造她未来的职业生涯和领导力至关重要。这也成为她日后处世哲学的核心理念——一次次处理危机，并在逆境中保持清醒、冷静和专注。

引领一家历经一个多世纪、既传统又要不断创新的强大商业帝国并非易事，更何况是在男性主导的科技世界中。这家跨国企业与世界顶尖大学等机构一样有着成熟的组织框架，要在其中开拓创新，难度可想而知。而她通过信念、包容和远见为这艘"航母"保驾护航的同时，还不断冲破障碍，重塑价值，带领这家传奇公司再攀巅峰，更是难能可贵，为我们树立了即使是有着根深蒂固组织架构的"庞然大物"依然可以实现灵活变革的范本。

罗睿兰的与众不同之处还在于她对多样化、包容性和社会责任的重视。她为科技行业中的少数群体（如女性、少数族裔）"鼓与呼"；为聪明上进但学历并不光鲜的人才倡导"技能优先"；甚至对待意见相左者，她也能报以开放和宽容的心态与立场。这与耶鲁的价值观产生了强烈共鸣。在耶鲁，培养人才、拥抱多元化和保持思想独立是其使命的核心。具备这样的领导力，无论是面对复杂挑战，还是保持基业长青，都是成功的关键。

如果你正处于职业的迷茫期，或是为更大群体的福利深感责任在肩，抑或是抵御不住生活的"风暴"时，不妨打开《勇往直前》读下去，除了被罗睿兰生命历程中一段段引人入胜的故事打动之外，还会被那些温暖、富有深意的话语和宝贵的经验"点亮"。

正如书中勉励的那样，不要害怕，去吧，"成为风暴"。

中文版序

致中国读者

亲爱的读者，我很高兴《勇往直前》能够在中国出版。

在 IBM 工作的 40 年里，我曾无数次前往中国，与相关团队、客户和业务合作伙伴一起访问、参观、学习，会见政府官员，并参加中国发展高层论坛等重大活动。

2012 年，也就是我成为 IBM 第 9 任 CEO 的那一年，我选择在北京和上海召开了我的第一次董事会会议。每次访问，我都在探索中国的历史、传统和文化，我也更加深刻地了解到中国的发展愿望。在随后的每一次旅行中，我都能看到这些增长愿望越来越多地被实现，而且在许多情况下超过了我的预期。

这本书也是关于成长的。具体来说，就是作为一名专业人士，如何在工作中和一家公司一起成长。

我相信每个人都有成长的能力，即内在的正能量，让我们以积极的方式影响他人，有意义地改变。为了说明这一点，我从我的生活经历和领导生涯中总结了一些经验教训，这些经验教训适用于任何行业和个人职业规划的任何阶段。

我的很多想法都是不受时间影响的，它们与现在中国的发展有关，因为许多中国企业正处于经济指数级增长的尖端。

一家企业要想存活几十年，甚至几百年，就必须以正确的方式成长。在任何新技术出现之初，记住这一点尤为重要。人工智能（AI）和量子计算等转型技术具有推动业务更好发展的巨大潜力，但它们必须被谨慎地使用，否则弊大于利。我们曾在世界各地看到过这种情况，这就是为什么在当下，成为优秀的技术管理者，并且正确行使其管理权力如此重要的原因，这也是我在本书中所撰写的一个主题。

也就是说，《勇往直前》不是一本关于技术的书，它的核心是人——是你、你的团队和你所在的企业与社区。我想传达的是，我们应该如何提高为他人服务的意识，如何激励人们做最好的自己，领导者如何帮助员工解决问题并做出艰难的选择，以及企业管理者如何在面对危机、批评和挑战时更具弹性。我还在书中建议，所有人都需要终身学习，扩大我们所学的知识范畴，这样就可以为更多人创造积极的变化。这些原则反映了对我来说很重要的价值观，我希望它们也能反映出对你来说很重要的价值观。

最能引起我个人共鸣的中国价值观，就是尊重孝顺父母的文化。你们将在本书中见到我的母亲，她是对我影响深远的坚强女性。事实上，正是我的母亲最先教会了我什么是权力。几年前，我和母亲曾计划一起去中国旅游，但她不幸生病了，我们不得不取消旅行计划。今天，和母亲一起去中国，仍然是我的一个愿望。

现在，我很荣幸能与大家分享我的一些人生经历。谢谢你的阅读，感恩。

前言

用正能量直面挑战

我的父亲在某一年感恩节即将到来之际抛弃了家庭。关于这件事，母亲、弟弟、两个妹妹和我的记忆各不相同。

一天，母亲正在收拾搬家的箱子，父亲突然说，他已经不爱她了，也不准备和我们一起搬到芝加哥郊区的新家。得知父亲不愿再和我们一起住的时候，弟弟乔哭了起来。乔曾经希望，这个从未出席过他的棒球比赛的男人，有朝一日能奇迹般地成为一位真正的父亲，但在他14岁那年，所有的幻想全都破灭。安妮特是两个妹妹中年纪比较大的一个，在她看来，这场离去意味着父亲抛弃了她，不愿为她留在家中。当时，安妮特只有8岁，达琳只有5岁。达琳记得，听到"离婚"这个词，她便坐在我的腿上大哭起来，虽然她并不明白这个词是什么意思。

而我的记忆却非常清晰。那年我16岁，走进新家的车库时，我无意中听到母亲告诉父亲，她急需用钱。

"尼克，你什么钱都不付，"她的声音在水泥墙上发出回响，"我们要吃饭，还有房贷要还。"

父亲接下来说的话，让我和我们全家的世界天翻地覆。

"我是一分钱也不会给你的！就算你到街上卖身，也不关我的事！"

然后，他便走出房门，驱车而去，留下母亲孤身一人。母亲没有钱，她只有高中学历，除了做家庭主妇之外，她没有任何工作经验。那年她34岁，心中充满了绝望和恐惧。除此之外，她还有4个孩子——这些孩子突然置身于一个充满不确定的环境中，急需母亲为他们撑起一片天。

父亲的离去，把我们一家逼到了一个十字路口。之后，母亲选择进入社区大学深造，好找一份工作来养家糊口。这条路让我看到，无论面对多么绝望的境遇，每个人都有为自己和他人创造机遇的能力。我也尝试将这条经验注入自己的生活和工作中。在母亲上学并兼顾两份工作的同时，我便帮忙照顾弟弟妹妹，直到我高中毕业，成为我们家几代人中第二个考上四年制大学的人。

1981年，我开始在IBM担任初级系统工程师。现在，这家公司已经成为美国历史最悠久且最具标志性的公司之一。经过30载的学习和领导，我于2012年成为IBM的第9任CEO（首席执行官），也是该公司百年历史上第一位女性CEO。在领导公司走过了一段必经而跌宕的重塑时期后，我于2020年从IBM退休。

这段经历，让我得以在最前线亲历了40载的科技和社会变革。时至今日，我仍在致力于践行母亲对我的教诲：为更多人创造更好的机会。而这本书的创作，也是这项使命的一部分。

若问这本书的主要内容是否基于我作为一名商界女性的经验，旨在为女性提供领导力相关的建议，答案是否定的。没错，我的职业生涯是在由男性主导的科技行业发展起来的，没错，我也的确打破了针对女性的职场玻璃天花板。但是，这些只是更宏大的故事和更广泛的领导经验中的部分因素。同样，这本书的主题不是科技，也不是 IBM 这家我所热爱并有幸为之效力的公司。但是，如同我的故事和回忆中不可避免地带有性别的影子一样，IBM 也不可避免地交织在其中。

如果要对我所写的内容下一个准确的定义，我认为这是一本"带着使命感的回忆录"。因为，我是带着一个比我和我的人生更为宏大的理念书写这段经历的。这个理念与我们所有人都息息相关，即如何通过积极的方式推动意义重大的变革，为了我们自己，为了我们的组织，为了大多数人的福祉，而不仅仅为了照顾少数人的私利。我把这个理念，称为"正能量"。

什么是正能量

描写某种"力量"，并不是我一开始的本意，而是在创作过程中逐渐形成的想法。

将点滴经历串联起来时，我发现，我投入了大量精力以推动事情朝着好的方向发展，或是解决了一些问题，或是努力在特定时间内完成任务。我对我的家人和自己是这样，对我的客户和同事也是这样，对我的公司甚至更广阔的领域还是这样。

现在回想起来，我发现，坚信自己拥有"积极改变的力量"使我获得了成长。通过努力工作和周围人的支持，我可以影响事情的结果，甚至改变现状。从本质上讲，我相信自己拥有这种"力量"，即使我从来没有用过这个词。这不是消极刻板意义的力量，如"自私自利""咄咄逼人"或"等级分明"。我从经验中学到，力量不一定是消极的，正能量，是切实存在的。

我观察到，带着尊重所行使的力量是积极的。将人们凝聚在一个共同的目标下，激励他们成为最好的自己，这样的力量是积极的。最大限度地发挥有益的影响，积极规避而非消极忽视有害的后果，以此为出发点的力量是积极的。兼容并包、与人共享、合理分配，这样的力量是积极的。

回顾过去，我注意到了力量的另一个特征。当人们本着弥合分歧的精神，化解对立方激发的矛盾时，问题就会得到解决。复杂的问题很少甚至绝非能用"对或错""是或否""此或彼"来回答。我亲眼看到，与其坚持"非黑即白"，不如将"黑白兼顾"这种路径视为最佳解决方案，这样我们反而会收获更多。规避冲突虽然看似省时省力，但直面冲突才更有成效。这么多年以来，我一直在强调成长和舒适永远不能共存，对个人、组织和国家都是如此。如果想要修复破损的旧体制，我们就必须跳出舒适圈，拿出敢于面对的勇气。

关于力量，我认识到的另一个真理是，具有实际意义的力量，必须能够推动切实的进步。这意味着，无论是彻底实现还是部分实现，力量一定要为某事或某人带来益处，只有抽象的意图而没有实际的进展，只能算是徒劳。

从根本上说，我在这本书的创作过程中认识到，力量是让现状变得更好的必要因素。带着尊重之心行使的力量，能够化解矛盾的力量，力争进步、务求完美的力量，都属于积极的力量。尊重，矛盾，进步。大家会发现，这些理念贯穿在整本书中，因为这些理念也贯穿了我的人生经历。这三者成为我以积极的方式引领重大变革的关键因素，愿其对大家也有同样的影响。

本书的三个部分：自我，我们，大家

随着影响力的扩大，我们引领积极变革的能力在范围和效果上都会有所提升。

年轻的时候，我们总是以"自我"为中心。在上学和刚刚开启职业生涯时，我们的使命是在塑造基本价值观和性格特征的同时，成为成年人。随着承担责任的增加，我们的使命从"自我"发展到了"我们"。我们的决定会对他人产生影响，比如伴侣、孩子以及共事的个人和组织。到了某个节点，我们会发现自己有能力在一定范围内产生积极的影响，我们的使命也扩大到让"大家"这个集体变得更好，包括被忽视的群体、社会、国家、环境以及我们共享的世界。

"自我""我们"以及"大家"，这三者的影响范围分别与我人生旅程的不同阶段相对应，因此，我将这本书分为三个不同的部分，虽然这三部分分享的都是我过去的经历，但每一部分的结构和意图都有所不同。

在第一部分"自我的力量：改变人生"中，大家将读到影响我的童年和早期职业生涯中的里程碑事件，包括家庭的矛盾与温情、财务状况的跌宕与起伏、大学的教育经历，以及导师传授的智慧。这些年的经历让我明白，我有能力对自己和在乎的人的生活产生影响。之所以详细分享这些年来的点滴，是因为我相信，花时间反思过去，有助于我们站在个人和领导者的视角了解自己是谁、看重什么及其背后的原因。

在第二部分"我们的力量：改变工作"中，我对一些理念进行了反思。在事后总结时，我将这些理念命名为"正能量的五大原则"。这些原则的内容，涉及如何对正能量加以利用，这些章节提供了实用的方法和见解，并通过故事加以说明。

每一章的内容，都以其中的一个原则为主题：

造福他人。这一原则是正能量的根本目标，旨在通过满足需求让某人或某事变得更好，而满足对方的需求，反过来也能让我们自己的需求得到满足。我将这一原则称为正能量的灵魂，这不仅拉近了我与客户和同事之间的关系，也为我多年后所倡导的"技能优先"运动指明了方向。

建立信任。这一原则是正能量的心脏，因为我们不应强迫而应鼓励他人心甘情愿地接受变革，并参与到创造变革的工作之中。运用自己的影响力对抗权威，说服对方接受新的现实，这样的经验，我已有过多次。

明辨如何改变，如何保留。任何有意义的变革都离不开批判性思维、大胆的创造和极其艰难的抉择。这一原则是正能量的大脑。我在重塑IBM时，就利用了这一原则及其实践方法。

为优秀科技保驾护航。即使不在科技行业，人人也都会用到科技。这一原则的关键是在当前的数字时代促进信任和包容，利用科技赋能人性化服务。为优秀科技保驾护航是正能量的肌肉，要想长期坚持做正确的事，勇敢发声，为他人辩护，膂力是不可或缺的。

坚韧不拔。改变需要时间和毅力。稳固的人际关系和合理的心态能为我们提供正确审视事物的视角，帮助我们克服障碍，同时坚持对自己和使命的信念。这是正能量坚定不移的精神所在。

这五大原则让我们得以从概念上认识正能量。我认为，这些原则有助于建立相互尊重的关系，弥合分歧，推动进步。

在第三部分"大家的力量：改变世界"中，我分享了自己多年来致力于推动社会变革的故事，在这个过程中，我对已经破碎的体制进行了重新思考。我们是要对部件进行重塑，还是将整体彻底拆解重组？针对这种问题，大规模推行正能量，有助于化解对立方的矛盾，把大家团结在一起，共同制定解决方案。在这些章节中，我将与大家分享一项正在进行的工作，这项工作旨在让雇主根据个人的技能水平制定招聘和晋升决策，而不仅仅盯着学位和高等教育证书，从而拓宽大家获得优质工作的渠道。我将这种激动人心的全新招聘和晋升方法称为"技能优先"模式（Skills First）。我的目的是向大家展示如何利用正能量来构建伟大的创想，"技能优先"只是我倡导的诸多运动中的一例。但愿这部分内容能鼓励大家通过对自己有意义的方式运用正能量，为我们的世界带来意义重大的变革。

选择前进的道路

当然，每个人自身的经历、困境和信仰，都会影响他对书中内容的解读。

或许你会从书中看到一个从不幸环境中成长起来并实现美国梦的主人公；或许你会看到一个懂得对自己天生或后天得到的特权加以利用的年轻女性。这两种人生没有对错之分。你们会看到，我拥有其他人没有的资源，但与此同时，我的家庭也缺乏其他人拥有的资源。我对任何事都不会理所当然，也很感激我获得的机遇和我所选择的道路。

如果你是一位 IBM 员工，我要告诉你，我怀揣着极大的尊重与诚恳来书写关于这家公司的内容。这本书不是 IBM 的历程，甚至不能算是我整个人生的记录，但它仍是一本充满故事和经验教训的书。其中的许多内容，都发生在我为 IBM 效力的几十载的岁月中，因为那是我为之效力终身的公司。我在书中分享了自己的观点，也表达了我对 35 万名在我担任首席执行官期间与我并肩奋斗的员工的感激之情，他们中的许多人，至今仍在为这家公司的第二个百年历程贡献力量。在我眼中，IBM 员工永远都是一家人。

进入 21 世纪 20 年代后，我们的世界似乎又站在了一个十字路口上。我们必须选择前进的道路。我们可以感到无助，也可以发掘内心的正能量，以或宏观或微观的方式加以运用，推动意义重大的变革。这是我们所有人都可以做出的选择，因为正能量并不是那些有钱有势或制造最大噪音的人的特权。我的母亲就是一个很好的例子，即便在几乎一无所有的时候，她仍保留着自己的力量，而这，才是重中之重。在父亲的离去将我们一家置于十字路口时，母亲做出的选择帮助我们摆脱了低保救济，保住了我们的房子，让我们在经济上能够自给自足，同时也为自己重拾尊严。母亲的行为感染了我，或许她的正能量也会让大家受到启发。

感谢大家阅读本书。

目录

推荐序　我在她的光芒中　　... I

中文版序　致中国读者　　... III

前言　用正能量直面挑战　　... V

第一部分　自我的力量：改变人生　... 001

　　第 1 章　拥抱我的原生家庭　... 003

　　第 2 章　拓展我的世界　... 019

　　第 3 章　聆听我的心声　... 030

　　第 4 章　学习，永无止境　... 037

　　第 5 章　跳出舒适圈　... 051

第二部分　我们的力量：改变工作　... 061

　　第 6 章　造福他人　... 063

　　第 7 章　建立信任　... 084

第 8 章　明辨如何改变，如何保留　... 116

第 9 章　为优秀科技保驾护航　... 151

第 10 章　坚韧不拔　... 174

第三部分　大家的力量：改变世界　... 193

第 11 章　为更多人创造更美好的未来　... 195

第 12 章　技能优先　... 211

第 13 章　积极变革，勇往直前　... 228

结语　如何成就，才是关键　... 247

致谢　... 249

第一部分

自我的力量:改变人生

青年时代遇到的人和事，会对我们工作和领导方式产生影响。因此，我选择利用前几章的内容讲述自己童年和早期职业生涯的故事。我一闭上眼睛就能看到那些面孔和那些地方。外婆的台灯店、坐在厨房桌旁的妹妹们的身影、湖边的第一次约会，以及作为唯一的女性面对各种场合的体验。从家人、朋友到最初的几任上司，各位读者即将遇到的这些角色，都对我的性格、价值观和习惯产生了巨大的影响。我之所以成为现在的我，部分要归功于他们。

这些年的经验，也在我的心中播下了三颗核心理念的种子，然而，我在事后很久才把这些核心理念总结出来：第一，教育和就业等机会，能够释放我们的潜力；第二，在人生各阶段不断学习新技能的习惯，这是一种无价的资产；第三，我们每个人都有能力在生活中创造积极的变革。

我们每个人都有"自我的力量"，即激发自己的才能、梦想和意志的选择。我们无须将现状当成命运来全盘接受。相反，有了这种力量，我们就能带着优雅和坚毅勇敢面对眼前的障碍。这就是我希望大家从第一部分内容中得到的启发。

另外，我也希望这些内容能够启发大家思考：过去的经历，对你的工作和领导方式产生了怎样的影响？有哪些打动你的时刻？有哪些铭刻心中的价值观？闭上双眼，浮现在你眼前的是谁的面容？

第 1 章　拥抱我的原生家庭

我的太婆索罗米娅·乌什卡来自白俄罗斯明斯克，第一次世界大战期间，她成了一家人中唯一的幸存者。在战争结束前，她和丈夫丹，也就是我的太公逃到了美国，在芝加哥落脚。

后来，索罗米娅又经历了两场人生悲剧：两岁的女儿在一次野餐时被车撞死，酗酒的丈夫死于糖尿病。她成了一介寡妇，身无分文，也无一技之长，一个人拉扯儿子保罗长大。除此之外，索罗米娅也不会说英语。她是个结实健壮的女人，从不以做粗活为耻，她在芝加哥北密歇根大道两层高的箭牌大厦找到了一份夜间清洁女工的工作。她的成年生活的大部分时间，都在拖走廊和擦洗厕所中度过。在我的成长过程中，太婆总会在圣诞节给我和乔发 10 美元的零花钱，外加一小锡盒装得满满的箭牌口香糖。

退休之后，太婆搬到了城郊的一幢一层的砖房里，当时，那附近还是一片农田。我和弟弟妹妹每隔几个月就去看她一次，暑假的时候会去待上两周。我们会帮她割草坪，在花园里摘西红柿和草莓，爬李子树，在附近的格里斯沃尔德湖游泳。太婆那朴实无华的房子，就像一片美好的绿洲。她领取微薄的退休金和社会保障金，还兑换了 30 年来坚持每周购买的储蓄国债，用这些钱养活自己。太婆是一位坚韧不拔、富有智慧的女性，依靠生存的本能并秉持一条简单的哲学过活：努力工作，多多存钱。

除此之外，太婆也很坚强。1967 年，太婆被诊断出患有乳腺癌，医生说她只有 6 到 18 个月可活。然而，她又活了 10 年之久。

太婆的儿子保罗娶了一个美丽动人而吃苦耐劳的女人，名叫玛丽，她为保罗诞下了女儿阿琳。不久之后，保罗死于风湿热，撇下他的妻子，也就是我的玛丽外婆。玛丽面临着同样悲惨的家庭处境：她成了一个年轻的寡妇，没有存款，没有学历，还有一个嗷嗷待哺的孩子，就是我的母亲阿琳。

一个是保罗的母亲，一个是保罗的妻子，太婆和玛丽外婆都为他的离去而哀恸。就这样，两个人搬到一起，一是为了省钱，二是为了搭手抚养阿琳。太婆晚上在箭牌大厦工作，玛丽则白天兼好几份工，其中一份是在一家制衣厂当车间女工。那里的工作环境很危险，一次，她的头发被裁剪机夹住，所幸没有受重伤。

后来，玛丽外婆再婚，搬去和第二任丈夫西奥多住在一起，并生下了一个叫黛安娜的女儿。他们一起在家里开了一家制作和销售台灯的公司，由外婆负责设计和回收台灯的装饰灯罩。他们在《芝加哥论坛报》上刊登的黑白广告夸口宣称："我司销售各种台灯以及手工缝制且可水洗的灯罩，产品覆盖各种价格区间，可搭配所有装潢风格。"他们的生意越做越大，经营范围扩展至各式小型家具和礼品。到了 1960 年，玛丽和西奥多把商店搬到了贝尔蒙特大道上的一幢两层建筑中，玛丽的台灯和灯罩店在一楼，楼上则是他们的三居室住宅。

1966 年，西奥多死于肾衰竭，47 岁的外婆二度丧偶。她之后再未结婚，而是继续自己经营灯具生意：缝纫、销售、购买材料、支付账单，一周 7 天，她从不休息，从早上 9 点一直营业至晚上 9 点。在一只名叫"煤渣"的大型牧羊犬的保护下，她在这栋楼上幸福地度过了余生。

就像太婆在乡下的房子一样，外婆在城里的家也成了我们一个温馨有趣的去处。外婆会给我和乔几美元，让我们到伍尔沃斯零售店或附近的休闲用品商店，买来拼图和模型车组装套件，在她的厨桌上精心拼装。有的时候，我们也会带来一本本数学题或填字游戏。那些年，她教会了我和安妮特如何缝纫。当我买不起高中毕业舞会的裙子时，当妹妹想穿一条粉红色的洋装参加八年级毕业典礼时，这项技能就派上了用场。

和太婆一样，不管多累，外婆都会做饭、烘焙。每次去外婆家，我们都能吃到土豆泥、纸杯蛋糕、牛排或是热气腾腾的砂锅米饭。每年12月，她的厨房里都会出品各种各样让人眼花缭乱的圣诞饼干（里面总会加上"皇家牌"人造黄油）。对太婆和玛丽外婆而言，为家人烹饪就是爱的表现。对我来说，食物是一种温暖的安慰，尤其是甜蜜、浓郁而丰盛的正餐和零食。这种爱好贯穿了我的一生。我天生就是个大骨架的高个子，身材一直在丰满和凹凸有致之间摇摆不定，保持体重稳定，也成了我为之奋斗一生的挑战。

玛丽外婆在1961年被诊断出患有癌症，但和她的婆婆一样，她也比医生预测的多活了将近50年。也就是说，坚韧不屈流淌在我们家的血脉之中。

这两位勤劳独立的女性，是我人生中最早的榜样。她们生活简单，富有同情心，但同时坚强不屈，堪称美国人恪守职业道德的典范：为了达到目标，无论做什么、要做多久，都能锲而不舍。回溯往事，我发现这两个人的选择是正能量信条的完美体现。她们都将造福别人视为己任，虽然对象主要是家人，但太婆的造福对象，也包括她打扫的办公楼里的职员；而玛丽外婆所造福的，也包括台灯店的顾客。当个人生活被悲剧所颠覆时，她们鼓起勇气，用坚毅和决心重新塑造自己。在我看来，每位女性都是自己故事中的英雄，而我的母亲也效仿前辈，成为自己的英雄。

我的父母等了好几周，才告诉别人他们已经私奔了。

我的母亲阿琳当时只有 17 岁，还是一名高中生的她，跟着她的母亲和继父住在家里的台灯店楼上。她是个开朗爱笑的姑娘，有着一双好奇的眼睛，身上带着一种让人想要靠近的魅力。我的父亲名叫萨尔瓦托雷·尼科西亚，外号尼克，那年他 19 岁，是个桀骜不驯且魅力十足的小伙儿。他提前离开军事高中，在通用电气公司找到一份定价员的工作，后来又和我的爷爷一起进入商业地产行业。

他们第一次见面时，尼克是一家建筑工地看守设备的夜间守卫。工地就在台灯店的旁边，因此，他一定早就注意到了那个在隔壁进进出出的年轻漂亮的姑娘。然后，他邀请她一起去跳舞，一段恋情由此展开。1956 年 11 月，他们开车去艾奥瓦州秘密结婚。不到一年，1957 年的 7 月 29 日，我出生了。父亲来自一个热闹的意大利大家庭，他的家人坚持让两人在我出生之前举行一场正式的教堂婚礼。

不到两年，我的弟弟出生了，我们一家四口搬到了一套一居室的公寓里，公寓所在的楼房，就是父亲认识母亲时看守的那栋。就这样，19 岁的母亲有了一个一岁的儿子，一个两岁的女儿，还有一个不怎么着家的丈夫。玛丽外婆经常到她的公寓，确保孙子孙女一切安好，母亲照顾孩子的基本知识就是从外婆那里学到的。这并不是说母亲不负责任，她只是太年轻了，从来没有独立生活过。她连自己都不知道怎么照顾，更别说两个小婴儿了。父亲的各路亲戚也经常来访，确保父亲尼克的妻子和一双儿女有吃有穿。我的教父萨姆和母亲年龄相仿，他会在莱特初级学院①上完课后来找母亲打牌，她则一手摇着摇篮里的我，一手夹着一根香烟。

我的祖父母住在里弗福里斯特的富人区，我上二年级的时候，我们搬

---

① 现芝加哥威尔伯莱特学院的前身。初级学院是美国两年制短期高等教育机构，为中学毕业生开设。——译者注

到了他们家，住在四车车库楼上的车库房。那时，父亲和我们在一起的时间越来越少，他与自己的父亲相处的时间却越来越多。母亲对父亲的缺席忍气吞声，因为她实在是太爱他了。

妹妹安妮特出生时，我 8 岁。那一年，我们不断壮大的家庭又举家迁徙。这次，我们来到伊利诺伊州的贝尔伍德，在这座中产阶级居住的城镇里，我们搬进了一座面积稍大但仍显逼仄的房子。这栋铝制墙面的平房与铁轨之间只隔着六幢房子，父母把阁楼改成了两间卧室，一间给乔住，另一间给我、安妮特和之后于 1968 年出生的妹妹达琳同住。

我们在贝尔伍德住了 8 年。

作为长女，我帮母亲照顾两位妹妹，而母亲则负责日常家务，确保 4 个孩子能吃上一日三餐。她对烹饪并不特别感兴趣，加之预算紧张，因此，罐装金枪鱼和罐装浓汤就常常出现在餐桌上。有的时候，她会给我们做猪肚或牛肚，这些食材要比肉便宜，她会用来代替肉丸，搭配意大利面。若是在番茄酱里煮得足够久，肚的切片就会变得软嫩耐嚼，为意面增色不少。母亲给这道菜取名"肚面"，以便听起来高级一些。我们没吃过什么山珍海味，因此吃得津津有味。

我们的衣服要么是手工制作的，要么是亲戚给的旧衣服，或者是从西尔斯百货公司的目录上选的。那是一本极厚的目录，放在信箱里时会沉闷地发出砰的一声，上面的货物从汽车轮胎到连衣裙，应有尽有。每个学年伊始，我都要浏览上千页的商品目录，从里面挑出两三套衣服。而母亲有时只能预付订金，等到有钱时再结清余额取货。

我们的家具是随意拼凑的，有外婆家法国乡村风格的桌椅，有她店里的台灯，还有用积累下来的印花兑换券换来的杂七杂八的物件。母亲会从杂货店收集免费的S&H兑换券①，把可兑换礼品的绿底红字的兑换券悉数点出来，然后仔细阅读S&H的商品目录，看看能换些什么。她最喜欢的兑换品是一幅镶框的天鹅绒艺术画，画上是一条意大利的河流，周围环绕着闪烁的小灯，接通电源时，小灯便会被点亮。

除了探亲之外，我们很少离开贝尔伍德。我们没钱外出度假，但我和乔记得，我们至少有过一次野外露营的经历。第一次坐飞机的场景也历历在目，那是我们跟父亲一起去亚特兰大出差，全家一起挤在一间酒店房间里。达琳那时还小，干脆睡在房间梳妆台的抽屉里。

我们的家庭并不富裕，但我们并不垂涎自己匮乏的东西，至少不会刻意羡慕别人。这或许是因为，周围的家庭也和我们一样一无所有。

在我们的生活中，父亲的身影时进时出。有一年，经常缺席的他竟自愿充当乔的童子军领队，让我们都大吃一惊。在家的时候，他通常会一脸严肃地坐在用S&H兑换券买来的躺椅上，和我们一起看《伯南扎的牛仔》或是美国广播公司的《体育大世界》节目。

父亲从未虐待过我们，只是不常在我们身边。当他出现在我们的生活中时，我们的感觉与其说是欣喜，不如说是难受。他和我们一起吃晚饭时，席间经常会有某位女性生意伙伴打来电话。我还记得他与母亲的女友眉来眼去，因为一些不足挂齿的事情对我大喊大叫。有一次，他拒绝让我的一位小学同学进门，只因对方是黑人，搞得我既费解又羞愧。我绝没有把父亲当作我的保护者，也不太喜欢和他待在一起，尤其是单独相处，其中的原因，我一直说不清楚。我只知道，孩子和父母在一起时应该有被爱或安全的感觉，但他却从没有带给我这些。

---

① 指1896年至20世纪80年代末在美国流行的一系列兑换券，由1896年创立的斯佩里和哈钦森公司（S&H）发行。——译者注

整体来说，我和我的弟弟妹妹都很听话，不爱惹麻烦。在孩子眼中，尤其是像乔这样活泼好动的孩子看来，我们居住的社区恬静而惬意。我们的街区两旁都是房子，大多数孩子都能自由自在地享受家门外的环境。我们在户外度过了大把的时光，在人行道上画跳房子的方块，打威浮球，或者在房子之间玩"鬼抓人"游戏和捉迷藏。夏天，我会骑着自行车穿过几个街区，和朋友约在社区游泳池见面，只需花上几美元，我就可以在那儿游一整个夏天。在冰天雪地的冬天，乔和他的朋友会把院子里的雪堆起来，然后用水浇上去，做成一个凹凸不平的溜冰场。

在贝尔伍德的生活赋予了我一种独立感，也让作为母亲多年帮手的我产生了一种责任感。这真是不幸中的万幸，因为在家庭分崩离析时，母亲尤其需要我来承担家中的责任。

贝尔伍德的房子对于一个六口之家有点儿局促——我家有两个高个子的大孩子，仍挤在阁楼临时改装的卧室里。我们的社区也在发生变化，街道不再像以前那么太平，两个妹妹这么大的小女孩已经没法安全在街上闲逛或是走路上学了。母亲想要往西搬，在伊利诺伊州乡村平原的郊区地带，新的学校、街道和机遇正在萌芽。

没有一家银行愿意为父亲的房子提供抵押贷款，这是因为当时父亲和爷爷陷入了地产纠纷。原来，父亲背着母亲和别人共同签署了一些贷款，这让他上了银行的失信名单。

帮父母支付房子首付款的人是太婆，也就是那个雷打不动坚持存钱的箭牌大厦的清洁女工。这是一座砖头和胶合板的错层房，位于伊利诺伊州格伦艾林镇的爱德华王子路，在贝尔伍德以西约24千米处。没有想到，太婆居然用国债兑换出12 500美元交给我的父母。她非常清楚，这笔钱可能永远也拿不回来了。父亲的叔叔，也就是我爷爷的弟弟查理为银行贷款做了担保。

当父亲宣布不准备跟我们一起搬家时，搬家卡车已经在路上了。他的表态，如同晴天霹雳。母亲问他是不是爱上了别人，他谎称自己没有别的女人："我只是不爱你了。"

母亲彻底崩溃。当她发现父亲确实与那个多次来电打断我们家庭晚餐的女人有染时，更是难过得撕心裂肺。母亲还发现，用太婆的钱拿到按揭后，父亲曾试图说服查理叔公卖掉格伦艾林的房子并从中牟利。好在查理叔公比他那自私的侄子更明事理，他拒绝了父亲，并问他想让自己的妻子和四个孩子住在哪里。

因为父亲抛弃我们的事情，查理叔公一辈子也没有原谅他。在他看来，抛弃自己的孩子是不可饶恕的罪过。

格伦艾林的房子有四间卧室、一间客厅、一间书房和一间金棕相间的厨房。然而，当时房子还没有盖好，如果我们不拿出更多的钱，建筑商就不会在光秃秃的胶合板地板上铺地毯，也不会在前院和后院布满碎石的土地上种草。第一次看到这栋房子时，杂草丛生的碎石地让这里笼罩着一种废弃建筑工地的氛围，在新邻居精心照料的花园的衬托下，显得很是碍眼。

在我们搬进来几天后，父亲不知为何又出现在家里。当我走进车库时，他正在和母亲争吵。在那之前，我一直认为离婚不会给我们多年来的生活带来什么改变，只觉得我们更难见到父亲而已。直到那时，我仍然没有意识到他的离开会给我们造成多大的伤害。以前靠着父亲不稳定的经济收入和给母亲的零花钱，我们已经入不敷出。现在，我们不但没钱买食物，没法偿还房贷，也无力把房子建完。

我无意中听到母亲对父亲说急需用钱，她没有看见我走进车库。接下来传入耳朵的，是父亲那恶毒的话语："我是一分钱也不会给你的！就算你到街上卖身，也不关我的事！"

听到这句冰冷的话语，我并不震惊。这话虽然刺痛了我，但在我看来与其说是伤人，不如说是恶劣，有违良心和公德的感觉。

在他走出车库驱车离开前，我说了什么吗？还是只是眼睁睁看着他离去？这些，我已记不得了。但在那一刻，在多年的失望和漠然之后，我决定从此对父亲关上心扉。我的妹妹们那时还小，仍期待着爸爸带她们去麦当劳吃午饭，或者去凯马特超市买玩具。我和她们不同，我已经承受了他那么长时间的冷酷无情，所以我已经什么都不再期待了。在我看来，他已经无足轻重。

在达琳和安妮特看来，父亲偶尔的探访逐渐变得像是一种义务。达琳还记得，她曾坐在窗边等上几个小时，期待能跟父亲说说她的第一个本垒打，诉说她多么希望他能到场。但是，父亲从来没有看过她的比赛。达琳不想抱怨自己的亲生父亲，但他的做法真的让我们难以对他产生好感。

一直以来，我们已习惯了拮据，而父亲的离去，又将我们推向了求生模式。我们从没有把自己当成穷人，其中部分原因在于，贝尔伍德的其他家庭也同样捉襟见肘。而在格伦艾林，我们却似乎是唯一一个在水平线上垂死挣扎的家庭。

母亲最害怕的就是失去房子。现在房子在她名下，这要感谢查理叔公，由于他为这笔房贷做了担保，因此有权坚持让母亲在离婚时拿到房子。（查理叔公还帮母亲支付了离婚律师的费用，把父亲气得咬牙切齿。）如果付不起房贷，我们该住在哪里呢？外婆在城里的公寓实在太小了。当然，其他地方的房子要便宜些，但那里学校质量没有这里高，街道也不安全。再说了，谁会把房子租给一个带着4个孩子的单身母亲？我们必须得保住那座房子！

之后，父亲给我们买了一辆二手车，与其说他是出于善意，不如说是出于蔑视。这辆车极其廉价，安全也没有保障，以至于他做机械师的表亲都不让母亲开。这位表亲慷慨地送给我们一辆破旧的汽车，那是他的6个孩子在学开车时拿来练手的。我和弟弟给这辆车取名为"蓝色轰炸机"，车身的每一面都有凹痕，虽然发动机的状况比父亲留给我们的那堆废铁要好，但车身却已破烂得无以复加，只能靠拿金属衣架临时掰成的铁丝将副驾的车门别上。乔和我会开车上学，把这辆"轰炸机"停在学校停车场最偏远的角落里。

那时，生活对痛彻心扉的母亲来说非常艰难，毕竟她失去了一段曾经相信会天长地久的爱情。太婆和玛丽外婆的丈夫都被疾病过早地夺去了生命，相比之下，她的丈夫则是自愿离开，留给她的，是另一种因遭拒而陷入泥沼之中的创伤。她努力隐藏自己的眼泪，把悲伤留到她妹妹来探望时，或是等到深夜关上卧室的门后再偷偷饮泣。

除了心痛，母亲的心中也充满了恐惧。有的时候，她不得不用意志力强迫自己从床上爬起来。"我今天没有钱，"睁开眼后，她会这样告诉自己，"希望明天就有了。"然而，明天没有到来。她的丈夫虽然有每周支付100美元抚养费的法律义务，却拒不履行。无论怎么强迫，他还是一毛不拔。

母亲的一位做社工的朋友告诉她，我们家有资格领取粮食券。这是一种政府发行的优惠券，帮助没有收入或低收入的人购买主食。母亲表示拒绝，但她的朋友坚持说，在努力让自己的生活走上正轨的时候，接受政府援助并不可耻。她真的别无选择，毕竟我们需要吃东西。开始用粮食券的时候，母亲坚持在另一个镇买食物，因为在那里不太可能遇到我们认识的人。粮食券是装订在小册子里的,看着母亲在收银员面前把票券从小册子上撕下来,身后排着一队顾客,很少为我们的处境感到难为情的我也赧颜起来。

母亲不想继续靠政府补助过活,但她担心没有人会雇用一个 30 多岁没有经验和大学学位,还带着 4 个孩子的单身母亲。她浏览了招聘广告,发现自己不具备任何高薪办公室工作所需的技能。好在她个性开朗,而且聪明好学。最终,她找到了一份夜班话务员的工作,那是一家电话业务公司,主要为酒店和加油站提供电话信用卡的审批服务。每周有几天,她会把我们 4 个孩子单独留在家里,让我负责照管,然后在一间满是接线员的嘈杂房间里工作几个小时。她非常享受这份工作,尤其是因为她能和其他成年人共处一室,与全国各地的客户交谈。

她的第二份兼职,是为芝加哥教师工会的财务主管做助手。这位财务主管已经搬到了得克萨斯州,需要在伊利诺伊州找一个值得信赖的人帮工会成员收集和登记支票,并把支票里的钱存起来。这虽然是一份简单的工作,却让母亲感觉自己得到了重视和信任,也让她重拾了信心。

母亲在外工作时,我便扮演起监护人和厨师的角色。在此之前,我就已经具备了日后被弟弟妹妹称为"婆婆妈妈的鸡妈妈"特质。现在,我又成了"保护欲极强的熊妈妈"。我几乎每晚都会做饭,主要是些便宜而易做的饭菜,比如"汉堡助手"方便食品、金枪鱼或热狗。如果母亲太累了,没法到妹妹的学校见老师,我就会代她去。在为拼写考试备考时,安妮特偶尔会向人求助,我会陪她练习,而她则会学着我的语调大喊:"把单词拼出来!把单词拼出来!"很多时候,母亲都要很晚才能回家,我负责把大家喂饱,然后催促他们上床睡觉。

我的家人至今仍会拿我开玩笑,说我之所以没有自己的孩子,是因为我们全家都是我拉扯大的。这话说得没有问题。

尽管母亲工作很努力，但那两份工作的收入仍然不够我们的开销。她需要一份薪水更高的工作，而唯一的方法就是获取更多的技能。这意味着，她必须回到学校。

上大学的想法让她不寒而栗——她比其他学生早十多年高中毕业，现在年纪也大了。她担心不懂的东西太多，那会让她觉得自己不够聪明。此外，夜班工作已经让她筋疲力尽，但为了让家里有些收入，她又不得不坚持下去。一想到还要上课和做作业，她就感到不知所措。

但是，她还是决心克服自己的焦虑，在莱特初级学院入学，这是我的教父萨姆上过的两年制大学。她报名了基础会计课程，甚至还上了计算机课。顺利毕业是母亲满心期盼却希望渺茫的目标，相比学位，她更需要一种让她具备受雇条件的技能。

一天，工会的财务主管告诉她，有一份为4个工会组织者接电话并负责各种行政事务的全职工作。这个时候，母亲已经具备了一些能够写进简历的经验和技能。她参加了面试，得到了那份工作。这份工作的薪水要高过当接线员的薪水，因此她辞去了接线员的工作，继续留在学校。她是办公室里唯一的女性。几个男性上司逐渐知道了她的经历，并对她照顾有加，经常带她到街对面的一家小餐馆吃午饭。她在这支团队中感受到的友情和尊重，也是让她自信心大增的因素之一。

毫无疑问，工作让母亲恢复了在父亲离开后丧失的一些尊严。回顾母亲和父亲的人生选择，我看到了两个以截然不同的方式运用内心力量的成年人：父亲只顾自己，对别人不管不问；母亲则关照自己的孩子甚至同事，把自己从一个被人抛弃、身无分文、没有工作的离过婚的女人，变成了一个努力工作、赚钱养家的顶梁柱，一个值得信赖、受人喜爱的员工。与太婆和玛丽外婆一样，在悲惨的境遇前，我的母亲同样表现出百折不挠的韧性。

母亲尽了自己最大的努力，以身作则地为我和弟弟妹妹树立了榜样。尽管如此，我们一家仍然需要各种支持，我们无法凭一己之力重塑自我。

之后，父亲的家人几乎完全从我们的生活中消失了，但是，仍有一个由形形色色的人组成的群体，为我们提供支持和帮助。

查理叔公仍然时不时来看我们，我不止一次看到他把钱递给母亲的情景。有的时候，他甚至会帮我们偿还房贷。查理叔公仍然视我们为家人，尽管这引起了他与侄子和兄弟之间的摩擦。另外，他的儿子萨姆也坚持让其他亲人来探望我们，确保我们的冰箱里有食物，能在圣诞节和生日时收到礼物。在他们看来，他们只是在做正确的事情罢了。

我们的邻居戴尔·弗莱明和琼·弗莱明夫妇经营着一家暖通空调公司，他们家的院子让人赏心悦目，住宅也装修精美。只凭邻里关系，他们就察觉到我们家的捉襟见肘。举例来说，我们没钱买窗帘，所有言行只能完全暴露在邻居的视线之中！他们本可以对我们的处境不管不问，但他们没有这么做。他们明明不需要保姆，却叫安妮特帮忙照看孩子，还给乔安排了一份割草的工作，好让他也赚些外快。弗莱明夫妇的儿子和达琳一样大，几年来，他们总会带着她一起度假。如果达琳在学校生了病，而我家又没有人，琼就会把她接回自己家。

在我们需要买第二辆车时，太婆又一次动用了自己的积蓄支付了首付。这是一辆淡棕色的雪佛兰迈锐宝，有着奶油色的乙烯基车顶。有一天，黛安娜小姨和一群我不认识的人带着卷起的草皮来到我家，他们像阿米什人建谷仓一样同心协力，在我们的房子前后铺上了真正的草坪。成品坑洼不平，虽然算不上最美观的草坪，但对我的妹妹们来说，在这片柔软的草坪上嬉戏肯定要舒适得多。我当时的男朋友是个专业的房屋油漆工，他帮我把家中所有裸露的胶合地板涂成了深棕色，这让地板看上去有种抹了涂层的木材的质感。渐渐地，这座房子开始有了真正的家的感觉。

那时，乔有一个名叫吉恩娜的女朋友，两人的感情很深。她的意大利大家庭经常会邀请乔一起去吃晚饭，而这个家也成了他的第二个家。安妮特记得一位和她搭伴走路上学的女孩，她的母亲会从前门探出头来邀请安妮特一起吃些东西，但从不流露出觉得尼科西亚家的孩子吃不上早饭的样子："快进来吧，吃点儿葡萄柚。"安妮特会在厨桌旁拉一把椅子，那位母亲则让她在鲜嫩多汁的半个葡萄柚上撒上白糖。葡萄柚实在太贵了，我们家从来吃不起。

在这个支持帮助我们的群体中，还有我一生中遇到的各位老师。我能想起科学老师科里根太太，她曾夸我前途无量，还鼓励我继续努力深造。高中的微积分老师布朗先生会在放学后留下来给我讲解定理，直到我理解为止。另外，还有帮我缝制毕业舞会礼服的家政老师。他们的关心，让我觉得自己值得别人为我投入时间和关注。

在与我家有过交集的人群中，有很多人都不会冷眼旁观，而是慷慨地与我们分享资源，无论是一只葡萄柚、一个小时的时间，还是几美元的零钱。同样，我认为他们的选择也是正能量的实证。这些充满仁慈的善意积累起来，填补了父亲留下的空洞，让我们有动力激励自己前进。

我和乔、安妮特、达琳组成了一个小团体。我们培养对彼此的忠诚，秉持着一个心照不宣的共同期望，那就是，不要在家里制造更多的麻烦，不要在学校惹是生非，不要抱怨，多服从，少抵抗。这是因为，生活已经够艰难了。

在暑假的几个月里，妹妹们没有人照顾，但我又不得不靠做救生员来赚钱，因此，她们常常和我一起去游泳池。"我在工作，必须时刻看到你们才行，"我边说边让她们在角落里安安静静地玩上几个小时，还不忘告诫一句，"你们要规矩点。"她们每次都很听话。

当然，我和弟弟妹妹偶尔也会争吵。黛安娜小姨回忆说，她有时会来我们家，帮我们平息不可避免的争执。在体育和益智游戏上，我们尤其互不相让。我们4个人会挤在大富翁或西洋陆军棋旁，个个都铁了心要获胜。直到今天，每当我们聚在一起时，还会玩益智游戏。乔说，我们的争强好胜与其说是要打败对方，不如说是不想让自己失望。我觉得，他言之有理。

不过，我自己倒没有太多关于争吵的回忆。作为家中的老大，我对弟弟妹妹极尽保护，尤其是安妮特和达琳。我想让妹妹们认识到，在任何情况下都能照顾好自己的能力非常重要。父亲还未离开时，我就坚信自力更生、自给自足和独立自主是女人必须具备的品质，这样一来，我们才不必依赖别人。别忘了，那个时代，很多女性婚后都不外出工作，在经济上必须依赖丈夫。然而，和许多女性在20世纪70年代初的选择一样，我也拒绝接受这种模式。之所以有这种理念，或许是因为我亲眼见证了太婆和玛丽外婆赚钱养家的能力。同样，我也希望妹妹们能够培养出独立自主的品质。

母亲也必须学会自立，这样做，说明她不甘于做一个受害者，也不希望她的孩子们把她视为受害者。她有没有明确表达过这种想法？没有，至少她没有明确对我说过。但是，她的选择让我们看到掌控自己的生活意味着什么，以及对自己和他人负责意味着什么。她树立的榜样，让我和弟弟妹妹得以将自己的精力投入有益的渠道。安妮特在课业上加倍努力，模仿我认真做作业的习惯，还会给年纪更小的孩子们当老师。乔成了金牌棒球和篮球运动员，当达琳想加入全部由男孩组成的少年垒球联盟时，母亲毫不犹豫地同意为她报名。在报名时，两人一起大步流星地走进社区中心，就这样，达琳成了联盟里第一个女孩。高中时，她成了一位垒球明星球员。

我决心要上大学，甚至考入医学院，因此，我更加全力以赴地投入学习之中。我从母亲身上发现，永远不要允许别人来定义你是谁，只有你才能定义你是谁。

第 2 章　拓展我的世界

黛安娜小姨只比我大 12 岁。在我还小的时候，她会在放学后步行到我父母的公寓，找我和乔一起玩儿。我家搬到贝尔伍德后，她会坐火车来看我们。对我来说，她更像是姐姐，而不是小姨。我很尊敬黛安娜，刚上小学后不久，我就到北伊利诺伊大学去看望她。她在那里进修了两年，然后又转到芝加哥的德保罗大学。她是我们家第一个接受高等教育的人。

黛安娜小姨本打算成为一名教师，后来转学商科。她毕业后的第一份工作是在芝加哥商品交易所，那里几乎没有什么女性，混乱嘈杂，没有规矩可言。她的工作是记录交易，聪明伶俐、求知若渴的她很快就熟悉了证券业务，能够靠赚到的薪水外出度假，后来又与丈夫一起投资了两人共同经营的小生意。我从可敬可爱的黛安娜小姨身上发现，优秀的学习成绩可以通向良好的教育，进而带来一份体面的工作以及安全稳定，甚至五彩缤纷的生活。

我觉得母亲希望我们上大学，但她从来没有明确叮嘱我和弟弟妹妹要重视学习成绩，对家庭作业也没有严格的规定，她只是让我们坚信自己有能力考上大学。周一到周五，我一般会回家洗头，穿上睡衣，然后在厨桌前做作业。我最喜欢的科目是数学，尽管代数、三角函数和微积分学起来并不容易。我没有弟弟那样过目不忘的能力，也不喜欢死记硬背。我觉得背诵是一种作弊，因为记忆不等于理解。我认为，只有找到问题的根源，理解定理的逻辑，我才有足够的信心去解决、构建或重建一些东西。如果能把膝盖骨和大腿骨联系起来，我终能顺势摸索到头部。就这样，我如饥似渴地钻研着。

另外，我还参加了很多课外活动，但大多并不擅长。我会吹短笛和长笛，但是技巧很差。我的能力进不了游泳队，只能以计时员的身份参加比赛。我也打排球和篮球，但并不像乔和达琳那样擅长运动。所以，我的爱好基本上就是做功课。我立志要上大学，我知道，距离我家几小时车程（包括汽车和火车）的顶尖大学寥寥无几，想要考上好大学，必须得靠优异的成绩，因为我们家没钱支付更远的路费。

渐渐地，我开始发现了一条连接学校和现实世界的道路，也相信自己有能力选择踏上这条路并走下去。有一年夏天，我得到了一份负责电脑格式化的工作，为一家名为国家数据公司的企业删除和安装操作系统。还有一年夏天，我参加了附近一所大学的《工程学女性》课程。在8月的一周里，我和100名年轻女性一起受邀参加了关于各种工程学职位的讲座。对其他青少年来说，这不是度过夏天最后几周的理想方式，但我却乐在其中。

作为青年与政府计划的一部分，我曾两次前往伊利诺伊州议会大厦。第一次，我们的学生小组向国会领导人提出了一项模拟法案，规定雇主不可以询问求职者是否有过犯罪经历。我们提出的第二项模拟法案，旨在保护那些未得到离异父母法定抚养费的孩子。我们提出的法律条款规定，被判入狱的父母将被分配工作，赚到的钱要悉数留给孩子。很明显，启发我提出这项主张的，正是我亲身经历过的不公。

高中的最后一年，我参选了学生会主席，竞选口号是"与我共赢"。虽然我并不确信自己会赢，但还是勇敢做了尝试。我在演讲中承诺，作为学生会主席，我会在行政部门和学生之间安排更多的会谈，还会在球赛之后举办更多舞会。我很确定，我之所以能当选，肯定是托了后一条承诺的福。

在申请大学的时候，伊利诺伊州埃文斯顿的西北大学是我的第一选择。但是，尽管我的毕业成绩名列前茅，申请这所学校对我来说仍是一大挑战，因为我的ACT（大学入学考试）和SAT（高中毕业生学术能力水平）考试成绩没有达到要求的水平。我的申请材料必须展示出我在日常表现和考试分数之外的一面。我写了一篇关于父亲的论文，叙述了他的离开让我在家中承担重任，由此变得更加成熟，同时也让我具备了独立决策的能力，减少了对别人的依赖。"面对悲惨的境遇，我坚信，悲剧可以让人变得渺小，也可以让人变得强大。无论面对任何障碍，现在的我，都会毫无畏惧地做出必要的改变。"

之后，伊利诺伊大学工程学院给我发来了录取通知书。一个月后，我走到停车道尽头的邮箱前，打开了来自西北大学的录取通知书。得知我要上大学时，太婆对我说："你个头这么高又这么壮实，不去农场工作真是可惜了！"我把这句话当成一种赞美。

在我离开之前，母亲仍然一边在社区大学上课，一边做着全职工作。一天，她在学校餐厅吃晚饭时给我写了一封信：

> 坐在这里（我肯定自己是这个房间里年龄最大的人），我看着周围这么多的年轻人，不禁想起了你。我在想：你很快就要离开了，我们大家一定都会非常挂念你。我在想：你给我们的生活带来了这么多的快乐和愉悦，我何德何能，竟能成为你生命中的一部分？！我在想：你的成熟，是在你这个年纪时的我完全无法企及的。我在想：你就要

离开家去上学了，我是多么为你高兴呀！

与此同时，我也因对你的思念而心痛难耐。我多么希望你能坚持读完大学，不要像今晚在这个房间里的大多数人一样，做一个半途而废的辍学生。能做你的母亲，我真的很骄傲。

母亲为我感到骄傲，我也同样为她而感到自豪。

1975 年，西北大学的学费和食宿费大约为每年 6500 美元。我很幸运，因为西北大学有一项政策：如果学生有能力被这所大学录取，大学就有责任帮助学生支付学费。父亲无意帮我支付学费，不仅如此，他还拒绝透露他的工资和税收信息，让我申请助学金难上加难。最终，我从学校得到的资助，解决了大约 70% 的学费和食宿费。

我通过学生贷款、自己的积蓄和少量奖学金凑了一笔钱，其中包括来自高中助推器俱乐部①的 750 美元，以及来自美国革命之女协会的一笔奖学金。这项奖学金，是我从一位老师那里得知的。太婆给了我 100 美元，玛丽外婆又给了我 50 美元，我从其他二十几位亲戚朋友那里筹到了大约 500 美元。对我来说，每一分钱都很重要。

西北大学的很多学生都来自经济条件优越的家庭。我倒不会因为贫穷而耿耿于怀，只是不想太过扎眼。然而，随着冬天的临近，寒风开始吹过密歇根湖，与我同龄的一些女孩居然穿上了皮草大衣！我买不起奢华的外套，但还是用毕业赠礼中攒下的钱买了两件艾索德拉科斯特系扣衬衫、几条灯芯绒裤子和一双斯佩里的帆船鞋。衬衫上的小鳄鱼和脚上的帆船鞋让

---

① 也称后援俱乐部等，高中和大学中设立的学校组织，主要功能是对学生项目予以支持，靠筹集资金等方法进行资助。——译者注

我感觉自己和这所大学很合拍,因此经常穿这套行头。

大一时我住在宿舍,只在节日和暑假才会回到格伦艾林,在邮局整理邮件,从午夜到早上 8 点,靠值夜班赚些钱。我的值班经理对我态度恶劣。他看我不顺眼,而且非常刻薄。我要承受他的霸凌,还得在凌晨时分硬撑着保持清醒,这样的压力让我头晕目眩,每天早上一回家就得吃肠胃药。即使这样,我也没有辞职,因为夜班的工资要比白班高出 30%。我尽量省着花暑假的收入,这样就不用在学年期间打工了。我的零花钱少得可怜,只能吃得起食堂周一到周五供应的伙食。到了周日,我经常拿爆米花当晚饭。我清楚地记得大一最后两周只剩下 25 美分的情景。我把 25 美分的硬币放在桌上一个透明的塑料盒子里,然后呆呆地盯着,心想:完蛋了,我没有钱了。

尽管我早已习惯了像母亲一样照顾弟弟妹妹,却仍在学着照顾自己。在大一这段时间里,我一直试图在繁忙的社交生活、上课和学习之间寻找平衡。进入西北大学时,我一心想要成为一名医生,因为这似乎是一条高尚的职业路径。但是,如果我真的对医学事业充满热情,那么即使没在物理化学和人类生殖这些课上拿到优等成绩,我也会坚持下去。我在大一快结束的时候认定,无论医学院有多么高尚,都不适合我。

我热爱数学,因此工程学似乎是一个不言而喻的选择。工程学让我了解了计算机科学这个刚刚流行起来的新研究领域,科技开始逐渐进入主流社会的视线。说来也巧,我上大学那年,比尔·盖茨和保罗·艾伦开始为第一批微型计算机编写软件程序。1975 年,两人共同创立了微软公司。第二年,史蒂夫·乔布斯和史蒂夫·沃兹尼亚克创立苹果公司。然而从大多数方面来看,20 世纪 70 年代中期仍属于打字机的时代,计算机是只有专家才知道如何操作的大型机。我们这一批学生是用打孔卡来学习编写代码的，这是大型机一次只能完成一项任务的时代的遗留物。第一次在编程课上接触到低级别计算语言"汇编"时，我就深深着了迷。倒不是因为这种语言非常简单，而是因为编程所需的逻辑和创造力非常适合我的思维。

西北大学校园里有一台巨大的计算机，这是一台控制数据公司的计算机，放置在一座名为"沃格尔巴克计算中心"的墓穴般的建筑里。我们会手写代码，在沃格尔巴克计算中心预约，然后耐心将程序输入计算机中。一台终端机会读取每一行代码，并在坚硬的矩形卡片上打孔。每张打孔卡上都能承载一行代码，一叠厚厚的卡片拼成一套指令，可让控制数据公司的计算机按照指令生成结果。接下来，我们把这盘卡片交给电脑操作员，将卡片输入高速读卡器。有时候，我们得等一夜才能拿到打印的文件；有时候，我们能得出想要的结果；有时候，我们却会发现代码有误。遇到这种情况，我们要么得检查每张卡片寻找错误，要么就得重写代码，把整个过程重来一遍。我还清楚地记得自己在校园里走来走去的身影，我会小心翼翼地抱着一盒盒精心整理过的打孔卡，生怕掉在地上。

当时学工程专业的女生并不多，在一些课上，我是唯一的女生。在毕业后的几年里，我经常会遇到一些在大学里的各种工程课上认出我的男同学。我常常得为没认出他们而道歉，但我会告诉他们："我有充分的理由——当时班里有30个男生，但女生只有我一个！"

我知道，作为工程学院为数不多的女性之一，我显得很扎眼。也就是说，即便是我在课堂上的错误回答也会被大家记在心里，这也是我上课总是有备而来的原因之一。像那个时代（以及现在）的许多女性一样，我要花费额外的精力，才能颠覆对女性的种种刻板印象。

不过，所有这些障碍都没有阻止我积极提问。对我而言，解决问题的能力是通往成功的一条道路，而直觉告诉我，提出问题就是解决问题的一部分。这并不意味着我不聪明,而是表示我拥有知道自己欠缺之处的自知之明,并有足够的信心去寻找答案。答案是通向知识的面包屑,而知识则是我前进的道路。如果想继续前进,我就得提出问题。

曾经有一位助教①,我仍依稀记得自己走进他的宿舍,无视门口堆放的脏衣服,和他握手,然后把手写的编程难题清单交给他。我不想让他告诉我答案,而是想让他说明解题的思路。用他的话来说,我不想搭别人的车被带到某个地方,而是希望有人为我提供正确的方向,让我自己找到目的地。

从某种程度来说,我们是相互辅导的关系。有一次,他和我同上一堂课,他举手想要对一位教授提出质疑,因为这位教授在考试中给他的一个答案判了错。"把手放下,"我低声对他说,"你可以等到课后私下里争论,在大庭广众之下质疑他,你准输。"

我喜欢左右脑并用探究事情的真相,或是创造达到效果的方法。除此之外,工程学还教会我将问题分解为便于管理的部分,并通过彻底搞懂每个部分来寻求解决方案。只要能分解剖析、收集信息、提出问题、验证观点、测试假设,我就不会感到不知所措。之所以喜欢这种思维方式,是因为我小时候和弟弟妹妹一起玩策略游戏吗?是因为和玛丽外婆一起做缝纫手工,还是因为组装过模型车套件?抑或我之所以喜欢解决问题,是因为在家中不得不去面对诸多不确定。我只知道,作为一名年轻女性,我渴望修补任何破损的东西,无论是计算机程序、法律还是家庭;与此同时,我也不惜为创造新事物付出一切。

---

① 美国大学里的一些助教可以由学生兼职担任。——译者注

在西北大学的第二年，一位教授得知我在领取资助的事情，于是鼓励我申请通用汽车公司的一项奖学金。这项奖学金旨在为一些顶尖学校的女性和少数族裔工程专业学生提供资助。我提出申请，祈求好运，没过多久，我就和另一位化学工程专业的女生一道被授予了"通用汽车公司学者"的称号。这笔奖学金为我提供了最后两年的全额学费、所有学杂费和200美元的书本费补贴。另外，这笔奖学金还保证我在通用汽车底特律总部得到两个暑假的工作机会。这么多优惠，还不附加毕业后为通用汽车工作的硬性条件，我真感觉自己像中了彩票一样。一年前，我还盯着盒子里的25美分硬币发愁呢！而今，大学剩下的学费已经全额付清，我还能在暑假打一份工，报酬比邮局给的高得多。而且，如果我在通用汽车表现出色，毕业时就会直接得到一份工作。

每一年，我都对自己正在构建的生活感到越来越满意。我加入了一个大学姐妹会，黛安娜小姨慷慨帮我支付了会费，我也在里面交到了很多好朋友。在姐妹会的招募活动上，当时大三的埃琳·麦金纳尼选中了我。我对兄弟会、姐妹会这种组织一无所知，只是视其为一种交友场合以及找合租的方式。招募活动上的女孩似乎都知道该怎么打扮，且谈吐大方。而我呢？我甚至不确定哪个姐妹想要发展我当会员。我懵懵懂懂地熬过了整场活动，只是提醒自己保持微笑和多提问题，在心中自求多福。

在招募活动期间，埃琳主动过来与我认识。她和我一样也上过计算机课，而且她的母亲也在做全职的行政工作。她在招募期间力挺我，这也成了我选择加入这支姐妹会的主要原因。她向我介绍了姐妹会的生活，让我融入了这个一直觉得自己格格不入的环境。后来，埃琳获得了经济学学位并进入银行业，她顺利进入专业领域的经历，也影响了我对自己大学毕业后前景的考量。这是一位我仰慕的女性，她有着和我一样的背景，却为自己打造了一种完全不同的生活。

西北大学的大多数学生都拥有我没有的各种门路和信息，比如可以为他们推荐工作和起草推荐信的家族好友。他们还懂得一些我从未接触过的东西，比如在晚宴上应该使用哪些银器。与朋友们的相处打开了生活的一扇扇大门，也拓宽了我的视野，让我看到了安安稳稳的家庭生活，甚至健康美满的婚姻。

我人生中第一个真正意义上的假期，是与劳伦·哥伦布瑞纳一起度过的。她是我的好友兼室友，在芝加哥的富人区长大。寒假的时候，她邀请我到她在佛罗里达的公寓同住，那可能是我有生以来第三次乘坐飞机。另外，劳伦也是我最早认识的一个犹太人。还记得，当犹太朋友告诉我他们不庆祝圣诞节时，我大吃一惊。这件事也再次证明，大学生活通过各种各样的途径拓宽了我的视野。劳伦与我出身不同，但通过向我展现她的世界，她为我打开了一扇崭新的大门。

有时候，我对自己非常苛刻，会暗暗发誓要把所有事情处理得更加井井有条，成为一位更好的朋友或不再那么悲观消沉。我们的姐妹会有每年给自己写一封信的传统，我在信中写道："唯一让我担心的是，我不知道好日子能维持多久。不知为何，我总觉得好景稍纵即逝。"这种感觉，仿佛是在等待坏事发生，同时也在尽我所能地阻止那一天的到来。然而，当坏事真的发生时，我并没有一直耿耿于怀。

有这么一件事，我是看到当时保存的一份学生报纸剪报才想起来的。大四那年，我当选了姐妹会的主席，当时，有几个成员被指控在一次宣誓活动中喝酒和抽大麻，违反了我们的章程。此举让我们的姐妹会面临被吊销许可的风险，作为惩罚，已毕业的前会员决定在姐妹会中禁酒，另外，在特殊情况下允许男生进入会员房间的特权也被取消了。作为主席，我得为这场灾难抛头露面。除了报道内容之外，我的记忆已经模糊，但不难想象，当时的我一定承受了巨大的压力。我对这件事的失忆，非常能说明问题。这是一个我在上大学之前就有的习惯。回首家庭早期的各种痛苦挣扎，我并不悲伤，而是心怀感激。我相信，如果能熬过这些痛苦，任何事情都难不倒我。对我来说，早期的家庭生活象征着求生，而不是失去。

1979年，我以优异的成绩从西北大学工程学院（现名为罗伯特·麦考密克工程与应用科学学院）毕业，获得计算机科学学士学位。对我来说，这是一个无比自豪的时刻，对母亲来说更是如此。母亲参加了我的毕业典礼，玛丽外婆也到场庆祝。这时，她已经关了台灯店，和黛安娜小姨住在一起。

1979年大学毕业时，我身上背着4000美元的学生贷款（相当于今天的1.6万美元），想要尽快开始赚钱还债。我非常感激通用汽车、西北大学和其他机构为我提供的奖学金和其他资助。如果没有他们的帮助，按照今天的标准，我的贷款要超过13万美元。之后，我参加了许多大型公司的面试，收到了许多工作机会，其中也包括福特、霍尼韦尔和惠普公司抛出的橄榄枝。

通用汽车公司为我在雪佛兰的信息系统部门安排了一个初级程序员的职位，起薪2万美元，还包括生活费补助。我对惠普和通用汽车两家公司最感兴趣。惠普有一个实力超强的计算机科学部门，想让我搬到西海岸去，这样的机会让人充满期待。惠普的招聘人员让我飞到公司位于加州库比蒂诺的总部，帮我承担了机票，而且在我拒绝这份工作之后还不断打来电话。他甚至用西联给我发了一封电函，让我拨打一个话费由对方支付的号码，讨论职位事宜。我觉得，他无法相信我居然放弃阳光而选择严寒,放弃计算机而选择汽车。最后,我不得不跟他说明决心效力通用汽车的两个原因:首先,我对这家公司非常忠诚,公司曾经给过我机会,因此我也想给公司一个机会;其次,我在底特律遇到了一个男人,并坠入了爱河。

第 3 章　聆听我的心声

我的相亲对象开着一辆暗红色福特水星美洲狮来接我赴约。他个头高大，一头浅色的头发，棕色的眼睛，总是把笑容挂在嘴边。关于马克·罗梅蒂，我只知道他比刚满 19 岁的我大 4 岁，为底特律的一家汽车供应商工作。

那是我在通用汽车实习的第一个夏天，我和一个朋友合租了一间简陋的房间，从那座房子可以俯瞰到一座水泥厂。房子的主人为我和我的朋友分别安排了相亲对象，想在她开派对的时候把我们支开。虽然我在西北大学有男朋友，但觉得出去玩一晚也没什么大碍。

马克带我去湖边的一家游艇俱乐部吃饭，他不无自豪地大方承认，之所以付得起会员费，是因为俱乐部当时遇到了财政困难，因此给他打了折扣。他没有告诉我的是，那天晚上他连一块钱也没带，因为他本来并没有打算带我去吃饭，但接到我之后就立刻改变了主意。这家俱乐部是他唯一可以赊账的地方。我心血来潮地点了一杯鸡尾酒，这对从来都不怎么喝酒的我来说实在罕见。当我把螺丝刀鸡尾酒洒得满盘都是时，我简直羞得无地自容，但马克没有让我增加一丝尴尬，他只是从桌子对面伸过手来，用他的餐巾帮我把酒擦干净。

谈话的气氛轻松愉快。马克给我的印象是，他是一个善良的人，而且绝对是个开玩笑的好手。我开始怀疑，这第一次约会或许能衍生出下文。

果不其然，夏末的时候，我回到西北大学，和男朋友分了手。

我和马克有很多共同点。马克的父亲在他只有 10 岁时就去世了。当时，他的几个年龄比他大很多的哥哥已经搬了出去。他的母亲没受过什么教育，也没有什么存款，所以马克在很小的时候就开始割草坪、铲雪、送报纸，赚些零钱来支付生活必需品。后来，他的母亲改嫁给了一个有 6 个孩子的男人。作为这个拥挤家庭中唯一来自罗梅蒂家的孩子，马克与继父的关系非常紧张。从 16 岁开始，马克大部分时间都待在一位哥哥和利昂娜姨妈家的地下室里，而利昂娜姨妈则把他当作亲生儿子一样对待。

上学的时候，马克踢足球、打棒球，还加入了市游泳队。他在暑假时也做过救生员，高中最后一年还当了班长。

走进东密歇根大学注册办公室的那一刻，马克的大学生涯就开始了。他填写了一些表格，立即就被这所州立大学录取。他主修市场营销，每学期学费约为 300 美元。为了支付学费和生活费，他动用了一些父亲社保中的钱，并在一家制造汽车零部件的冲压厂做兼职，时薪为 2.25 美元。这份工作非常危险，一不小心，他就很可能会失去一根手指。后来他辞了职，到一家建造游泳池的公司工作，这份工作的工资虽然翻了一番，但也意味着他要花好几个小时搬运沉重的大理石和一袋袋混凝土。

1975 年毕业后，马克在通用食品公司的机构销售部找到了一份工作，负责向商业自助餐厅销售大袋咖啡、超大罐烧烤酱和其他食材。最终，一位雇马克修剪草坪的客户为他推荐了一份工作，这也成了他的人生使命和终身事业：汽车行业制造商代理人。马克是一位快乐的销售员，他可以轻而易举地把一通打给陌生客户的电话延展为一顿悠长的午餐，把一次握手发展成一段关系，把一个陌生人变成朋友。他可以和任何人交谈，喜欢打趣说笑和与人建立默契。我们认识的时候，他刚刚入行几年。

在妙语连珠的背后，他是一个非常有原则的人，现在也仍然如此。与此同时，他也是一个挺过了重重考验的幸存者。关于马克的精彩故事简直数也数不清，其中的一个故事很能揭示他的性格。在他就读的天主教男子高中，牧师用木棒打学生是很常见的事。一天，马克和他的班主任牧师在一件事情上产生了分歧。马克坚持自己的立场，因为他知道自己是正确的。牧师狠狠地打了他一顿。马克去纪律管理员办公室报告了殴打事件，但换来的不是正义，而是最后通牒：他要么回教室，要么放学后坐在走廊上，在所有人面前丢人现眼。在这一年剩下的时间里，每当放学后，马克都会顶着嘲笑坐在走廊上。

马克也参加了我的毕业典礼。7个月后，我搬到底特律，与他结婚。婚礼在一个古色古香的小教堂举行，小教堂附属于马克参加高中毕业典礼的教堂。母亲牵着我走过通道，把我托付给了他。

对我和马克来说，向亲戚朋友表示感谢意义重大，是他们的支持，帮助我们度过了人生中几段艰难的时光。给我们所爱的人一次难忘的款待，是一种向他们致敬的方式。对我来说，这包括提供正式的桌餐，而不是自助餐。这是因为，我希望每位客人都能感受到尊重与重视。由于我和马克要为婚礼买单，因此我们尽量压低成本。马克的一个高中朋友家里有一家肉类包装厂，他们慷慨地将我们为晚餐挑选的牛排裹在上档次的包装里。在宴会餐饮承办方的建议下，我们用半真半假的婚礼蛋糕节省经费：除了顶层是真的，剩余的部分都是涂了糖霜的硬纸板。在新郎新娘为仪式感切下一块蛋糕之后，服务员把高大的婚礼蛋糕推进厨房，将放在厨房里的薄片蛋糕切成块，分给每个人。这两种蛋糕的味道一样香甜，但薄片蛋糕要省钱得多。婚礼后的第二天，马克和我拆开收到的信封，拿大家赠予的支票和现金支付了宴会餐饮承办方和宴会厅的费用。

准备买房子时，凡是我们能负担得起的房子，全都需要修修补补。马克和我虽然都受雇于大公司，却在生活上处处节俭，尽可能多存钱。马克卖掉了他那辆暗红色的福特水星美洲狮，用公司的车代步。而我的车则是那辆棕色的雪佛兰迈锐宝，就是太婆在我上高中时帮忙付款买的。我们在底特律城边的伯明翰找了一幢牧场式的房子，房子需要安装新的屋顶并刷上新漆，另外，厨房也已经破旧不堪。一连好几周，马克的哥哥史蒂夫都会在晚上到家里来，和马克一起安装新的橱柜和地板。几乎每一件家具都是家人传下来的旧物，我们的卧室家具，是从马克小时候的卧室里搬来的。

为了休整院子，马克买了一台割草机，我决定学习种花。一个周六，我正在挖土，而马克则兴高采烈地推着他的新割草机割草。几个小时之后，我向马克抱怨起在土里发现的烂菜。他走过来，检查我的工作成果。

"那些是郁金香球茎。"他面无表情地说。

但他说得太迟了，这时，我已经把球茎全都拔了出来。马克只是哈哈大笑起来。我的丈夫从不把小事看得太重，对此，我心怀感激。另外，我也很感恩能有一位如此支持我事业的搭档。如果不是因为马克，我永远也不可能进入 IBM。

我喜欢通用汽车的工作，也非常珍惜这个机会，但总觉得缺了些什么。我的工作是在雪佛兰分部，由于我的暑假实习经验，通用汽车公司认定我比其他大学毕业生多出两年资历，这让我有机会和许多资深人士一起工作。

按照正式的规定，我们的工作时间从早上 7 点开始，下午 3 点结束，我们也可以根据自己的需要调整工作时间。通常，如果有哪个项目没有完成,或者有其他事情可做,我就会选择留下来加班。而且我总能找到其他可做的事情!我喜欢待在办公室,登录电脑,看看可以如何改进我们写的程序,偶尔还会在里面发现些新的错误。就像在学校学习数学和编程一样,我想要深入了解事情的起因和经过。除此之外,我也希望收获的知识可以为日后奠定基础。

记得当时的我看着我的同事,感叹他们多么钟爱汽车行业。尽管我很想在工作上表现出色并获得高薪,但23岁的我明白,我对卡车、公共汽车和轿车并不真正感兴趣。我渴望一份既能运用我的工程学技术解决问题又深得我心的工作。当时的我还无法清晰地表达自己的心声,但我寻找的是一份自己热爱的职业,而不仅仅是一份高薪的工作。

马克看到了我的挣扎,他鼓励我凭借自己的计算机科学学位,尝试进入新兴的科技行业。他联系了一位在IBM工作的朋友,这位朋友给了我一个名字,让我打电话咨询是否有职位空缺。我打电话约好了面试。

那一年,也就是1981年,IBM推出了第一台个人电脑。这台三件套的个人电脑包含一个放在主机上的笨重屏幕,外加一个差不多3千克的键盘。营销宣称,任何人都可以轻松使用这台机器,甚至可以居家使用。我在电视上看到过这款电脑的广告,只见默片巨星查理·卓别林摇摇晃晃地走进一家电脑商店,一下子就学会了使用这种高科技新品。IBM的标志性产品是人称"大型机"的大型计算机,能够处理大量信息,而个人电脑产品则是偏离标志性产品的一次尝试。

IBM的保守文化众所周知,因此,我购买了一件深蓝色细条纹的正装,这也是我此生拥有的第二套西装。办公室位于底特律市中心的文艺复兴中心,这里的7座圆柱形玻璃塔容纳了五花八门的办公室和零售商,面积非常庞大,被人们誉为城中之城。IBM的企业园区熙熙攘攘、热闹非凡，一群满面春风的专业人士散发着一种我从未领略过的雄心与活力。迫不及待地想要参与其中的我汇入员工的队伍，乘坐电梯上了IBM所在楼层中的一层。我手握简历走进去，跃跃欲试又稍有些紧张，为自己特地购买的蓝色正装倍感庆幸。

我与几个人见了面，其中包括一位女士。如果我被录用，她就会成为我的上司。我先与将来要共事的几位同事和一位办公室行政人员会面，然后与分公司的经理坐下来交谈。

经理名叫约翰·肯尼迪，他身材瘦高，穿着一件朴素的深色西装和白衬衫，打着条纹领带。我觉得，他的风度不但不令人生畏，反而给人平易近人的感觉。约翰最近加入了这家分公司，想让公司扭亏为盈。当时，约翰正在招聘新人，这些新人经由IBM培训后进入市场营销或系统工程部门承担入门级岗位，我被推荐给他。他解释说，这家分公司主要服务银行和保险公司等金融机构客户，也涉及少量的公用事业、大学和政府业务。需要学习的东西很多，可供成长的机会也很多。IBM的技术竟然可以帮助这么多不同类型的大型企业运作，这让我很是好奇。这样的使命让我充满了干劲，而这样的工作如同一道桥梁，帮我实现我所追求的目标。此外，即使作为入门级工程师，我也有机会直接与客户会面，进行包括新款个人电脑在内的各种产品的安装、运行，甚至销售。我认为，在这家公司，我可以闯出一番事业。

约翰对我的一项特殊技能尤其感兴趣。当时，各家银行正在停用一款名叫巴勒斯的手摇计算机，而我在通用汽车时正好自学了编程和巴勒斯系统的使用方法。有了我，约翰就有了一个得力助手，能够直接把客户的巴勒斯系统转换成IBM系统。就这样，我在工作之余补的课有了回报！

结束面试时，我满心希望能给对方留下一个好印象。可是，直到回家脱下我的新西装外套时，我才注意到外套的袖子上松松垮垮地缝着一个显眼的白色标签，正好位于袖口的上方。标签本应在穿西装之前剪掉的，我羞得无地自容。

显然，这个细节无关紧要，因为我得到了 IBM 助理系统工程师的工作，在 IBM 数据处理部门的底特律商业办公室就职。我的起薪是每月 2000 美元，还有机会拿到现金奖励。尽管如此，如果把通用汽车的所有福利都考虑在内，我现在的薪水并不如以前。但是，我从没把这个问题放在心上。约翰给了我一个机会，同样，我也要抓住这个机会努力一搏。我要开启一段对我来说有着重要意义的职业生涯，利用自己的工程和科技技能，解决各种各样的问题。

1981 年 11 月 2 日，周一早上 8 点半，我来到 IBM，开始了第一天的工作。在离开家之前，我赶紧让马克检查了我的西装。

第4章　学习，永无止境

约翰·肯尼迪是我的第一任上司，他的身上有一种我在职场见所未见的特质：不仅庄重大方，还将自信、正直、专业以及我们今天所说的情商结合得恰到好处。他之所以受人尊敬，是因为他尊敬别人。虽然他天性友善，但如果你没有达到他的标准，他也会直言不讳。他那软硬兼施的领导风格，堪称正能量的精髓所在。

在 IBM 的公司等级制度中，分公司经理是一个令人垂涎的角色。这是晋升的必经之路，通常需要调动。IBM 经常将员工派到其他州和国家，以至于人们开玩笑说，IBM 的首字母缩写是指"I've Been Moved"（我被调动了）。然而，约翰并不想离开底特律。他不愿让自己的妻子和九个孩子背井离乡，而是对自己的职位从长计议，特意在办公室里安排友善的员工，营造出一种友好合作的氛围，激发出他所谓"在规定时间内完成一切需要完成的任务"的积极性。在聘用人才时，约翰不但看重才干，也看重人品。

"好人相互吸引。"约翰爱把这句话挂在嘴边。没错，约翰是个正直善良的好人。

约翰尤其热衷于推动员工学习和成长。系统工程师的角色不仅牵扯到技术，也涉及销售。像我这样的销售工程师要与传统的营销专家搭配，一起销售和支持 IBM 的产品；销售工程师向客户传达公司硬件和软件的运行和安装方法，而营销专家则推荐产品的功能并给出定价。

大多数年轻员工都要参加为期一年的培训，鉴于我的工作经验，我只参加了一个精简版的培训。尽管如此，我的工作描述中有一半涉及教育，包括跟随资深工程师见习。这是我第一次当学徒，与经验丰富的技术人员并肩工作，在一个包容的环境中观看、实践和提问。因为我的角色是一名学生，而不是专家。

除了实践学习之外，我还前往 IBM 位于达拉斯的教育园区参加了各种课程，其中一门课是《高效演讲》。被点名在同学们面前展示演讲技巧时，我表现得很局促。老师在评语中称赞了我的口头表达能力，表扬我翻挂图的时机恰到好处，但同时也指出，我未能传达主题的中心思想，需要在眼神交流和肢体动作等基本要素上多下功夫。

"不要看着图表读，也不要背对我们，"她在我的评价中写道，"另外，请通过幽默和互动放松观众的心情，持续吸引他们的注意。如果连你自己都对演讲的主题不感兴趣，其他人就更没兴趣了！"一句话：我的表现挺失败。

在另一堂课上，我学到了 IBM 处理销售电话的清晰步骤。首先，通过开放式的问题建立融洽关系。接下来，使用五步"漏斗"法确定潜在客户的业务需求。其次，总结听到的内容，使用"特点、优势和解决方案"法描述产品的特点，联系产品的优势，并寻求可能的解决方案。永远以行动计划作为会议的结尾，详细说明我方下一步要做什么，客户要做什么，为下次会议建立基础。我在准备工作和建立默契方面得到了表扬，但也得到了建议：需要"多在特点、优势和解决方案上下功夫"，讲话更加准确，表现出更大的热情。

显然，我的沟通技巧还需提升，但是，清晰、表示关心、带着学习的意图用心倾听、在说话时努力提供价值，这些基本原则将伴我一生。我开始将沟通视为一门可以后天掌握的学问，而不再是一门需要动用我不具备的天赋的艺术。通过自己的练习和他人的指导，我相信自己一定能越来越好。我调动起对数学、工程学和IBM技术的好奇心，投入到公开演讲之中。我想要掌握公开演讲的诀窍。

我们这家分公司的主业是销售和维护计算机硬件，如大型机、打印机、终端机、数据存储系统和软件。阅读和使用不同编码语言的技能，让我具备了与信息技术专家和客户沟通的能力。

西部大干线铁路公司是我们的一位产业客户，其母公司位于加拿大，仍在运营北美最古老的一条铁路干线。我被分配到的工作，是协助将公司的电脑软件卖给西部大干线铁路公司的一位区域办公室经理。他是一个脾气暴躁的铁路职工，在火车及相关行业工作了多年。他是一个深谙本行门道的熟手，因此我猜到，若找一个年龄只有他一半的人来传授工作方法，他大概会心存疑虑。我并没有因为自己的年轻或在场唯一的女性身份而紧张，这些因素并没有让我分心，我集中精力，一心只想分享如何使用这款新软件跟踪车厢里的货物情况。

我想使用西部大干线铁路公司自己的电脑，利用他们的数据练习使用这款软件，于是，我获准在演示前的一个周日来到公司。西部大干线铁路公司的办公室位于底特律市中心的金融区，周末这里很少有人。马克不想让我孤身一人，于是坚持要和我一起去。

"今天我估计要工作很久。"我提醒他，但他并不介意。

我们从伯明翰开了半小时的车，来到西拉斐特大道171号。西部大干线铁路公司的办公楼年代已久，里面有一部古老的电梯和一条狭窄的走廊，傍晚时分，办公楼显得更加黑暗。公司的办公室稀疏而破旧，狭小的办公室里堆着灰蒙蒙的金属制办公桌、打字机和大量文件。我找到一台电脑，在接下来的 8 个小时埋头苦干。

为了自娱自乐，马克随身带了一个当时热门的新品——索尼手持移动电视。这台电视只有一块砖头那么大，有一块大约 2.5 厘米见方的黑白屏幕。他找了一个舒服的位置，看起橄榄球比赛来。

美国康尼岛餐厅是附近唯一一家还在营业的餐馆，提供涂满辣椒酱、洋葱丁和芥末的法兰克福香肠热狗。马克特别爱吃康尼岛餐厅的热狗，那个周日，他至少吃了 6 个。他坐在那里，边吃热狗边在袖珍电视上看底特律雄狮队比赛的样子，我至今仍历历在目。

与西部大干线铁路公司主管的会议进行得相当顺利，但有趣的是，相比会议，我对那个在他们公司度过的周日更加记忆犹新。在会议中，我们的团队向他展示了如何使用程序收集和跟踪货物，查看数量是增加还是减少，以及火车准点率是多少。从其他部门获得这类信息可能需要几周的时间，但有了我们的程序，他只需轻轻一点就能了如指掌。西部大干线铁路公司买下了软件，我被派去指导他们使用软件。也就是说，我要和西部大干线铁路公司一起工作一段时间。我逐渐成了这款产品的专家，因此也会被派去协助其他销售和安装工作。

我了解到，对产品的原理了解得越深刻，我与客户交谈时就越有信心。另外，我对自己所嫁的这个男人的了解也越发深入。马克真心想要陪在我的身边给我支持，他会经常伴我左右，但又不会让我觉得这对他来说是一种负担。与他为了支持我而付出的努力和走过的路程相比，在死气沉沉的铁路办公室里加 8 小时的班，根本不算什么。

渐渐地，我得到了更多的客户。这一周我在一家法院，下一周我又到了一家医疗机构。我的第一个大项目，是协助向一家大型保险公司销售一系列 IBM 新品大型机。销售工作由一位名叫约翰·尼恩的高级销售代表负责，他要求苛刻，但也是个心地善良的人。约翰是 IBM 的资深员工，也是一位出色的销售专家。他与客户的关系友好融洽，不仅了解客户的家庭，还知道他们周末会去钓鱼还是去看孩子们的橄榄球比赛。他熟悉客户的业务，并且极力确保不让他们失望。

"要永远信守你对客户的承诺。"他会这样一遍又一遍地嘱咐我。他敢作敢为，不惜为完成任务违反章程，但又从不过分。约翰的奉献精神赢得了客户的信任和忠诚，也促使他们购买更多的 IBM 产品。而他要确保的，则是一如既往地信守对客户的承诺。

我曾协助他的销售团队把两台大型机卖给保险公司，取代了竞争对手的机器。事后，约翰对我护佑有加，成了我的导师。他把拥有的知识传授给我，为我安排机会，比如让我协调售出的两台大型机的安装工作。

大型机需要安置在宽敞的房间里，房间里保持低温，确保机器的运行。只靠空调不够，还需一个液体冷却系统让水在内部循环，从而吸收热量。房间的高架地板下必须铺设巨型电缆，将大型机与水和电连接起来。这项复杂的任务，由娴熟的技术人员担任的现场工程师执行。我从未和被派到保险公司进行安装的工程师打过照面，却要负责组织他们的工作。

除此之外，我也从未有过统筹安装工作的经验。但我参加过两周的正式培训，还有过一次实践经验。当时，一个现场工程师团队在一家政府客户的办公室安装大型机，我也加入其中。大型机是在办公室空无一人的周末深夜安装的，记得我在周五晚上就到了现场。之所以比工程师先到，是为了仔细研究大型机的一本厚重的使用手册，也就是 IBM 所谓的"红皮书"。工程师一到，我就拼尽全力，协助他们把又粗又重的电缆和一捆捆电线从地板拖到另一头。我还清晰地记得，晚上的工作完成后，所有工程师都决定到附近的一家酒吧去。他们把我一个人留在那里，直到现在，我还能听见往门外走的他们的声音越来越小。

"你还在培训期间，睿兰。我们会回来接你的……"

作为一群男同事中的唯一女性，我对喝酒并不感兴趣，何况根本没人邀请我！所以我便留在现场，一个人待了几个小时，拖着那些电缆和电线在房间里走来走去。

然而，与约翰的团队一起在保险公司进行安装时，我已经不再是一名培训生，而是成了负责人。我写了一份详细的计划，和工程师并肩工作到深夜。他们当然不需要我的技术协助，但我觉得，我必须了解要做的工作并主动承担繁重的任务，这一点深得大家的认可。事后，因为成功地统筹安装工作，我额外获得了1500美元的奖励，约翰让我担任保险公司客户的系统工程师一职。除此之外，我可能也赢得了现场工程师的尊重，因为这次，他们并没有把我一人丢在那里处理工作。

约翰·尼恩曾经告诉我："当你不确定如何应对一个棘手的局面时，就去找一个能处理的人，任何人都行。"这是他教我建立人际网络的方式。在他的敦促下，我开始向全美各地的产品专家介绍自己，并聚集了一些必要时可以随时联系到的专家。因为认识我，他们都会接我的电话。

为了建立自己的人际网络，我会在没有什么特殊原因时与人们联系，看看对方是否需要什么，并花时间耐心回答他们的问题。如果另一家分公司的营销代表让我帮忙完成一笔交易，我就会坐火车或飞机赶过去。不管有多忙，我从不会拒绝任何请求。这也帮助我成为一名更加优秀的沟通者。约翰告诉我，永远不要使用事先策划好的演讲，但也不要毫无准备就

第 4 章　学习，永无止境

信口开河。"准备好你想说的话，针对不同个体进行调整，这样人们就会觉得你在和他们说话。"通过鼓励人际网络中的客户代表分享关于客户的信息，让我得以在接触对方之前更好地了解其公司及运营状况。我逐渐了解到，人际网络的本质是相互扶植的群体，想要培养关系，我们不仅要真心对彼此感兴趣，还要互通掌握的资源。

1985 年，我晋升为大型机系统专家被调到地区分公司，负责 IBM 一款新品的销售和支持。这款新品，是 3820 型的高端激光打印机。这种机器有汽车那么长，比大多数人还要高。我最初的一个项目，是帮助当地的一家电话公司用激光打印数百万客户的电话账单。一连几周，打印出来的账单总是出错。我必须诊断每个错误，然后再次进行打印。我花了很多个夜晚和周末来阅读"转储文件"，通过这些多达数页的代码和数据，确定打印机故障的原因。最终，我们让打印机正常运行起来。

很快，我就开始负责 3820 型打印机在 5 个州的营销和支持工作，还要与其他分公司的营销人员和系统工程师建立联系。如果他们相信我愿意且有能力提供帮助，便会毫不犹豫地与我联系，共同抓住销售机会或抵御酝酿中的危机。我亲自走访了各地的分公司，与他们分享了富有创意的销售策略。潜在买家对 3820 型打印机有所怀疑，想看看机器的实际操作情况，但机器太大了，没法拿给客户。所以，我只得把客户吸引过来。我们在俄亥俄州的哥伦布市举办了"打印机操作简报会"，在底特律举办了"聚焦打印！"产品说明会。这些会议虽然听起来不是很吸引人，但还是取得了效果。克莱斯勒、前进保险公司以及陶氏化学公司都陆续安装了我们的打印机。在 IBM 内部，我们的销售区域以全美最佳激光打印机销售方案而闻名。我对故障排除乐在其中，解决了这么多的问题后，我开始有了些许激光打印专家的派头。IBM 甚至让我飞到马里兰州的盖瑟斯堡，在那里待了几周的时间，帮助编写 3820 型打印机的技术指南。

1987 年，我第一次晋升到了管理岗位。其他系统工程师要直接向我汇报，这无疑是 IBM 为我投的信任票。在这家公司，员工可以逐渐晋升到越来越高的管理职位，从管理一个团队，到管理一个分公司，然后是地区，最终负责 IBM 在一个国家的业务。我的新角色，让我踏上了这条路。我甚至收到了 IBM 当时的首席执行官约翰·埃克斯的贺信。我从未见过约翰，也不确定他到底知不知道我是谁。尽管如此，接到公司负责人的来信，终归是件大事。

任命我为经理的人是帕特·奥布赖恩，在我当时所在的分公司，所有系统工程人才的管理都由他负责。在 20 世纪 60 年代末加入 IBM 成为系统工程师之前，他曾是一名数学老师。在为帕特工作的 3 年里，我负责管理大约 12 名员工和 24 个客户账户。

通过对我的管理，帕特教会了我如何管理团队。无论给出的是积极评价还是消极评价，他都能做到开诚布公。他可以非常坚决，但又不显得感情用事。在会议上，帕特会耐心倾听，即使作为在场资历最高的人，也会先让别人发言。一旦开口，他便能直奔主题。帕特告诉我，帮助员工发展自己的事业是经理的职责。学习和教育对我来说有着重要的意义，而现在，我需要帮助其他人获得这些机会。我试着了解员工的优缺点以及他们的抱负，然后制订计划来培养他们的技能。我鼓励那些向我汇报的员工尽可能多地学习，反过来，我也会尽可能多地进行分享。在我为帕特工作的第二年里，我的团队平均接受了 25 天的正规教育，比 IBM 要求的时间多出 60%。我们在软件、服务和维护方面的收入超出了指标，巩固了学习和收入之间的正相关联系。

另外，帕特还教我以价值观为导向做决定。我手下的一位最有才华的工程师有个坏习惯——爱开有伤风化、歧视女性的玩笑，引得几位女性员工向我抱怨。我问帕特该怎么处理这种情况，他的回答很坚决。"这个问题必须解决，"他说，"无论他多么优秀，如果有必要，就辞掉他。"帕特允许我做出以人为本的决策，并指出，讲究人性的工作场所才是健康的工作场所。在给这位工程师的信中，我明确表示，他的冒犯行为是不可接受的，如果再犯一次，他就要卷铺盖走人。

我渐渐了解到，在商界，充斥着要求我们在伦理和财政责任之间做出取舍的难题，即选择正确，还是选择省时省力、最有利可图或更受欢迎。正确的选择并不总是显而易见，但帕特教会我，正确的选择应该如此。在接下来的几十年中，这种以价值观为导向的方针，一直影响着我在管理和领导生涯中决策的优先级别。

帕特在道德上一丝不苟，但有点儿讽刺的是，他却跟我提过一个放在今天完全不可被接受的话题。

有一次，他对我说："听着，睿兰，这话由我来说的确很刺耳，但之所以提出来，唯一目的是帮助你。"我凑过去，全神贯注地听着。"你很聪明，工作勤奋努力，在公司大有前景。但如果注意一下我们的高层管理人员，你会发现，大多数人的身材似乎都很健康。"

原来，帕特是在谈论我的体重。

我一生都在与体重作斗争。还是个小女孩的时候，我就胖乎乎的。高中期间，我先是经历了一段身材敦实的时期，然后在大学期间和结婚时瘦了下来。但现在，在快到30岁的时候，我的体重又开始慢慢上升。我对增重减肥的循环再熟悉不过，但是，外表成为事业的障碍，甚至是一个足以掩盖心智或职业道德的因素，这还是头一回。我的第一反应，是用幽默来化解尴尬："帕特，你是觉得我吃得太多了吗？"

"这我可说不准。"他慌张地回答。他只是想要提点我，无意冒犯。

我不记得当时对帕特是否心怀怨念，但十有八九会感觉有点儿没面子。我敢肯定，当时的我明白，他是在为我的事业着想。帕特曾经两次提名我为年度最佳经理，我坚信他看到了我的潜力，不会对我的外表有什么看法。然而他从自己的经验中得知，有些人可能会对我有些微词，因此替他们提醒我。刚进公司的时候，帕特穿了一件淡黄色的衬衫，竟然被大家要求回家换成白衬衫！

同时，我并不认为帕特的担忧是错误的，但我没有把他的看法理解为对我外表的批评，而是认为他在担心有的人可能会认为我缺乏自律。我不确定这是不是帕特或其他人看待我体重的出发点，但给我的感觉就是如此。

"我只是说，如果你想升职，当然我也觉得你有能力升职，你可以考虑一下高管们的外形……还有他们的穿着，"他补充道，"他们都穿西装。"这句话的言下之意，是让我不要再穿颜色鲜艳的连衣裙，而要换成许多女性爱穿的单色半身裙、西装夹克和领带式的围巾。IBM 员工并不讲求华丽。那时的公司制服毫无创意，老旧保守。然而，我却喜欢稍微有点设计感的连衣裙。另外，连衣裙也要比束腰的半身裙舒服得多，尤其是在我比较胖的时候。这种现象公平吗？不公平。但这是我们所处时代的现实吗？很遗憾，这就是现实。

很显然，在当时，评判员工与上级之间谈话内容是否合适的标准在每个人看来都很不同，无论是从帕特还是我自己的角度出发。帕特的意图很纯粹：他只是想让我融入企业环境、出人头地，因此敦促我把自己收拾得专业些。在当时，专业的外表就意味着不引人注目。（当然，身高大约 1.75 米的我，为了"融入"也只能量力而为了。）

不要忘了，这段故事发生在 20 世纪 80 年代。这些年来，女性参与管理和扮演专业角色的比例一直在上升，即便如此，我们也一直在努力适应男性主导的文化。女性只想因为合理的原因受到关注，也就是我们的才华。从本质上讲，我不觉得自己是女权主义者，也许是因为我不认为身为女性是一种劣势，也不担心我的未来会被针对女性的所谓玻璃天花板限制。在我看来，任何人想要出人头地，最好的方法就是把工作做好。也许，是我太过天真，认为女人的身份不会对我的事业造成阻碍。抑或是我只是在用积极的心态对待这件事。

此外，我从没有过被迫卑微或受到骚扰的遭遇。但是，我是个能够对不当评论不以为意的人，因此，我或许只是没有往这个方向想而已。当一位男同事用"小妞"称呼我和另一位女同事时，我们一笑置之。当他补充道，等到我们两人都升了职，就可以加入公司"老大哥"的行列时，我们只是反驳了一句"你应该说加入'大姐大'的行列吧"，然后不屑地翻了个白眼。我没有感觉受到侮辱，因为我真的相信，大家是尊重我的。

在与帕特谈过话之后，我的穿着是不是变得保守一些了？我有没有出去买一大堆西装，有没有在谈话结束后开始节食？说实话，我已经记不清了。但是我记得，在 20 世纪 90 年代，我的体重仍然在增加。那么，体重问题真像帕特担心的那样阻碍了我的事业吗？我没有证据证明他的对错。然而，帕特在一件事上是对的：在职场中，女性的确会因外貌受到更严厉的评判。从很多方面来说，这一点至今都没有改变。

在职业生涯的这段时期，我也一直在试图弥补自己的弱点。我有完美主义的倾向，这一点虽然深得顾客欣赏，但也可能让我的同事抓狂。具体来说，我是一个吹毛求疵的"编辑"，经常在返还报告等文件时加上许多手写的批注，画掉许多单词。我的直系下属给我起了个绰号——"红笔"睿兰。

"把她的红笔夺走！"他们会这样宣泄不满。这不是在我背后说的坏话，因为我也知情，还不止一次收到红笔作为礼物。然而，幽默背后的确有其深意。我对完美的追求，往往意味着只关注需要改进的地方，而不关注积极的方面，这有可能会导致员工不自信。我花了一段时间才明白，虽然我可以找出问题，但这并不意味着我必须指出来。我仍然能发现错误，但对于指出的问题和打回去修改的东西却更加谨慎。另外，我也试图控制微观管理的倾向，给人们执行的空间，而不一味假设自己的方法才是最好或唯一的。我逐渐认识到，把控制权交出去，可以让他们树立自信；而不断强加控制，则会破坏这种信心。总体来说，无论是选择自己投入精力的对象，还是指挥别人的精力投入，我都会更加谨慎。

另外，我也在学习如何更有效地管理自己的时间。我在工作上不会设限，在办公桌前待到晚上 9 点的情况并不罕见，周六、周日和节假日加班也是家常便饭。这与我亲爱的丈夫形成了鲜明的对比，他经常说，如果有人不能在下午 3 点半完成工作，就是效率低下的表现。幸运的是，马克接受、支持甚至不时包容了我截然不同的工作哲学。一次，在连续几天加班到深夜之后，一位同事指出我有"过度优化"的倾向，并告诉我："睿兰，如果你连一项基层管理人员的工作都不能在 8 小时内完成，还怎么指望在这家公司做更多的工作呢？"是我效率不够高，还是我太过追求完美？或许两者都有一点儿。

在某个时间点，我接触到了 ABC 法则。A 是指最重要的任务，通常最困难，也需要最多脑力。B 的重要性中等，C 是最不重要的，通常也是最简单的。大多数人每天都在处理 C 类工作，把忙碌和高效混为一谈。

一天之始，我会先处理写提案这种 A 类活动，因为我在早晨最清醒。即便如此……在完成 C 类任务之后，我还是总能找到其他事情可做。

同时，我的高度专注也隐含着不顾全局的问题。有的时候，我一心要完成某项工作，以至于为了开始会议而打断友好的寒暄，或者在同事的发言有些偏离当前话题时插话。有人给我贴上了"咄咄逼人，缺乏耐心"的标签。有些人欣赏我的这种特质，因为这样能让会议正常进行，有助于我们在期限内完成任务，而有的人或许会觉得这种特质有些不近人情。我从未有意冒犯任何人，只是想要完成任务而已。在日后，我会逐渐学习如何兼顾效率和人情，因为二者对我来说都很重要。

有些人认为，我也会要求他们和我一样长时间紧张工作，但事实并非如此。我只是单纯热爱工作而已。从某种程度来说，如此努力工作的习惯源于我年轻时的经历：我绝不愿将自己置于无法经济独立的处境，想要达成这个目标，一种途径就是埋头工作。

回顾这些年的经历，我发现，我其实是在建立基本的行为准则。

首先，我养成了持续学习的习惯，面对每一种处境，我都会抱着这样一种心态：如果怀着持续学习的目的观察、倾听和提问，我就能获得新的洞见。三人行必有我师，我并不总是坐等导师找到我。向对方展示出想要学习的意愿时，大多数人会接纳我，愿意为我的成功投入时间和精力。这些年来，我逐渐积累了一批导师，努力汇集他们的优点。另外，我也在逐渐成为一名"T 型人才"①，在一定领域拓宽知识的广度和深度。以我自己为例，在学习如何沟通和销售的同时，我也在深入研究计算技术。遇到不

---

① 由哈佛商学院多萝西·巴登教授提出，这种人才需具备广泛的通用才能以及纵深的专业水准。——译者注

明白的地方，我就会提问。

从本质上讲，我其实是在逐渐了解学习的价值。

然而，仅仅具备知识是不够的。在为这本书查资料的过程中，我阅读了我在IBM最初几年的绩效评估。在这些评估中，我的主管们经常将我的专业精神评价为一种优点。没有人教我怎样成为"专业人士"，但早期的家庭生活确实将沉甸甸的责任感和义务感过早地抛给了我。我在重读这些评估时才意识到，有备而来，准时，反应迅速，为防止别人措手不及而及时告知，或者是在重压下仍然保持积极的心态，这些看似简单的行为，有多少受到人们的重视。可信，可靠，积极，预见问题并在问题恶化前解决，这些都是人们所欣赏的特质。在其他条件相同的情况下，我认为，就是这种专业精神，让我得以脱颖而出。

在IBM的前10年里，我的感觉跟在学校里没有什么不同：只要尽可能多地学习，带着一定的专业精神，甚至派头十足地达到或超越预期，我就能斩获更多的机遇。

第 5 章　跳出舒适圈

我彻夜难眠。那是 1991 年劳动节的周末，我与马克、母亲、安妮特、达琳一起，到弟弟乔在孟菲斯的家里度假。那个周末结束之前，我必须决定是否接受一份新的工作，这也意味着职业选择上的一次冒险。

那一年，IBM 进军咨询业。当时，公司已经开始提供信息技术服务，专注于硬件和软件的运行和维护工作，而这个新成立的咨询部门则会对机构进行分析，提出通过技术和其他途径提高竞争力和盈利能力的方案，销售商业战略和管理建议。到一家公司安装和运行计算机是一码事，提供一份如何改变流程和方针的五年计划就另当别论了。而 IBM 所缺乏的，正是后一种人才。

IBM 为推出这项新业务投入了大量资金，并从一家高端管理咨询公司招募了一位高级合伙人，来说服其他职业顾问放弃自己的精品公司，共同创建 IBM 咨询集团（IBM Consulting Group）①。这些外来人员拥有工商管理硕士学位和与高管打交道的经验，就这样，他们带着 IBM 急需的洞察力和方法，有些趾高气扬地进入了公司。

另外，公司各部门的几位资深 IBM 员工也受邀加入了这支新团队。新团队并非独立运作，而是要成为一个整合 IBM 现有资源的部门。IBM

---

① IBM 咨询集团于 1992 年成立，几经更名后，于 2021 年 10 月更名为 IBM 咨询公司（IBM Consulting）。——译者注

是一家结构复杂的企业，老员工像导盲犬一样，带着新员工到处摸索。

作为交换，IBM员工也能学会做顾问的要诀。

受邀加入时，我出于几个原因而心生迟疑。首先，我担心这份工作会破坏我目前的职业规划。领导分公司的机会本来就很难得，而进入咨询行业，意味着放弃我已经确立的地位，偏离这条已经铺好的IBM管理岗道路。另外，这也意味着我要跟随经验丰富的顾问见习，也就是回到专门人才的岗位，甚至是做回学徒。尽管受邀加入新业务部门是一种荣誉，但给我的感觉，却有点儿像降职。

还有，我也怀疑自己能否在这里拼出成绩。到了这个部门，我就不再销售系统，而要销售业务问题的解决方案。另外，我还要推销自己。我的业绩将取决于客户是否愿意为我的建议付费，而不是愿不愿意购买某台电脑。我的成绩取决于我和团队提出和执行建议的质量，我感觉，这会将我置于一个非常被动的位置。如果没人愿意为我的建议买单，那可怎么办？

仅仅想到改换赛道，我就伤透了脑筋。我为这个问题纠结不已，当然，我和马克交谈过，但他丝毫没有我的犹豫。

他说："这听起来像是你非常擅长的领域，还可以让你把积累的技能学以致用。你能有什么损失呢？"如果出了问题，在我找到新工作之前，马克的工资还可以支撑我们两人的生活。我很感激能有经济上的缓冲，但还是担心这会阻碍我前进的势头。如果我干不好，不喜欢这份工作，或是新业务以惨败收场，我能重回未来管理者候选人之列，还是会被人遗忘呢？虽然我的确喜欢咨询工作，但是，前景到底会如何？未知的因素实在是太多了。

另外，我也在思考不可避免的差旅会对我的婚姻产生什么影响。因为，顾问很可能经常有大段时间不在家。"我们能挺过来的，"马克咧嘴笑着回答，"我们定个新规矩，绝不能超过两周不见面。"

整个周末我都心神不定，我一边和家人在劳动节烧烤会上吃着汉堡和热狗，一边讨论自己面对的困境。经过一个周末的思考和交流，一个残酷的事实赫然摆在眼前：我只是将 IBM 员工这一角色发挥到了极致。我对公司的产品了如指掌；经常被叫去协助推销；能在公司内部教授系统的相关知识；我明白该向谁寻求支持，也知道如何在公司臭名昭著的繁文缛节中摸清方向。我是 IBM 流程方面的专家，但是，这些技能在公司以外的世界却并不一定具备市场价值。我需要培养外部市场看重的具有可移植性的全新通用技能，以防在 IBM 的道路不能一帆风顺。

这个领悟，加上家人的支持和马克的乐观，激励我对自己和未来建立了信心，也让我下定了决心。我决心离开已知的领域，进入未知的疆界，担任咨询部门信息技术战略和规划组的业务负责人。那年，34 岁的我开始了短暂职业生涯中最大的一次冒险，跳出了舒适圈。

I need a job.（我必须签下项目。）

在冒险进入咨询领域之后的几个月，这一直是我的语音信箱密码。原因很简单：我必须签下项目才行。当时，我还没有独自签下一个项目。开拓新业务是我工作职责的一部分，除此之外，我的职责还包括确保我自己和我的业务达到行业认证标准，以便在市场上更受重视。许多公司并不认为 IBM 能够提供商业战略建议，为了证明自己，我们必须按要求免费贡献自己的时间和建议。"给我们一个机会吧，"我们会这样说，"如果不合意，你们就不用支付费用。"我做了很多次报告，却连一个项目也没能成交。

最终，在 1992 年，我协助向一家大型杂货连锁店销售一个信息技术战略开发项目。该连锁店是一家与我们有竞争关系的管理咨询公司的长期客户，他们起初很不情愿接受我们评估其业务的提议。我们表示，愿意以极低的价格提供服务，对方默许了。

时间慢慢流逝，但我每天都在用新的方法锻炼自己的大脑，因此在不停地成长。咨询磨炼了我的演绎推理能力，锻炼了我用逻辑解决问题的能力。这份工作教会我如何将技术价值转化为商业成果，并让我学会了更加复杂的商业用语。我会和各位高管讨论其公司的方方面面，与聪明热情的领导者进行面对面的接触，这让我浑身充满了活力。通过这个过程，我构建了一种造福他人的服务心态。我师从的顾问向我展示了顾客和客户之间的区别：顾客是一种交易，而客户则是一种关系。维持人际关系需要大量的投入、真诚的关心、好奇心和对细节的关注。我逐渐认识到，无论头衔是什么，我的角色都是造福客户。

我最初担心没有人会愿意为我的建议买单，然而，这样的担忧并没有成为现实。客户的反馈非常积极，我逐渐相信，我拥有胜任这份工作的能力。尽管我不像 IBM 聘请的许多专业顾问那样拥有工商管理硕士学位，然而，我似乎具备从事这份工作的天赋。简而言之，我意识到，无须商科学位，我也能取得成功。到了 1993 年，我已能超额完成收益目标，也成了第一个为自己及地区业务取得认证的新晋顾问。我受邀在 IBM 职业介绍日上发表演讲，吸引更多顾问加入我们的大家庭。

对于进入咨询业，我没有丝毫后悔。我放弃了一个流程化的职位，得以积累新的技能和知识，并可以将这些技能和知识应用于 IBM 内外的任何岗位。然而，我的职业发展方向仍然不明确。

弗雷德·阿莫罗索露出了感染力十足的灿烂笑容，极力推崇地说，这份工作的目的不仅仅是为保险公司提供咨询。

在劝我加入团队时，他说："无论到哪里，你都大有前途，但如果你能与我合力，我们就有机会引领 IBM 的转型。如果你对此感兴趣，我希望你能加入我们的保险团队。我们不仅要一起完成咨询工作，还要共同想办法推动 IBM 公司的改革。"弗雷德竟对保守而古板的保险业务抱有如此热情，给我留下了深刻的印象。

弗雷德曾是一名工程师，后来转型当企业家，与人合伙创办了一家公司，后来将其卖给了普华永道会计师事务所。1993 年，他被 IBM 聘用，负责公司在全球的保险业务。不久之后，我与弗雷德相识，现在的我，面临两个选择：一是为弗雷德工作，负责保险行业的所有咨询工作；二是为另一个人效力，负责银行业同样的业务。保险本身并不吸引我（就连 IBM 的首席执行官都在未来某天亲口告诉我，他觉得保险行业就像干等着草长一样无趣），但是，弗雷德描绘了一幅极具冲击力的画面，我决定接受他的提议。

作为从 IBM 外部聘来的员工，弗雷德直言不讳地谈到了他在这家公司看到的令人懊恼的缺点，包括公司的官僚主义，以及一些升至高管级别的人远离实践工作的作风。弗雷德坚持认为，每个人都应该对我们负责的部门和客户有所了解并与之建立关系，做到"脏活累活自己动手"，而不是把细节留给向我们汇报的下属。管理者必须做到知识和实干兼备。

我饶有兴趣地观察着弗雷德的领导魅力。他的热情足以集结起一支军队。仅仅表达一个强有力的观点，就能吸引人们进入他的轨道，并对他的愿景建立信心，甚至那些不为他工作或不太了解保险的人也是如此。人们跟随他的热情，相信他的知识。他的领导风格背后，隐藏着一个简单的秘诀。

当我赞美弗雷德那如火的热情时，他这样告诉我："这不是与生俱来的，你可以学着对你所做的事情燃起热情。"然后，他补充道，"但是，热情洋溢也会让人筋疲力尽。"他解释说，他的热情是时开时关的。这种外露的魅力的确能够吸引追随者，"但是，这种热情也会把人耗尽。"他这样告诉我。

热情不是自然而然产生的，而是可以后天获得的，甚至可以被调动、保存并选择性地加以应用。对我来说，这些都是发人深省的见解，这或许是因为，这种理念拓宽了我的可能性。如果能对任何事情产生热情，我就能胜任任何业务——包括保险业务。

事实证明，弗雷德是一位了不起的导师和支持者，他的鼓舞，在许多方面都促进了我的成长。

他让我承担很多责任，并且一定会在我圆满完成工作时给予我赞美和认可。他看重我的干劲，真心希望我能出人头地。但弗雷德也知道，要取得成功，我需要的不仅仅是优异的业绩和出色的绩效评估。他了解曝光的价值，以及曝光对一个人的未来可能意味着什么，于是，他鼓励我在公司内外提升存在感。于是我开始撰写文章，其中的内容会被商业报纸杂志所引用，另外，我还会在外部活动中发表演讲。在弗雷德的支持下，我成为受邀参加为新任高管举办的全球教育研讨会的 4 名美国员工之一。除此之外，弗雷德还将我引荐给了路易斯·郭士纳，也就是 IBM 公司 1993 年至 2002 年的传奇首席执行官。当时，弗雷德安排我在一次会议上接待路易斯，并把他介绍给客户认识。

当时，路易斯刚刚把 IBM 从破产的边缘拉回来，带领公司进入互联网时代，正在规划公司的转型事宜。用弗雷德自己的话说，他觉得，如果路易斯能看到我的工作状态，他和公司就会对我更加重视。在我不知情的情况下，弗雷德找到了另一位同事菲尔·圭多，请他想个方法，以便让路易斯与我多接触。当时的我还不认识菲尔，但无论在当时还是现在，他都是 IBM 最优秀的高管之一。在路易斯即将与一家大型寿险客户的董事长和高管会谈时，两人进行了头脑风暴，商量如何让我加入。他们让我谈一谈我一直在研究的科技趋势，在这次发言的启发下，我们围绕客户如何应对科技颠覆展开了激烈而深入的讨论。回想起来，我非常感激弗雷德和菲尔为我打造了这样的空间，允许我在保持本色的同时实现卓越的发展。

如果弗雷德认为人力资源部门给我加的薪水没有充分反映我的工作成果，或者低于我能在其他公司拿到的薪水，他便会与人力资源部门对峙，为我争取更多的现金和股权。IBM 对员工在特定时期拿到的薪酬有严格的规定，但弗雷德不断警告人力资源部门，如果整体薪酬没有反映出我的价值，客户或竞争对手可能会来挖我。好在，我也深谙为自己辩护之道，特意向弗雷德展示了我销售的项目清单，以及每个项目及后续业务的现金价值。

在我们的共同坚持下，为弗雷德工作期间，我的工资实现了加入 IBM 以来最大幅度的增长。作为一名管理者，我也学到了一条经验：在员工开口提出要求之前，先给他们提供诱人的薪水。我不必跟弗雷德争取便得到了加薪，这让我对他心存感激，也对他忠心耿耿。

就像关心我的业绩一样，弗雷德也关心我的健康。5 天里跑 6 个地方拜访客户的情况，在我这里是家常便饭。他担心我这种毫不松懈的步伐难以持续，也毫不掩饰自己的担忧。他在 1994 年 9 月给我的便条中的最后一句话是："我很喜欢和你一起共事，但要注意，别把自己弄得精疲力尽。"鉴于我每天的工作量很大，他曾经建议我一周只工作 4 天。而我却从没听过这个建议。

3 年之后，我仍然没有放慢脚步，在我的绩效评估中，弗雷德写道："我从未见过有人有如此的工作能力，但我看到了为此付出的代价。"他是对的。我没有时间锻炼，睡眠时间不足，出差太多，娱乐匮乏。"自私一点儿，"他建议道，"花点儿时间去享受美好的时光。"最终，弗雷德的关心成了我开始关注自己健康的动力，也促使我更有效地管理时间，确定优先事项，设定界限，逐渐适应委派任务，甚至偶尔忽略一些细节。但在此时，我还没有到达那个阶段。

在为弗雷德工作的那些年里，我的晋升速度比大多数人都快，到了 1997 年，我已接手管理 IBM 全球范围保险行业的所有咨询和软件业务。弗雷德对我的信任，也增强了我对自己的信心。

他说："总有一天，你会具备管理整个垂直行业业务的能力。"他所指的，是整个保险行业。我以为，他所说的那天还很遥远。

1997 年春末，弗雷德把我叫到他的办公室。当时，我们正在韦斯特切斯特郡的 IBM 园区，距离纽约阿蒙克的公司总部不远。我仍然住在底特律，但经常到阿蒙克出勤。

"我有好消息要告诉你。"他说。我知道弗雷德要去东京，负责 IBM 在亚太地区的所有服务业务，必须有人接替他领导 IBM 的全球保险业务部门："我觉得，你应该成为我的接班人。"

我的第一反应是"哇，这听起来太棒了"，但很快，一个没那么乐观的想法便浮上心头：我还没有做好准备。虽然当时管理的部门运营得不错，但我还没有承担所有职责。接替弗雷德，意味着监督 IBM 在每个地区的盈亏情况以及销售给保险客户的所有产品和服务，此外，还要分配员工的工作。再过一年左右，我会准备得更充分，我直言不讳地对弗雷德表达了自己的想法。他疑惑地看着我，好像在问：这不是你一直为之努力的晋升机会吗？后来，他建议我去拜访一位负责 IBM 所有销售和全球业务的高级副总裁。

第二天，我驱车 20 分钟来到高级副总裁的办公室。办公室位于 IBM 另一个庞大的园区，园内有光滑平整的白色楼房，还有一幢玻璃金字塔建筑，这些全都出自建筑师贝聿铭之手。我们谈到了这份工作的问题，让我惊讶的是，在谈话结束时，这位高级副总裁便将工作交给了我。"我想回家和丈夫谈谈这件事，"我说，"周一给您答复。"我的犹豫出于几方面考虑。首先，弗雷德是一位令人钦佩、受人爱戴的领导者。接受这个他珍爱的岗位，让我忐忑不安。更让我担心的是，我不懂的事情实在是太多了。我飞回底特律与马克交谈，给他列举了我没有完全准备好接任的所有原因，也说出了我在面对这个机会时的回应。马克耐心听完，只问了我一个问题。

"你觉得，一个男人会这样回答吗？"

马克认识好几位在我眼中才华横溢的 IBM 人才。"我觉得，他们一定会接受这份工作，把精力放在自己应该得到这份职位且已经做好准备的原因上，"马克说，"睿兰，你已经准备好了。更何况，我对你再了解不过，不出 6 个月，你就会告诉我你想要更多的挑战了。"

马克的见解让我停下来仔细思考。他的重点不只在于男女之间的差异，而是提醒我，即使面对风险也要选择保持自信。弗雷德希望把整个业务交到我的手中，与此相比，几年前加入咨询业务的决定似乎只是个很小的变动。然而在顾问行业，我不是学到了很多吗？因为敢于承担这个风险，我不是收获了指数级的成长吗？对于这一点，我非常肯定。

我最大的障碍并非缺乏能力，而是强加给自己的自我怀疑。我本该举杯欢庆的，相反，我却为内心的声音举棋不定："如果具备更多知识或者更多时间，我就能够胜任。"就这样，那个声音非但没有列出 10 个我可以胜任的理由，反而列出了 10 个我无法胜任的理由。好在，我还有马克和弗雷德的声音为我加油打气。

我飞回纽约，告诉弗雷德我愿意接受这份工作。他笑了笑，然后看着我的眼睛，说："别再给我来这一出了。"他证实了马克的看法：缺乏信心和存在风险，不该成为继续往下走的障碍。事实上，风险应是激励我们勇往直前的动力。要想提升技能，发展事业，扩大影响，我就必须接受风险和随之而来的不适。一旦选择了冒险，我就必定会学习和成长。

这段经历，让我开始领悟到一个事后反复被证明的理念：成长和舒适永远不能共存。

第二部分

我们的力量：改变工作

在生活和事业的某个时刻，我们的关注点会从自己转向他人。我们仍然有自己的目标，但也会认识到，我们的行动能够影响到很多人。孤身一人，是无法完成任何真正有意义的创举的。在帮助别人以及寻求他人帮助的过程中，我们的视角从"我"转变为"我们"。第二部分的内容，便是我学会运用"我们的力量"的经历。

在过去的几十年中，随着责任的增加，我的五大原则也逐渐成形。这些章节对这些原则进行了界定并阐述：造福他人；建立信任；明辨如何改变，如何保留；为优秀科技保驾护航；坚韧不拔。我在回溯往事时才意识到，每条原则都是一面滤镜，在我工作和领导的过程中激励我前进。

以下内容并不是我的全部经历，而是摘取了我从担任顾问到升任IBM首席执行官兼董事长期间的一些回忆，偶尔会插叙和倒叙。总体来说，这些故事和思考展示了我和团队总结出五大原则的进程，以及我们如何通过处理每个困境中固有的矛盾来解决难题并取得进展：比如努力满足多个利益相关者的需求，在情感与执行之间建立起桥梁，以及如何在挫折面前仍然保持乐观。有些经验非常简单好用，马上就可以付诸实践，而其他经验则更具挑战性，因此大家可以先接受，日后再培养和发展。

我希望，这些理念能够被应用于大家的工作和管理中。虽然这是我的旅程，但我分享的目的却是为了造福大家，并推动大家为更多人带来积极的改变。

第 6 章　造福他人

这是美国中西部一个酷热的夏日，但冷气十足的办公室内却仍然凉飕飕的。我坐在一家大型食品杂货零售商的首席执行官旁边，递给他一份多页报告。这份报告，是我和团队对他的公司进行数月研究后整理出来的。而这也是我首次单独销售的大型咨询项目。我们对这家公司的数十位高管进行了访问，研究了商店里的过道，参观了仓库，对整个行业进行调研，以便了解这家零售商与竞争对手的差距。我们发现了很多问题，从"库存收缩"（比如消费者会直接吃货架上的草莓）到"收银员工作效率低下"，以及"供应链缓慢"等问题。

我从周日到周五都在出差，忙到放弃了假期，在一家食品杂货店的熟食柜台后庆祝生日，接受了门店经理从面包柜台拿出来的订制蛋糕。而现在，为这次会议准备到深夜的团队已经疲惫不堪，我们围坐在桌子旁，急于展示几个月的工作成果。

我开始带领首席执行官浏览报告，从第一页的开头起，浏览每一段文字。他翻了一页，然后便盯住我的双眼。我停了下来。

"睿兰，把你那版画过重点的报告给我。"他说道。

"我的版本在这儿。"我一边回答，一边把我的一摞文件拉近了一点儿，犹豫着要不要给他看我的标注版。接下来，他举起我给他的那一大摞印得密密麻麻的文件。

"你为什么会想让我把这么多东西都读完？"他问道，"睿兰，请把你画过重点的那一版给我。"他的面前摆着整整一天的工作（多年后，我将亲身体会到首席执行官的一天能排得多么满满当当），只有时间听取最突出的重点。他无须知道我和团队是如何得出这些结论的，但我却想向他展示我们的准备过程，好给他留下一个深刻的印象。谁知，他却完全不在意。

职业生涯早期的那次交流，让我明白了一个关于造福他人的基本道理：时间是一个人能够给予我们的最有价值的东西，作为回报，我们必须给对方提供价值。

正能量的灵魂

当我开始思考赋予某种力量"积极性"的要素时，我首先想到的一点，就是造福他人。这不是在夸夸其谈，而是通过实际而巧妙的方式，真正为对方谋利。

在我看来，造福他人就是在满足自己需求之前或同时，尽最大努力考虑并满足某人或某事的需求。造福他人的目的，是帮助某人某事发挥潜力，使之变得更好。我认为，这就是正能量的灵魂，即正能量的根本意图，也是我们一切努力背后那意义重大的"原因"。

从概念上讲，我认为"造福他人"与"服务他人"有所不同。有的服务员能够为你端上一餐菜品，但他并不关心你是否会用餐愉快。相比之下，造福客人的服务员所做的不仅是点单和送餐——他们真心想要打造出一种愉快的体验，因此也应该得到更多的小费。然而，他们的出发点是打造体验，而不是收取小费。

第 6 章 造福他人

造福他人并不是达到目的的手段，而是本身就具有价值。造福他人体现在我们在准备、沟通和跟进期间的态度和行为上。虽然造福他人要从我们最亲近的人开始，但这种一对一的造福也可以推行至企业甚至创想上。以某个使命为出发点造福他人，可以体现在我们分配时间、精力、智力资本和金钱等资源的方法上。

在许多情况下，平衡他人和自己的需求是我们必须克服的矛盾。造福他人应该是双赢的。

在造福他人的时候，我们会以尊重、庄重和礼貌的态度对待对方并进行沟通。我们会用情感建立联系、进行合作、询问和倾听。我们会调动同理心，会站在对方的立场上看待事物。

在一生当中，我们所造福的人或事一直在改变。这始于我们的家人，也就是那些关心我们且我们也关心的人。随着成长，我们逐渐有能力造福朋友和邻居，这意味着当别人需要帮助时，我们要把注意力投放到自身之外，拒绝袖手旁观。在工作中，我们最直接的造福对象是消费者和客户。另外，我们也可以造福我们的同事，创造健康的工作环境，帮助同事发挥出潜力。领导者则通过管理方式以及制定和倡导的计划、政策和文化，造福所在的组织和所有关心组织利益的人们。公司也有责任造福社区和社会，不仅考虑股东的利益，也要扮演好企业公民的角色。几十年来，我所追随的一些领导人一直认为，企业在维护其所处社会健康和繁荣方面发挥着相应作用。

对我来说，在 IBM 工作的关键，就是为改变世界的运作方式尽一分力。我知道这是一个非常崇高的使命，却始于一个相比之下更切实际的基础，即学习如何造福客户。由此，这项使命不断发展壮大。

交付价值

关于如何造福客户的知识，我主要是在咨询行业里累积的，也就是在接替弗雷德成为全球保险业务部门主管之前。有的客户很难对付，他们有很高的标准，这是因为，我们的咨询工作非常复杂，而且往往对他们的运营至关重要。他们希望对我们的投资能够物有所值，正是在这段时间里，我养成了多年来一直坚持的习惯。随着项目规模的扩大和强度的增加，我也对这些习惯进行了相应的扩充。所有这一切的目的，都是给客户带来价值。

例如，分析客户的业务只是第一步，但分析并不是目标。

因为，我们必须从分析中提取出让人茅塞顿开的见解。

提取这些见解，意味着提出有利于客户业务的新结论和建议。为了让我得出这些见解，我的咨询经理们会直言不讳地指出我报告中的漏洞，迫使我从战略角度进行思考，而不仅仅是从运营出发。他们会测试我的假设，并确保我对自己的假设加以验证，从而让提出的见解言之有物。他们不断提醒我，我不仅需要提供事实，还要解决问题。

我发现，当客户向我们描述问题时，我和同事可以用以下三种方式之一进行回应：我们可以重申问题，向客户表明我们听到了他们的问题，但这对改善业务没有帮助。我们可以重申他们说过的话，然后以此为契机，对我们的产品和服务进行描述。这种方式铺设了一条引向交易的道路，向对方介绍能从我们这里购买到的服务，却不是最真诚的造福对方的方式。第三种回应方式是参与对话，用我们既有的知识补充对方告知的信息，并通过提问来更加深入地了解对方的业务。这是一种更具协作性的方法，比如，我们可以用客户提供的信息展开双向对话，然后进一步整合我们带来的关于行业趋势的信息，并将点连接成一幅完整的图画。这种反复沟通可能会产生战略性的全新解决方案，不但有利于建立信任，还能建立一种带来共赢契机的合作关系。

想要与客户一起得出这样的见解，我就得提前做好功课。

开始管理其他顾问后不久，我向一位上司倾诉，我担心团队是否做好了演讲的准备。

上司表示："睿兰，你必须做好上阵的准备，以防团队有什么差池。"这句话有什么言下之意？他在告诉我，管理者不能只管指挥，还要兼顾实干者的角色。为了确保我和团队能够在当下交付价值，我设计了一个口诀：思考、准备、排练。

在会议前，我进行了大量的研究。必须在此说明，在谷歌等搜索引擎出现之前，我们的研究要比现在费时得多。我不想在参加会议时对对方一无所知，我想知道这家公司过去做了什么，现在在做什么，以及未来想要怎样发展。如果不了解客户，我又怎能提供价值呢？

回首往事，我还发现了另一个让我如此拼命准备的动力：我是一个男性世界里的女人。当然，公司里还有其他女性，其中很多人都是我的上司或同事——有些人是我的经理，有些人是指派给我的导师。每个人都有独特的能力，在我的眼里，这群女性同人聪明、专业、野心勃勃且爱岗敬业，总是有备而来。我认识的每位女性，在工作上都拼尽全力。她们用自己的实例让我看到，想要让自己与众不同，就要把自己的业务做精。

在提升女性地位方面，IBM 走在了时代的前端，尤其是在科技行业。即便如此，参加会议的男性也往往多于女性，尤其是在我们客户的办公室里。在拜访客户时，我总会怀疑自己要比男性跨越更多的障碍。有的时候，我不得不克服所谓的女性角色偏见，我遇到的一些男性，会在潜意识里把我摆在这些角色之中。这是因为，在我的身上，他们看到了自己生命中最为重要的女性（如妻子、女儿或孙女）的影子。在这种情况下，我需要重塑自己的形象，成为他们眼中的商务人士。

提前做好准备有助于让我免受性别偏见的影响，无论这偏见是有意还是无意的，至少我是这样觉得的。这公平吗？当然不。但我曾经是，现在也仍然是时代的产物，在这个时代，女性必须为证明自己付出更多的努力。30年过去了，在包括整个科技行业和高级领导层在内的很多场合，现实仍是如此。对我来说，有备无患能够规避所有的自我怀疑。知识让我更加自信，自信满满时，我就会觉得自己能在会议室中或讲台上收放自如。因此，在冒名顶替综合征①悄然来袭的时刻，我会通过丰富自己的知识加以抵御。

然而说来也巧，准备万全也让我更有能力和条件造福客户。提前做好功课能让我全身心地投入会议之中。我可以深入提出一些探索性的问题，而不只是浮于表面。鉴于我已经对背景信息有所了解，我可以真正听懂客户的心声，而不仅仅是他们的字面意思。在参加所有会议之前，我都会查看当天的头条新闻，以防有什么会影响客户的事件。参加会议时，我知道得越多，就越有能力"上阵"，随机应变地拼凑出事件的全貌，综合议题，展开一场加深所有人了解的对话。除了准备之外，我还附带培养出了预判的技巧。

另外，好奇心也很有帮助。这些年来，我习惯在两三页纸上写满自己的想法和见解，收集客户的零星信息，即便不确定这些信息什么时候能派上用场。事后与客户坐下来交谈时，我可能会根据谈话的进展，从这份用

---

① 也称冒充者综合征，指个体无法将成功归因于自己的能力，而是怀疑自己的技能、才能或成就，不断地担心被人揭穿。——译者注

铅笔写成的笔记中抽出某个要点。手中拿着一份现成的想法列表，会让我感觉更有信心。我觉得，客户很欣赏我的这种习惯，并逐渐开始期待这个环节的出现。"你的单子上还有什么内容，睿兰？"他们会盯着我的笔记问。尽管我从不保存这些笔记，但写作的过程却是我的学习方法之一。

路易斯让我看到，没有人能不做功课就运筹帷幄。关于路易斯作为领导者取得的成就，以及拯救 IBM、扭转劣势的战绩，都已被人大书特书。他是一位杰出且有原则的领导者。在领导力和保驾护航上，他是我最好的老师。几十年来，他一直是我珍贵的导师和朋友。路易斯非常专注，能够提出最重要和最直指核心的问题，运用理智而不是通过制造恐惧来领导团队。另外，他对客户全心全意的关注，已经达到了疯狂的程度。事实上，为了向他致敬，IBM 至今仍设有表彰卓越客户服务的年度奖项。

认识不久之后，我和路易斯约好一起拜访一家大型保险客户的首席执行官。

在会议之前，路易斯告诉我，他最近在读汤姆·布罗考的《美国最伟大的一代》，书中有整整一章的内容，都是围绕这位我们即将见面的首席执行官展开的。我没有想到，一家公司的负责人竟然在调研上如此下功夫。我意识到，既然我的首席执行官都肯花时间充分准备，我也应该做到这一点。

我至今仍然认为，做足准备是对所有人的终极赞美，也是造福他人的必要条件。话虽如此，无论准备得多么充分，我从来都不会觉得自己无所不知。

除此之外，我还认识到，带着学习目的倾听，即便不说话，也能够创造价值。

我对他人抱有发自内心的好奇，但向来不太喜欢谈论自己。相比之下，我更愿意倾听别人的故事。对于客户，我会战略性地分配自己的好奇心，倾听可以用来帮助他们的洞见和信息。另外，我会在谈话中寻找可以建立联系的点，这是因为，在资源和人员上的交集，有助于我们彼此理解并建立起一种真诚的联系。

带着学习的目的倾听，让我能够从他人的利益出发，做出更好的决定。

美国好事达保险公司（以下简称"好事达"）的前首席执行官爱德华·利迪，是我在20世纪90年代密切合作的一位客户。他喜欢套用一位希腊哲学家的话："仁慈的上帝给我们两只耳朵，却只给我们一张嘴是有原因的，意思是让我们多听少说。"爱德华是一位价值观导向型领导者，在公司内外都很受尊敬，另外，他也是一个求知欲很强的学习者。随着互联网初创公司开始在网上签订保单，好事达的收入遭受重创，在爱德华的领导下，这家拥有70年历史的保险公司正在努力解决公司转型时遇到的问题。爱德华想要知道，好事达如何能在不疏远零售代理商的情况下将在线销售融入进来。我经常去好事达位于芝加哥郊外的总部，和爱德华坐在他的办公室里聊天。我们的对话在一个安全的空间进行，这让他得以在努力推动公司前进的过程中，没有顾忌地畅所欲言。

一次我拜访他时，他告诉我："我感觉自己就像一只站在起跑线上的乌龟。"当时，我们正俯瞰着一片广阔的企业园区，谈论着他所在行业格局的不断变化。

为了协助爱德华和其他保险行业的客户，我成立了一支研究小组，对行业趋势进行分析。当时，几乎没有哪家科技公司会原创内容，而我希望我们的公司能够用慧眼观察整体的商业图景，而不仅仅着眼于科技。没有背景，我们就无法解决问题。于是，我们与北卡罗来纳大学等公司外的组织合作，研究人们如何开始利用互联网获取、发布和分析信息。要知道，当时的互联网用户只有大约 5000 万人，而这个数字在今天已经发展到了大约 50 亿。我们发布了报告，并总结出足以让人茅塞顿开的结论。由于越来越多的消费者通过电子渠道进行沟通，想要在未来紧跟潮流，好事达等老牌保险公司就必须与客户进行"高科技接触"，放弃纸质邮件和面对面的交流。

我们的一份名为《未来格局展望》的报告，指出了未来 10 年可能出现的 4 种格局。其中一种预测是，到了 2005 年，每位消费者都将利用互联网自行拼凑多家供应商的保险产品，无须与人类互动。当今，这已经成为标准做法，但在 20 年前，对一家老牌公司而言，却是一个具有颠覆性甚至可怕的概念。

我明白，积极主动的研究让我和团队对客户的业务产生了深入了解，并将对话重点从销售层面提升到业务战略，提供更多的价值。对爱德华这样的客户来说，这种洞察力让他不只把我们视为销售人员，而是真正想要帮助他们解决问题的人。

我发现，倾听孕育知识，知识孕育信誉，信誉赢得信任，使得关系更加牢固。我的一些最有价值的"灵光一闪"，往往是在我和客户坦诚的合作过程中产生的。

有的时候，我也不得不宣布一些坏消息。有一年，我向一家金融公司的领导团队传达了对公司运营的负面评估。当时，领导团队正围坐在一张巨大的圆桌旁，这阵势有些令人生畏，而我也不确定大家对我要说的话会做何反应。发表完评估之后，首席执行官走到我面前，他的话，我至今难忘。

"睿兰，你在敲打人的时候，手里的锤子真像是用天鹅绒做的一样软。"

"这是在夸我吗？"我担心自己前面说得太过。他回答说，这是件好事，因为我告诉了他一些刺耳的信息，却通过表达方式让他更容易接受。就这样，他成了我合作多年的客户。

如何才能让批评的锤子落得轻些呢？用积极的语气谈论残酷的事实，能够让批评更有建设性。因此，在一场难以启齿的谈话开始时，请强调一些积极的因素，引用事实而不是观点来支撑存在争议性的结论，给谈话一个乐观积极的收尾，提出潜在的解决方案。使用天鹅绒质地的锤子，有助于鼓励客户积极参与到解决方案的制定之中，而不是成为消极接受的一方。

另外，我也留心不将造福他人和耳软心活混为一谈。有时候，造福他人的最好方式就是说"不"。遇到这种情况，坦诚便是我的盟友，因为只有开诚布公，才能让各方在别处寻找更好的发展。

传达价值

大约在互联网时代的鼎盛时期，我坐在一间大礼堂里，与几十名客户一起听路易斯发表关于电子商务崛起的演讲。我在一个黑色的小笔记本上用图表勾勒出了演讲的结构，但我并没有关注具体内容，而是仔细分析了路易斯的逻辑，把关键点放在框架里，好把他演讲的方式画出来。我想弄清楚，路易斯这样的人在沟通中给人留下深刻印象的秘诀是什么。那本黑色的笔记本上，写满了我的个人见解和寻找规律时画的图表。我希望从最优秀的人身上取长补短，但也要建立起自己的风格。

想要造福客户和领导日益壮大的团队，良好的沟通能力非常重要。大家可能还记得,在职业生涯开始时,我并不是一个擅长演讲和演示的人。我的绩效评估就可以证明这一点!"如果连你自己都对演讲的主题不感兴趣,其他人就更没兴趣了。""多在特点、优势和解决方案上下功夫。"多少年来,这些评语一直在我脑中挥之不去。

于是,我开始学习如何在沟通中抓住人心。

最有效的演讲可以划分为简单的几个部分,通常只需三个部分。关键信息中必须穿插各种故事,最成功的演讲之所以让听者感觉真实,是因为这些演讲既敢于彰显机智,也敢于暴露脆弱。

我会花时间用清晰的逻辑组织自己的沟通内容,不仅包括演讲,还包括在私人会议上发言。根据广为流传且受到科学证明的"三法则",我也比较喜欢把自己的想法分成三大块。相比于其他结构,三法则结构更易理解和记忆。带着造福客户的目的,三法则迫使我用更加带有批判性的眼光审视想说的话,并精简想法,只保留最重要的内容,也就是价值!这样做的目的在于方便客户清晰理解。

精简是优秀沟通者与人交流的"银线",而清晰沟通则是用来传递价值的"银线"。

身处销售复杂科技的业务中,想要清晰沟通并不总是那么容易。我在 IBM 的很多同事都才智过人。我经常与工程师、科学家等在一起开会,他们对专业领域的了解深刻得令人惊讶。身边这群才智超人的精英的认识之广,常常让我为之动容和折服。但即便身为工程师,我也不能因此而甘拜下风,或者在不懂的地方装懂。我的工作,就是将复杂的问题翻译为客户听得懂的语言。因此,在接触到一个新的科学概念时,我便会接连提问,直到理解为止。然后,我会用更简单的语言重新诠释,有时还会借助类比,以便让不如我精通科技的客户听懂。我绝不希望客户觉得自己愚蠢，或是因为不懂而干脆不听。如果客户能记得并真正理解我说的话，我们便有更大的可能取得进展。

如果我能多下功夫用简单易懂的方式交流，对方就不需要多下功夫来理解我。出于这个原因，后来，我干脆停用了视觉辅助和演示图片，因为这些东西可能会分散注意力，或是形成一种依赖。我要么将要点记在脑子里，要么拿着一张小纸条。我想让听众们知道，我很重视他们，会事先考虑好要说的话。在演讲的那一刻，我的眼中只有他们。

对我来说，讲台是一个不容易让我分心的场合。有一次，我因为梳妆太匆忙而穿了两只不相配的鞋子，就这样不知不觉地发表完了演讲。还有一次，我要面对一大群客户做主题演讲。我的上司弗雷德·阿莫罗索向大家介绍我，在台上坐在我的身后。于是，我便开始发表关于保险业未来的午餐前演讲。当时，我穿着一套黑色西装，脖子上系着一条长长的围巾，演讲进行到一半的时候，围巾开始往下滑。围巾的一端离地板越来越近，由于速度非常慢，我丝毫没有察觉，但其他人都注意到了。观众显然对这条不断下落的围巾产生了兴趣，一些人甚至开始打赌围巾会多久落地。我感觉有人拍了拍我的肩膀，弗雷德低声对我说，我可能得调整一下自己的围巾。我低头一看，才发现围巾的一头已经落到了我的膝盖上。我把围巾拉回原位，开了个玩笑，逗得大家捧腹大笑，然后便继续回到演讲之中。

当然，除了充分准备和心无旁骛之外，我从未忘记在公开演讲中学到的另一条经验。这句被很多人认为出自作家玛雅·安吉罗之口的名言，一直萦绕在我的脑海中："我发现，人们会忘记你说过什么、做过什么，但他们永远不会忘记你带给他们的感受。"

传授知识

在职业生涯中,许多专业人士都会自然而然地寻找培养自己技能的方法,但在某个时间点,我们会经历一段转型。这时,我们会开始关注如何培养他人的技能,帮助他们成为最好的自己。我在职业早期遇到的几位经理,是最早让我明白这一点的人。从那时起,培养人才就成了我造福团队成员的一种方式。

完善他人,而不是独善其身,这是向"我们的力量"转型的信号。有的时候,完善他人可以通过从旁辅导的形式来完成,这时,我会尽量使用我的"天鹅绒锤子"。而有的时候,完善他人可以通过传授知识的形式完成。

20世纪90年代末,负责IBM全球保险业务的我,组织了业务的第一次全球会议。互联网的发展以迅雷不及掩耳之势颠覆了我们的行业,我希望包括销售经理、工程经理、项目经理在内的整个千人团队齐聚一堂,共同讨论这个问题。这次会议的主要目的是教育。为了确保尽可能多的人出席,我们在加州挑选了一个对全球大多数人来说最节省出行时间的城市中的一家酒店。

在把时间交给专业的演讲者之前,我本可以用热烈的欢迎拉开会议的帷幕。但我认为,我也应该传授一些知识。这倒不是因为我想成为众人瞩目的焦点,而是因为就像小时候对妹妹们一样,传授知识是我表达关爱的方式。在将近90分钟的时间里,我向大家展示了我与好事达首席执行官爱德华分享的《未来格局展望》研究报告,其中描述了4种可能出现的未来格局,其中包括被我们称为"连线世界"和"老大哥"① 的场景。我的希望是，听完演讲后，大家也会更愿意与自己的客户分享这些见解。当然，坐着听那么长时间的演讲，绝大多数人都会昏昏欲睡，尤其是观众中还有许多非英语母语人士。公平地说，我的演讲可能拖长了（看来，我还是需要对演讲内容进行更无情的删减）。然而，我记得听众们非但没有生气，反而对这次面对面的培训表示欣赏。

会议结束后，我回到纽约的办公室，发现有人寄来了一个包裹。里面是一本关于珠穆朗玛峰的书，上面还亲笔写着："致峥嵘岁月……你的积极进取和活力充沛的夏尔巴人敬上。"查完"夏尔巴人"的定义之后，我心想：这次会议难道让人觉得跟攀登珠穆朗玛峰一样辛苦吗？但是我很确定，他的意思是说，他和其他人就像喜马拉雅山上著名的登山向导一样，致力于完成我们共同的旅程。能看到团队如此忠诚，我的心中充满了感激。

延展能力

到了 2000 年，我已经具备了非常深厚的技术以及咨询和行业专业技能。现在的我所面临的挑战，就是领导 IBM 全球企业咨询服务部的整体战略，磨炼出应用更广泛的技能。换句话说，我要致力于打磨成为 T 型专业人才必备的通用技能。2001 年的一天，我来到上司道格·埃利克斯的办公室。道格是负责整个 IBM 全球服务的高级副总裁，他是一位敏锐的商业领袖，也是个将自己置之度外、只关注周围人成就的人。大家都很乐于为道格效力。那天，他在办公室告诉我，我需要辞去战略领导的工作，

---

① 出自乔治·奥威尔的《一九八四》，象征着极权统治，以及无所不在的监控。——译者注

接手一项我认为很多人都不愿碰的任务：对整个公司的"进入市场策略"进行重新规划。大致说来，我的新工作就是改变我们对客户的划分方式，以及针对这些客户的激励措施和销售资源的分配，从而让公司变得更加以客户为中心。在我当时的职业生涯中，这种跨公司项目是最典型的延展型任务。对任何销售队伍进行改造，都会牵扯到非常高的风险，而许多工作即将发生重大变化的人员的能力，也会因此得到很大程度的延展。

战略转型的一部分内容，涉及针对几位最大客户的营销方式。IBM大约一半的收入来自多家大公司形成的子集，而我们则可以通过诸多途径为其造福。作为首席执行官的路易斯和新任总裁的彭明盛，希望IBM能够更好地造福这些客户，增加与他们之间的业务，挽留一些失望的客户，建立一些新的关系。另外，他们还计划让公司一部分最有才华的内部领导担任这些面向客户的职位。后来，我们将这些职位命名为董事总经理。

人才的开发通常处于公司发展和员工成长的交叉点。为了加强IBM的客户关系和增加收入，我们需要大约50名高级管理人员通过延展能力进入新的专业角色。在很多公司，员工一旦得到晋升，便会远离直接面对客户的角色。这些人不再管理客户，而是转而管理起业务。IBM通过产品和地域扩张进入市场，因此，随着IBM员工在领域内的职业发展，他们也通常会在公司内部领导越来越大的业务部门。

我的任务是开辟出一条新的职业路线。这条路线以董事总经理这一新设职位作为终点，无论从声望、薪酬还是价值上来说，这个职位都与通常的业务领导职位齐平。简而言之，我必须说服那些职位比我高得多的人放弃管理整个产品线或地区的高级职位，转而专门负责某个客户的事宜。从职位的权威而言，我没有资格指导别人这样做，只能动之以情，晓之以理。

对一些人来说，担任董事总经理的风险很高，会时时威胁到他们的声誉。没错，就像我几年前决定进入咨询行业一样，这个提议很有风险。但是像我一样，他们也可以以此为契机，拓展自己的能力，培养公司和市场所看重的用途更广的技能。

我希望人们能将董事总经理的新角色视为一个成长的机会，而不是为了公司的发展而做出的牺牲。我和一支小团队周游全球，与董事总经理的潜在人选见面，以便为他们匹配对口的客户。我们听取了他们的职业经历、抱负和担心。许多人顾虑新的结构会让他们的职业生涯脱离正轨，其中也掺杂着自尊心的因素。他们会被遗忘吗？会得到尊重吗？能赚更多的钱吗？我们解释说，新的激励结构能够成倍提高他们的薪酬。我们还表示，他们将拥有获得业绩的条件和工具，包括无须等待许可便可做出跨层级决策的权力，并能负责自己的损益情况。彭明盛也会见了一些候选人。他对他们的担忧表示理解，向他们保证这个角色的重要性和对职业生涯的潜在推动力，并确保他们将从高层领导那里得到充分的支持。

让20多名高管同意加入，只是成功了一半。将董事总经理这一角色整合到我们的公司结构中，才是长期的挑战。

为了从一开始就激发各位董事总经理的热情，我在IBM的阿蒙克总部组织了第一批30位董事总经理的就职会议。我想让大家理解自己的与众不同：之所以被选中，正是因为他们具备延展的能力。

我让所有人坐在IBM董事会会议室的大圆桌旁，祝贺他们成为先驱者。路易斯也参加了会议。我围着桌子走了一圈，看着每一个人，说明他们能够加入这支精心挑选团队的原因。我指出了他们的优势和过往的成绩，以及为什么他们的技能和专业知识与所选的客户相契合。我花了大量时间了解每一位新的董事总经理，以至于无须看笔记也知道他们的特征，甚至连鞋码这样的细节都不在话下！泰布拉·阿瑟具备银行业务技能，对科技了解深刻，解决问题的能力超凡，这些特征，让她成为修复和重建IBM与一家欧洲大银行关系的完美人选。马丁·杰特尔深厚的工程技能和丰富的全球经验，使他成为一家全球制造业客户负责人的不二之选。除此之外，该客户也是IBM的竞争对手，只能通过专业知识和信任与其发展业务。迪诺·特雷维萨尼能够在复杂的组织之间找准方向，打造彼此信任的关系以及双赢的解决方案，这些能力，让他成为一家全球金融服务公司的合适选择。威尔·乌拉泽克能凝聚人心为同一个目标奋斗，且对建筑颇有了解，这些能力，让他成为两家文化迥异的截然不同的公司合并的大型电信公司的理想人选。

这一两年的工作举步维艰，一些董事总经理努力熟悉新的行业，另一些董事总经理则尽力让许多客户重拾对IBM的喜爱。最终，那些埋头苦干、敢于延展自身能力的董事总经理交出了漂亮的成绩单。

安妮塔·萨巴蒂诺是一位聪明能干、咄咄逼人、语速飞快、带有浓重纽约口音的高管，她成为负责一家出现问题的金融服务公司的董事总经理。我和安妮塔相处了一段时间，也看到了她在造福他人过程中展现出的干劲与严谨。在完成工作和提升自己的过程中，安妮塔也在完善她的团队。她坚持要在见客户前提前排练，并告知团队："制订一个计划并按计划实施。知道你要说什么，在对方说任何话时都要知道如何回应。"会议开始后，她先陈述自己的价值观，然后再开始宣讲内容。她在客户办公室的时间，要比待在IBM的时间还多。她鼓励客户与IBM员工谈论自己的业务，也会亲自或携同事与对方决策者接触，赢得对方的信任。事后，她会和团队聚在一起进行评估，提出问题："从1分到10分，客户对我们的信任程度是多少？"然后，团队还会研究如何提高这个分数。

安妮塔很少接受拒绝，但如果 IBM 不是对方最好的选择，她也不会强迫别人。另外，她也会毫不犹豫地邀请我参加会议或一起解决问题。她的电话我总会接。最终，她接管了一家海外金融服务客户，尽管她不会讲客户的语言，仍然不惜漂洋过海地举家搬迁。她以造福客户为首要目标，并积极提高同事的能力，完美地扭转了困局。后来，安妮塔领导了董事总经理导师项目，方便后来人汲取经验。

看到安妮塔等同事取得如此卓越的成绩，我深感欣慰。

泰布拉·阿瑟是董事总经理中的另一位超级巨星。在她完成第一项任务后，我将她派去法国，挽救一段岌岌可危的客户关系。泰布拉不会说法语，也是众多白人男性中唯一的黑人女性。她拥有客户所需的技能，有学习客户语言的能力和意愿，还有捍卫自己主张的强大气场。泰布拉能够融入任何场合，能成为她的担保推荐人，我也深感自豪。多年过去，在泰布拉退休后，我和她在互通电子邮件时回顾了她的职业进程。首先，她写到了自己的母亲。母亲不但最爱为她加油鼓劲，还将她和三个姐妹的教育放在重中之重。在这一点上，我深有同感！而她接下来所写的内容，却让我感觉就像一个老师在听以前的学生倾诉衷肠：

睿兰，你是我的榜样——无论是你与别人的沟通方式、你给我们分配的延展型任务，还是你对我们手把手的辅导。如果我哪里做得不太对，你在反馈中总会指出我应该在哪些地方加以改变，鼓励我下一步应该尝试什么，而不是谴责我做错了什么。你让我觉得自己很有能力，即使在我自己都不相信的时候也是如此，你为我打开了领导角色的大门，让我有机会向别人展示自己的能力。

最棒的是，泰布拉提携了一系列黑人和代表性不足的少数族裔人选，将她所得到过的帮助传递出去。这是她最引以为豪的一项成就，我坚信，她与我分享的情感，也正是她所激励和辅导过的人对她所抱有的情感。

在职业生涯发展到某一节点时，回首往事，我们会想：我们到底有没有为社会带来了什么有意义的影响？有的时候，很难记起具体的事例。而泰布拉的这些话不仅感动了我，还让我看到，区分行动力是积极还是消极，要看我们是否给他人带来了积极的影响。

接受自己的影响力

我刚刚在澳大利亚墨尔本的一次会议上发表完演讲，听众中有一位男士走到我面前进行自我介绍。我本以为他对我展示的材料有什么问题或评论，没想到，他却告诉我说："真希望我的女儿能在这里。"

他的话是我完全没有想到的。我并没有天天把自己当成其他女性的榜样，也不得不承认，我很抵触把自己视为女性榜样，因为我只想让别人看到我的工作成果，而不是关心我的性别。为什么我不能成为所有人的榜样呢？但是，那位澳大利亚父亲对我的评价却让我恍然大悟：无论我愿不愿意，我都是女性的榜样。

随着我在IBM内外的知名度越来越高，我意识到，只要做好我的本职工作，我就能造福其他女性。我意识到，这就是别人用来审视我的滤镜。我的行为和反应背负着两重意义。我能够以商务专业人士罗睿兰的身份发表演讲，但与此同时，我也是女性专业人士罗睿兰。我开始意识到，我的行为于我自己和商界女性都有影响。从这个意义上说，我就是在造福其他女性。无论是希望建立自己的事业的女性，还是想要进入由男性主导的行业或从事以男性为主的工作的女性，抑或是努力相信自己可以做到的女性，因为她们发现，已经有人在她们之前取得了成功。

在职业生涯中，我遇到过很多彼此有交集但又各具特色的群体，女性群体也是其中之一。每个群体都有自己的兴趣和需求，随着事业的发展，我发现，我造福这些群体的机会和责任也在增加。

在工作中拥有的权力越大，我的影响力所波及的范围就越广。这是不可避免的，也是我自己选择的结果。

随着时间的推移，我的思想逐渐成熟和进化，我逐渐开始坚定地相信，领导者和企业有责任造福整个社会，为所在社区和国家的健康发展和繁荣做出贡献。

我们并非单纯置身于社会，而是社会的组成部分。这一点也同样适用于我们的职场和家庭。因此，无论年龄或头衔，我们随时随地都可以问问自己，该如何利用我们的时间、才能、金钱、影响和力量，来为他人创造价值。在创造价值的同时，我们也能够收获价值。

总结反思

希望大家能从这一章看到，造福他人如何成为我工作的出发点。通过已形成的习惯、规矩、信仰以及许多智者灌输给我的思想，我努力为客户和同事传递价值。我了解到，如果能先去关注他人的需求，我们就能满足自己的需求。同时，造福他人也是一种无比充实的生活方式。希望大家从这一章中读出造福他人成为正能量灵魂的原因，那就是，造福他人是一种能够驱动行动并产生成效的使命。

除了这些经验，我还得出了一些关于正能量的新发现：积极的改变，很少是某个人孤身奋战的结果。单凭个人的力量，很难实现任何真正有意义的创举。因此，我们需要别人的帮助来实现我们所追求的积极成效，无论是完成一笔交易，创建一家企业，还是减少无家可归者这样涉及体制的问题。无论面对何种使命，有了他人的加入，实现的可能性就更大。接下来，我的职业生涯即将出现另一个意想不到的转折，我将了解到，即将面对的这项挑战是多么艰难，尤其是在大规模的拓展上。

第 7 章　建立信任

2002 年 7 月，在纽约市万豪酒店的两间会议室里，两场秘密会议正在同时进行。在一间会议室中，来自普华永道会计师事务所的合伙人正在进行商议，准备通过首次公开募股剥离该公司拥有 3 万名员工的咨询部门。大多数人都不知道，在另一层楼，我在 IBM 的同事们也在秘密策划收购普华永道咨询部门的事宜，使得这场首次公开募股最终未能成形。

当时的我，是作为公司最大部门之一的 IBM 全球企业咨询服务部美洲分部的负责人，所有的信息技术咨询和外包业务，都归于该部门之下。在我看来，这次潜在的收购会对 IBM 的未来产生激动人心的影响。公司自身的信息技术咨询业务虽然有所增长，但为客户完成更大、更重磅且更有影响力项目的机会仍与我们擦肩而过。各家公司都渴望从兼具商业和技术知识的咨询公司那里获益，希望通过更具战略意义的全新方式运营业务。IBM 尚未具备足够的商业战略敏锐度，也没有建立足够的 C 级高管[①]关系来利用这些机遇。若能利用普华永道的商业和行业咨询经验，结合自身的信息技术咨询、外包和技术专长，将使 IBM 具备其他公司无法媲美的能力。

我应邀前去协助谈判，来到万豪酒店，看到同事们正秘密聚在一起，

---

① 指企业中扮演战略角色的职位，C 代表"首席"，如首席执行官和首席科技官等，负责整个部门或业务单位的运营。——译者注

一丝不苟地研究数字。会议室里弥漫着一种紧迫感,这是因为 IBM 必须在普华永道决定进行公开募股之前做出决定。

从理论上讲,IBM 和普华永道咨询公司的结合可谓强强联手。当然,仅仅因为某些东西理论上可行,并不意味着在现实中同样具有可操作性。专业服务行业中的大量并购案都以失败告终,对于普华永道咨询这样以人为本的私营企业,与上市科技公司合并的成功先例尚不存在,尤其是像 IBM 这样庞大而复杂的公司。随着我的深挖,挑战的难度越发清晰。

说服普华永道咨询公司的顾问加入 IBM,必定困难重重。这意味着,这家公司 1200 名合伙人中的大多数都必须投票赞同成为 IBM 的员工,然而,这些人大都对自己的公司、一起工作的同事以及公司的客户极度忠诚。尤其是,这些人投入了多年心血共同打造公司,终于获得了令人羡慕的合伙人身份,而这意味着独立、权威、声望和丰厚的薪酬待遇,包括远高于 IBM 的工资,以及俱乐部会员和头等舱旅行等福利。相比之下,IBM 的工作环境更加等级分明、更具集体意识且更加注重成本。我们将不得不重新调整这些顾问的薪酬,使之更加贴近 IBM 的薪酬条件。更加难以说通的一点,是强迫这些顾问放弃自己钟爱的公司文化。然而这家公司的文化,已深深烙印在他们的职业认同感中。为了发挥这些顾问的潜力,我们需要他们留在 IBM。然而,迅速且大规模的离职潮会带来巨大的风险,因为,如果有太多人带着他们的才干和客户关系离开公司,IBM 数十亿美元的投资也将付诸东流。

整合这两项截然不同的业务,也设置了另一个障碍。普华永道咨询公司不能作为附属机构运作,我们必须将两个完全不同的组织合并为一个协作的实体,才能实现所有人的真正价值。我们以往的收购主要是将新产品打包至现有产品中,或是通过我们的分销渠道实现规模化。然而，这次收购与以往不同，这一次，我们的任务是获得成千上万人才的忠心。

简而言之，IBM 需要通过收购普华永道咨询公司实现增长，但是，普华永道咨询公司的员工必须愿意在未来几年毫无保留地奉献一切。我想知道，两家企业中是否有足够多的人相信，这次合并能够创造出一项胜于其中之一的伟大的全新业务。这是我们必须解决的问题，既令人生畏，又激动人心。

正能量的心脏

建立信任的目的，就是让人们接受自己和他人的不同可能性，然后心甘情愿地投入到这种可能性的实现中。如果想让人们改变，建立信任是重要的第一步，因为，对变革的理解和信赖是必要条件。

如果造福他人是正能量的灵魂，也就是作为其基础的出发点，那么建立信任就是正能量的心脏，也就是带领人们走上变革之旅的至关重要的方法。

建立信任就是赢得人们积极自愿、满腔热忱地加入。这就是激发人们主动付出努力的秘诀。建立信任的反面则是命令人们做他们不相信的事情，并期望他们表现出坚信不疑的忠诚。这不是正能量，起码在我这儿说不通。我们希望人们能出于自己的选择加入我们的团队。持续由权威或恐惧推动的变革长久不了，因为这样的变革不会造福任何人，除了那些强烈要求变革的人之外。我无论如何也没法相信，行为和观点上的持久转变可以通过强制来完成。

第 7 章　建立信任

想要积累追随力①，不仅要通过激动人心的口号和鼓舞人心的演讲，情感上的联结也是激发信任必不可缺的因素。但除此之外，信任与信息、诚实、对现状和前进之路的清晰了解有着紧密的联系。事实和情感，缺一不可。搭建主观情绪和客观执行之间的桥梁，便是建立信任的张力所在。

我们想要吸引加入团队的人选范围广泛、五花八门。可能是个人，也可能是我们管理的团队、某个社区，或者整个社会。同样，我们努力建立信任的对象可能是我们的领导、某家机构或一个颠覆现状的新创意。在一生中，我必须在各种人之间建立对不同事物的信任。除此之外，我也必须建立对自己的信任，因为，头衔本身并不是保持自信的灵丹妙药。

建立信任的需求是长期持续的。对我来说，建立信任的重要性在我职业生涯的两个时期尤为凸显：一次是与普华永道咨询公司的合并，另一次是在近 10 年后，也就是我担任首席执行官的第一个百日。两次经历，都让我汲取了许多经验教训。

强强联手

2002 年夏天第一次进入万豪酒店那间喧闹繁忙会议室的情景，我至今记得，当时，来自 IBM 的同事和普华永道咨询公司的一些员工聚在一起，正在探讨这场收购到底具不具备可行性。我坐了下来，看着会议桌对面一张微笑而陌生的脸。

"睿兰，我是迈克·科林斯。"我从没见过迈克，但我听过他的名字。我意识到，代表普华永道咨询公司牵头谈判的人，正是我的前上司弗雷

---

① 指在领导者的指导下完成目标的能力，包括遵循指示、完成分配的任务、帮助实现愿景等。——译者注

德·阿莫罗索的前商业伙伴，心里马上就高兴起来。迈克和弗雷德曾一起创办了一家公司，并在弗雷德加入 IBM 之前把公司卖给了普华永道。弗雷德曾赞不绝口地告诉我，迈克为人正直、纪律严明，有勇气坚持自己的信仰。显然，弗雷德也跟迈克提起过我。我们两人都曾受到弗雷德领导力和价值观的影响，对这次谈判首要目标的认识也所见略同：只有在对两家公司的财务、客户和员工都有利的情况下，收购才有价值。

迈克是普华永道咨询美洲业务的负责人，除了首次公开募股，公司面前还摆着出售给 IBM 的选项，而迈克是少数知道此事的人之一。这几天，迈克一直在两个会议室之间来回走动，与他在普华永道咨询的同事戴维·多克雷、佩姬·沃恩、里克·安德森和吉姆·布拉曼特一起权衡各种选项。起初，迈克支持上市。但现在，他却开始担心普华永道咨询尚未做好迎接这种剧变的准备。私营企业不需要报告收入或收益，也无须遵守美国证券交易委员会的严格规定。随着对 IBM 了解的加深，迈克越发意识到，普华永道咨询还不具备作为上市公司运营的思维模式或基础条件。有一次，迈克问我的一位同事在 IBM 工作了多久。"103 个季度。"对方的回答让迈克意识到，财务报告对于上市公司是多么重要。

出于各种原因，普华永道别无选择，只能通过某种形式剥离其咨询业务。迈克开始看出，IBM 不仅是同事们更安全的着陆之地，更重要的是，IBM 还是一个有潜力发展扩大其业务和影响力的目的地。然而，收购的过程难免复杂。在万豪酒店的会议期间，我们一边吃着酒店的零食，一边协商各种各样的问题，取得了一些进展。一天下午，我恰好与一位负责谈判的 IBM 同事搭上了一辆出租车。如果确定收购，他也是最有可能负责该事宜的人选。

"知道吗，睿兰，他们对你有信心，"他指的是迈克和普华永道咨询团队。我受宠若惊，而他接下来的评论更是让我感到出乎意料，"领导收购案的合适人选是你，而不是我。我相信，你是他们唯一愿意接受的领导者，"他的话语间满是气度，充满了谦逊和对所有相关人员的尊重，"如果你接受这份工作，我真的很乐意支持你。"

他口中的"工作"，指的是磋商协议的最终条款，协助争取同意票，然后在几年时间里建立新业务。我的心中五味杂陈，钦佩是最先感受到的情绪之一。他是在让位，是在自愿放弃权力，这不是为了我的利益着想，而是为了公司的利益着想。这是一种无私之举。

在当时的我所处的位置上，许多专业人士要么进入平台期，要么卓越发展或转行。我似乎正处于上升的轨道上，离开现在的职位去监督一项备受瞩目的大规模收购，是一项艰巨且高风险的任务。对于这份工作，我不觉得自己比别人有什么优势或缺陷，但是，有两个因素确实让我对这项任务产生了特殊的兴趣。

首先，我非常支持这次合并，因为此举能够造福客户和 IBM。我们的结合将建立起一家全球最大的咨询服务机构，并在咨询领域拓展出一个新的类别。其次，领导角色需要兼备各种技能。作为工程师，我非常有兴趣对两家企业的前景进行分析，并决定哪些部分应该保留，哪些应该被取代或改造。这不仅是一项智力上的挑战，还需要兼顾人情。我们收购的是人才，而不是产品，与收购软件公司不同的是，这些"资产"有嘴巴和腿，有权拒绝参与而选择离开。顾问不是由零件构成的，而是各有各的思想。只有相信 IBM 重视他们，并相信自己能够为客户带来价值，他们才会留下来，付出自己最大的努力。IBM 员工也是如此。创建一项新业务，帮助人们建立对该业务的信心，这项双重任务强烈地吸引着我。从本质上说，这次合并是一场体制和人员的融合，这样的机遇，也让我难以拒绝。

我知道，如果我对使命没有发自内心的坚定，或是对自己缺乏信心，怀疑就会渗透到我所做和所说的方方面面，浇灭热情，让追随者打退堂鼓。我必须向自己提出的问题是，对于想要实现的目标，我是否抱着坚定不移的信心。答案是肯定的。

当年7月底，我们达成了一项临时协议，以35亿美元的现金和股票收购普华永道咨询公司。由此，IBM将建立一个拥有6万人的新部门，即由我领导的IBM企业咨询服务部。但前提在于，这次合并要得到普华永道咨询公司全球所有合伙人的首肯。赢得他们的认可并在IBM内部设立新业务，二者必须同时进行。

在那一刻，前方的道路在我面前清晰地铺开。不可预测、尴尬棘手的时刻不可避免，成功不是板上钉钉的事。在踏上这次冒险的征程时，我曾告诉自己，与以往的职业决定不同，这次的结果只有两种：要么将我置于死地，要么将我推上巅峰。

共同创造

我希望两家公司的员工都能感到，自己是正在被创造出的新现实的一部分。如果大家能感到自己的想法、个性和需求受到重视，就会更有动力参与其中。

从严格意义上说，IBM是通过收购的方式获得这些顾问的，但我却将之视为一种合并，并注意使用这一措辞。因为，这个词意味着双方走到了一起，而不仅仅是将普华永道咨询的人员并入IBM之中。然而，想让话语具有现实意义，就必须有行动的支持。

我立即从各个业务部门搜集人员，组建了一支由300人组成的过渡团队。在接下来的 6 周里，大家在办公室和酒店的宴会厅里低调会面，共同商讨合并后的部门应该是什么样的。参与这些合作工作会议的人员职位涉及广泛，从 IBM 的财务和合同专家，再到普华永道咨询的顾问。每个人都有机会出谋划策，找到融入团队的方式，除此之外，我也希望每个人都能找到一种归属感。

我采取了一种"迅速适应，马上行动"的心态。一旦做出决定，我们就会跟着决定走，不浪费时间继续争论。此举的重点在于迅速，同时也颠覆了 IBM 一向行动缓慢的作风。

但对于一些决策，人们提出的选择恰好处于两个极端，也由此引发了激烈的争辩。折中也不是办法，在某些情况下，折中要比之前的选择更糟糕。我们将这种情况称为"困境"，于是投入大量时间一起寻找第三条前进的道路。这个过程非常折磨人，因为我们必须获得实际的成效，而推翻重建并获得实际成效的过程，非常消耗时间。虽然如此，大家开始发现我们这个部门的独特之处，而我们也集中精力，改善导致这种差异化的因素。

我觉得，我的角色是为普华永道咨询公司的顾问造福。我花了很多时间倾听他们的意见，也对许多人的损失深表同情。一些人在合并前有望成为合伙人的同事，担心自己是否还能有相同的机会，对于他们的担忧，我深表理解。除此之外，我也非常好奇在一家合伙企业工作是什么感觉。我在等级森严的企业文化中成长，对此一无所知。因此，如果不去了解他们眼中的"家"的样子和感觉，我就没法在 IBM 为他们打造出"回家"的氛围。他们眼中的新环境，是我唯一所知的环境。因此我努力认真倾听，不加评判地接纳他们对于新环境的认可和不满。

制定领导结构和政策，需要一种兼容并包的方针。如果能在高管职位上看到一些熟悉的面孔，普华永道咨询的员工就会知道，我是真心希望两家公司合并，而不是用IBM吞并他们的公司。我向包括迈克在内的普华永道咨询原领导发出邀请，让他们来填补部门的三个最高职位，直接向我汇报。我坚持首席财务官必须来自IBM，这在收购公司中并不少见，尤其是在上市公司收购私人公司的案例中。我特意将更多的咨询岗位安排给女性担任，这是因为在合并时，IBM咨询业务中高管级别的女性要多于普华永道咨询。

在运营方面，我们采用普华永道咨询的合作伙伴录取流程和绩效评估方法，这种方法重视和奖励技能的获取，而不仅仅看重收入的创造。在结构上，我们决定采取普华永道咨询的方针，按照行业进入市场，而没有遵循IBM的产品导向方针。

合伙人薪酬的重组工作非常棘手。我们想要兼顾多个目的：尊重顾问的价值，激励他们留在公司，制定与上市公司薪酬一致的框架，并确保这种模式的成本效益。我们重新调整了薪酬的组成部分，用股权代替部分现金。对于习惯只拿现金的顾问而言，这样的等式显得很陌生。他们可以选择立即拿到IBM的股票，也可以选择在几年内获得。从长远来看，股权的价值要远远超出现金减少带来的损失。尽管如此，顾问们已经习惯了更高额的工资单，需要一些时间来适应这种股票和现金的混合模式。

为了减少薪酬变化和向企业等级制度过渡带来的负面影响，我们同意，已经获得合伙人和管理合伙人身份的咨询师保留这些头衔。另外，我们还将这些头衔拓展至IBM员工。对所有后起之秀来说，合伙人头衔以及附带的经济奖励，成为一股激励他们前进的动力。

虽然我们无法保留普华永道咨询的一切独到之处，也无法复制私营合伙企业的独特文化，但我们的目的，是尽可能地保留顾问们习惯的生活方式，赋予他们归属感，同时做出对新部门有积极意义的选择。我们不可能做到让所有人都开心，而我也选择接受了这个事实。

拉近距离

随着新组织的形成，我周游世界，与普华永道咨询在北美、南美、亚洲和欧洲的合作伙伴会面。根据合伙企业规则，区域分公司有权投票反对加入 IBM，选择独立运营。我的目的是说服他们加入并长期参与，我要亲自向他们解释，为什么这样做对公司的每个人和客户都有益处，以及新的部门会是什么样子。我试图表达，收购他们的公司并不是心血来潮的选择。多年来，IBM 一直准备向战略咨询领域扩张。我们已经做好准备，欢迎他们的加入，共同将业务提升到只有他们才能助力我们实现的水平。

"我们需要你们，"我说，"你们也需要我们。"

对顾问来说，获得 IBM 的技术、工程师、科学家和研究，意味着他们终于可以将自己的建议付诸实践，让影响力更上一层楼。聊到具体的客户时，谈话的气氛更是热火朝天。

一个周末，我邀请普华永道咨询的合作伙伴到我在底特律的家中，举行了一场工作会议。会议的氛围非常轻松，我们的周围摆放着我家人的照片，马克也带着他的风趣幽默加入了我们的晚餐，让大家从个人角度对我有所了解，而不仅仅把我当作上司看待。记得我的态度非常坦诚，直言我对这次合并抱有巨大的信心，把整个职业生涯都押在了上面。和他们一样，如果成功，我也能收获良多；但如果失败，我也会损失惨重。

有的时候，迈克会和我一起会见顾问、客户和员工。迈克对我的尊重，给普华永道咨询的合作伙伴和客户吃了定心丸。我们俩配合得天衣无缝。

到了10月，普华永道咨询的成员公司以压倒性的多数票通过了收购案。宣布IBM收购普华永道咨询公司的那天，我们在几家报纸上刊登整版广告。其中的一个标题是"一场颠覆格局的合并"，另一个标题则写道"优秀成员这么多，干脆将整个团队买下"。

另外，我还给超过1000名普华永道咨询的合作伙伴发了语音邮件，向他们做了自我介绍。不要忘了，那是2002年，我还不能通过社交媒体或视频会议与成千上万人同时联系。在《赫芬顿邮报》上，一名普华永道咨询的员工将这条语音描述为"响彻世界的语音邮件"："我们中的许多人都心存疑虑，不知以科技为驱动力的IBM公司要如何管理我们这样的服务企业。不到两分钟，（睿兰）便欢迎我们加入IBM大家庭，表示我们的公司非常特别，要将我们的文化精华保留下来。但是，我们很快就会成为IBM一部分的消息也是千真万确的。新团队受谁领导，这一点毫无疑问。"

我的这些姿态是为了彰显真诚、包容和亲切之情，尤其是对那些刚刚听到这个消息的人来说。第一天的工作刚刚开展几个小时，我便给普华永道咨询企业客户的首席执行官致电，进行自我介绍，探讨我们的愿景，以及我们已经在为他们进行的准备工作。

分析人士对此举表示赞赏，这一消息也登上了《纽约时报》的头版。《华尔街日报》的一篇文章开头写道："与人们预期的文化冲突相反，在整合拥有3万名员工的普华永道咨询部门的工作中，IBM遇到的冲突分歧似乎微乎其微。"当然，坊间也有人怀疑我们永远不会成功，希望我们失败的人的也不在少数。

建立信任的脚步并未因反对声而停止。2003年1月，收购正式生效，我们的努力也仍未停歇。若说每位顾问从第一天起就满心欢喜，这当然是谎言。让人们全身心投入，是一项永无止境的艰巨任务，尤其在最初几年尚未摸清方向的时候。

21 世纪初，时任美国运通董事长兼首席执行官的陈纳德在 IBM 的一次领导层会议上发言。陈纳德说过的话，我至今也没有忘记："领导者的角色是定义现实并给予希望。"陈纳德是在转述一句据说出自拿破仑之口的话，我对这句话的理解是，我们应该毫无遮掩地诚实面对困境，积极专注于推动我们前进的行动。我接受了这种心态，将其内化吸收，永远致力于"描绘现实，给予希望"。在合并的最初几年，我描绘了许许多多的现实，这个过程，仿佛永无止境。

描绘现实，给予希望

在合并的早期，我们没有达到最初的利润目标。普华永道咨询的客户意识到，在合并后，这些顾问面临着实现季度收入目标的压力，因此，原本傲人的利润率开始缩减。数量可观的客户开始以降低费用作为筹码，换取在预期日期前预订项目，这使我们的利润受到了影响。我对这种情况虽然有所预料，但出现的时机却比我的预期早得多。我们是一个具有足够体量的业务部门，足以对 IBM 公司的整体业绩产生影响。

几个月过去了，几个季度过去了，我们在利润上的突破还是不够快。每天走进总部时，我都感到紧绷的压力在成倍激增。我们必须改变轨道。

一个周末，我回到底特律的家中，和马克还有我们的四位密友在一家小餐馆吃饭。由于好长一段时间没有见到朋友，一时间插科打诨和玩笑声此起彼伏。有那么一瞬间，我甚至忘记了自己每天承受的巨大压力。突然,一个朋友问我:"你的大项目进展得怎么样了?"在那一瞬间,我毫无预警地潸然泪下。我的朋友和丈夫都惊得目瞪口呆,大家陷入沉默之中。他们还从没见过我哭呢。

"睿兰,怎么了?你没事吧?"他们你一言我一语地询问,打从心里为我担忧。我平静了一下心情,吃了几口鱼,跟他们讲述我最近遇到的一件事。有人对我说:"如果不能扭转局面,你就不再是受这个家庭欢迎的成员了。"

这样的话会挫伤干劲,对于鼓舞人心更是毫无用处,但我不想为此而一蹶不振,因为我还有工作要做。实际上,与其任其恶化,不如向朋友宣泄,因为这样做是一种巨大的解脱。这句评论不仅打击人,而且完全没有必要。但是,我知道这句话源自一个非常严峻的现实:这次合并一直没有给公司带来所需的利润,而改变这一点,正是我的责任。

想要处理这个问题,我不能对团队颐指气使,而是要诚实地告诉大家,有些方法显然没有起作用,我们需要在工作中更加有的放矢,并做出改变。我把团队召集在一起,表示我们一定遗漏了什么,是时候接受一些来自外部的帮助了。这是一群心气很高的人才,不太容易接受外部的援助。在经历了几次失败的初步尝试后,我们找到了合适的人才配比,将外部人才融入团队之中。我从那一刻开始意识到,作为领导者,寻求帮助才是内在有力量而非软弱的表现。

着手进行一些方法上的改变时,我坦率地表达了我的失望。这不是讨好人心的时候,我实事求是地叙述了接下来需要做的事情,比如更加严格地把控咨询用时的估算和记录等。对任何人来说,加强运营的严格度都不是愉快的事,但这是利润最大化和成功的必需条件。毕竟,我们需要造福多个利益相关者。

第 7 章　建立信任

我很想让普华永道咨询的顾问有宾至如归的感觉，但毕竟，他们搬进了一个与之前完全不同的"家"。

有的时候，我们需要毫不留情地对客户进行挑战。但随着时间的推移，我开始注意到，并非所有的普华永道咨询顾问都能做到这一点。这是因为，他们的文化倾向于避免冲突。而我则试图引导他们改掉这个习惯，敦促他们不要害怕冲突，因为有的时候，冲突反倒能够带来更亲密的关系。

在处理冲突的问题上，布里吉特·范·克拉林根非常拿手。布里吉特是我从另一家咨询公司招聘来的人才，协助我们发展业务。我从一位力荐她的客户那里听说过她，也很快就明白了个中原因。布里吉特敢于直面客户，在此过程中，她既能解决矛盾，又能巩固关系。换句话说，她深谙用天鹅绒锤子进行敲打之道。记得有位客户打电话来，怒气冲冲地抱怨一个定价问题。布里吉特毫不犹豫地主动请缨，协助处理这件事。于是，我便开始观察她如何大展身手。身经百战、久经锤炼的布里吉特知道，从本质上来说，定价问题大多不仅牵扯到定价，而且是一个通常关乎时间、执行或价值的问题。她致电客户，倾听并了解了潜在的问题。她细心打听，了解这个问题对客户个人产生了怎样的影响。他的工作有危险吗？他的上司生气吗？在反复讨论的过程中，布里吉特从未树起戒备心。她用惊人的同理心和沉着稳重达成了双赢的解决方案，给我留下了深刻的印象。其他人也开始关注她的方法，将她视为榜样。

我从布里吉特身上学到了直面冲突的诸多好处。直面冲突可以培养人与人之间的亲密感，加深我们对彼此的了解，让我们明白对方的苦衷、想要达成的结果，以及面对的风险。另外，拥抱冲突也减少了我自己的焦虑，因为这样一来，我便能把精力花在解决问题上，而不是因纠结而自寻烦恼。

一天，一位同事走进我的办公室，关上门跟我密谈。他想要告诉我，有一些领导直言不讳地说，我们的运营水准永远也达不到要求。在我看来，这并不是什么新鲜事，但我仍抱有希望，但愿这些人有一天能够改变想法。然而事实是，如果这些人不发自内心地相信自己能做成某事，那我们就永远不会成功。这些人顽固的心态让我别无选择。我与他们进行了开诚布公的交谈，之后做出了我早该做出的改变：其中一些人离开，一些人退休，一些人调到了更适合他们的岗位上。

在整个过程中，我尽量不让自己忽视进展顺利的方面，并与大家广泛分享我们工作中让客户赞不绝口的独到之处。

"看看我们的能力，"我会这样告诉大家，同时也是在为自己打气，"我们只需提高做好工作的频率，然后不断改进就行。永远不要放弃！"在很多时候，放弃显得那么诱人。

IBM某些部门固有的官僚作风让大家抓狂，也证实了一些普华永道咨询人员的担忧。例如，一些管理流程在设立之初就存在硬伤，在规模和速度上都无法匹配如此多顾问长时间出差的需求。有的时候，审批费用和报销流程的时间拖得太长。有一次，一支咨询团队飞往瑞士与雀巢公司合作。团队人员不得不自己掏现金支付酒店和餐饮费用，而公司未支付的费用已经超过了一些人的信用卡额度。我在飞往瑞士的途中，得知了费用未支付的问题。

我打电话给我的首席财务官："真的，如果不给我们的员工批经费，我就要坐在这儿，拿我自己的钱给大家开支票了！"我义愤填膺，已经拿起笔，打开了支票簿。这句话起了效果。虽然这件事发展到最后无须我亲自出手，但我的确下定了开支票的决心！但愿我的回应能让顾问明白，我绝未将这个问题当作儿戏。

除此之外，我还努力向 IBM 同事描绘现实，给予他们希望，不愿让他们产生遭人冷落的感觉。我们举办了政策大会，告知大家市场正在发生变化。公司的某些硬件业务仍会继续日趋平价化①，但为了紧跟时代脉搏，IBM 只得重新调整关注点，融合商业知识和科学技术，提供改变企业客户运营方式的咨询服务。我认识到大家的不安，并指出了长远的机遇，比如拓宽技能，开发新产品，以及通过普华永道咨询的专业知识和客户关系来发展 IBM 的整体业务。

我自己面临的一个挑战，就是不要因为太过挂心整合问题而失去对 IBM 客户的关注。我要谨记为客户造福，而不是只顾紧盯 IBM 的利益，因为归根结底，这些客户的成功才是判断我们成功的标准。2003 年，一名记者写了一篇关于这次收购的文章，问我如何判断何时才算"实现了目标"。

"这是由客户投票决定的事情，"我回答，"当他们向你求助，并一次又一次地向你求助的时候，你就知道自己已经实现了目标。"我投入精力，试着让顾问把关注点从内部运营问题转移到客户面临的问题上。

到了 2008 年，我们的咨询服务业务收入逾 195 亿美元，利润为 27 亿美元。普华永道咨询的绝大多数合作伙伴仍然留在 IBM，咨询团队的人数已经超过 10 万。

衡量成功的标志，并不是次次都要达到完美。团队面临的挑战非常艰巨。解决问题花费了一定的时间，并非每一步都能令所有人都满意。一些才华横溢的普华永道咨询人员选择了退出，加入了其他咨询合伙企业。但

---

① 经济学术语，指具有经济价值和具有突出特性的商品，在市场或消费者眼中最终成为一般商品的过程。——译者注

是，我们获得了成功。我们没有让内部斗争扰乱客户工作，也没有让公司在市场上的声誉受损。在经济努力从衰退中复苏的那些年里，我们建立了一个健康且利润丰厚的业务部门。除此之外，这个业务部门从根本上改变了 IBM，为公司带来了重大的影响。如今，IBM 的咨询业务占到了公司 2022 年营收的 30%。

许多公司都效仿了这种将咨询与科技相结合的策略。当今，类似的综合服务公司比比皆是，这种模式萌芽的阶段早已远去。

从某种程度来说，普华永道咨询和 IBM 合并的故事，就是一个在人们的心中和脑中建立信任、让新业务的策略生根发芽的故事。在任何时间点，都可能出现大批顾问退出的事件，让 IBM 的投资血本无归。在变革的酝酿和推动之间，在员工和企业需求的平衡之间，存在着各种矛盾。回顾过去，我可以看到我们中的许多人在这种紧张关系的夹缝中渡过了难关。从个人角度来说，我不仅在此过程中更加体恤人情冷暖，也更能从整体把控全局。

再次套用玛雅·安吉罗的名言："人们不记得历史的具体细节，但会牢记自己的感受。"以前的同事至今仍会给我发短信，回忆我们在那段时间并肩奋战的经历。他们的情谊证明，我们创建业务部门、建立信任和归属感的方式，与我们取得的成就一样令人难忘。

2009 年 1 月，在调去领导另一个部门之前，我主持了最后一次会议。与这些同事和这段旅程道别，鼓励他们在我离开后继续前进。这是一种苦乐参半的感觉。我亲手给 100 名最重要的领导每人写了一封短信，向所有人表达了谢意。我把信放在每个人指定的座椅上。事后有人告诉我，一位找到座位的合伙人看到信封，认出了我的笔迹，大声说："这真是睿兰的作风。"

写那些短信的目的，不是为了自我表达。我想要发自内心地让大家知道，许多人觉得无法完成的创举，因为"我们的力量"而成为现实。

这段经历并没有将我置于死地或是扼杀我的职业生涯。与普华永道咨询的合并让我对自己有了更多的信心，也让我更加相信自己的领导风格。我发现，我可以通过充满人情味的方式完成艰巨的任务，可以通过积极的方式推动积极的改变。同时，我也学着在彼此对立的力量中找到平衡，也就是在理性分析、一丝不苟和严格要求的同时，给予能量、关爱和支持。

另外，我也不再像以前那样迫切想在别人面前证明自己。我仍然想尽己所能地成为最精英的专业人士，但那些年的经历赋予我力量，激励我更加专注于对周围人的培养，让他们成为最好的自己。帮助别人获得成长和建立信任，总能一如既往地给我带来巨大的快乐和满足。

同时，这次合并也提升了我在公司内外的地位。2002年12月，《时代周刊》将我列入"全球商业影响力人物"名单。2005年，我第一次进入《财富》杂志评选的50位"最具影响力商界女性"名单，位列第15名。另外，我还受邀加入了一些公司和非营利组织的董事会。我曾在IBM企业咨询服务部担任了7年多的高级副总裁，并于2009年成为全球销售高级副总裁，后来的工作范围扩大到囊括所有营销、沟通和战略业务。那是另一项风险巨大的任务，因为当时的世界正处于金融危机之中，而我的任务，是在企业客户自身收入和预算双双萎缩的情况下努力提高销售。从另一方面来说，这是让公司和同事对我建立信任的另一个机会。对我个人来说，这同样也是一个建立信任的机会，让我相信，自己终有一天可以具备能力，领航一艘规模和业务范围与IBM相当的超级油轮。

我经常说，能在一家公司体验10多份不同的工作，我非常幸运。从系统工程，到销售、咨询、解决方案和软件开发、外包，这些职位，都赋予我丰富的垂直专业经验。

在 2009 年至 2011 年期间，我明显感知到，公司在向我施加发展通用才能的压力，让我学着通过从最宏大和最广泛的视角看待公司。就这样，我在 T 型领导者的道路上继续前进。这件事也向公司内外的一些人发出了一个信号，即在当时的首席执行官彭明盛卸任后，我有望成为领导 IBM 的候选人。同时，IBM 还有几位具备晋升首席执行官条件的领导者，他们也被分配了各自的延展型任务。

我想当首席执行官吗？这绝对不是我给自己设定的一个单一的目标。然而，我毕竟几十年如一日地专注将工作做到最好，因此也自然希望培养出必要的技巧和能力，有朝一日能够成为这家我所热爱的公司的管理者候选人。

我永远不会忘记兰迪·麦克唐纳把我叫进办公室时的情景，自从路易斯开始担任首席执行官，兰迪就一直担任着 IBM 人力资源高级副总裁。兰迪是一位坚定、强硬、大胆的领导者，极富创意和热情。他开门见山地说："睿兰，如果你想要成为 IBM 的首席执行官的机会，就不要把心思放在竞选上。"在我理解，这句至理名言的意思是，集中注意培养追随力，而不要陷入钩心斗角的旋涡。

巩固追随力

2011 年 3 月，一场 9.1 级的地震在日本东北海岸引发了海啸。我记得那些灾难视频中的情景，巨浪冲垮了防波堤，将船只和汽车像玩具一样碾碎，整座城镇都被海浪卷走。在东京，地震和余震导致高楼摇晃，巨大的脚手架摔落在街道上。火车停运，电力丧失。海啸还破坏了东京城外约

220 千米的福岛核电站的稳定，工程师们则在那里努力控制放射性物质泄漏。

许多在日本设有分公司的外国公司坚持让外派员工飞离日本。对日本公民来说，外派员工在地震后大批撤离的做法与遗弃无异。这被视为是一种不尊重的表现，以至于人们为海啸后逃离的人创造了"フライジン"（flyjin）这个贬义的绰号，由英语中意为苍蝇的"fly"和日语中意为外国人的"外人"（gaijin）结合而成。

IBM 在东京及周边地区大约有 2 万名员工。我们的日本客户包括大型银行、航空公司、医院、公用事业公司和政府机构，这些都是需要保持运营的重要机构。在科学家向我们保证东京不存在辐射风险后，我们选择让员工自愿撤离。然而，几乎所有的 IBM 员工都选择留下。

当时，我自愿代表公司最高领导层赶赴东京。即使我个人无能为力，也仍想亲临现场。到达往日熙熙攘攘的羽田机场的情景，仍然历历在目，如此荒凉的国际航站楼，我还从未见过。我独自走向海关，大厅里空空荡荡，以至于鞋子发出的咔嗒声也一清二楚。甚至连海关人员也问我是否确定要入境，因为当时很少有外国人进入日本。

我直接赶赴 IBM 在东京最大的分公司，在那里，我看到了一间临时控制室，用以跟踪 IBM 及客户各站点的所有紧急活动。我在办公室里转了一圈，在办公桌前停下来和员工们握手，听他们讲述自己的经历。有人游过洪水，把电脑零件送到银行，也有人为客户和同事送去食物和水。除此之外，我还拜访了几个客户，询问他们需要什么，并感谢他们与 IBM 的合作以及对我们的信任。

让我印象最深的，是客户所表达的赞赏，他们不仅赞美了我们的工作，也赞美我们留在日本的选择。另外，一位高管愿意飞到日本的举措也让他们刮目相看，因为其他公司的很多领导都选择了撤出。日本文化非常看重荣誉和尊重，对于人们的行为以及背后的意图，日本人都会久记于心。

我之所以讲这个故事，是想让大家知道，亲自赶赴东京所传达的慰唁或感激之情，要比我通过电子邮件或电话表达的任何话语更加响亮。

追随力有很多不同的表现形式。说到我如何在IBM扬名，很多人都会提到普华永道咨询的成功合并，以及我为IBM全球品牌拓展所做的贡献。在我被选为首席执行官时，这种声音也被推向了高潮。

纪念特殊时刻

几个月来，媒体一直在讨论谁将接替彭明盛，成为IBM的下一任首席执行官。我想要得到这份工作，但无论结果如何，我知道，我已经尽了最大努力为IBM和客户造福，付出了远超自己想象的努力。我只允许自己认识到这一点，然后便不再多加猜测。

2011年10月24日是个周一，我正在纽约阿蒙克的办公室里，彭明盛打电话告诉我，董事会已经推选我为IBM的第9任首席执行官。

很奇怪，通话的具体内容我已记不太清，只记得我们两人都很激动，因为我们都对IBM抱有极大的尊重和热爱。我记得自己对彭明盛表示感谢，告诉他我很荣幸，然后便坐着静静思考。我定于2012年1月就任首席执行官，大约有两个月的时间为第一天上任做准备，但是，距离公开宣布任命只剩下不到24小时了。在那之前，我需要对这个信息进行保密。我唯一能告诉的人，是正在我们底特律家中的马克。我们两人通话之后，他登上了飞往纽约的飞机。

第 7 章 建立信任

当天下午晚些时候，我必须赶到熙攘的曼哈顿中城，在位于麦迪逊大道 590 号的 IBM 纽约分公司与董事会开会。我走进 17 楼的会议室，迎接我的是热烈的掌声。那天晚上，我和董事会共进了一顿简短而私密的晚餐。无论是过去还是现在，IBM 的董事会都是由杰出且背景多元的领导者组成的。当时我还不知道，在接下来的 10 年里，我会从他们每个人身上学到多少东西。

晚餐结束得比较早，我回到了我在纽约白原市的公寓。我回溯过往，想到因为那么多人的指导、教育和支持，才让我能够站在今天这个位置上。直到这时，我才开始意识到那些时刻承载着多么重大的意义。我早早上床，想要睡个好觉，在此之前，我列了一份名单。第二天下午 4 点，消息会在美国股市收盘后公布，这必将是繁忙的一天。

第二天我醒来后，像往常一样去上班。时钟一分一秒地接近 4 点，在那之前，我仍需继续按照计划好的日程完成工作。办公室里静得出奇。公司内部只有少数人知道结果，但很多人都在心里做出了推测。一整天下来，IBM 的通信主管不断给我打来电话，让我审阅新闻稿的草稿。

下午快到 4 点的时候，我和几个人走进了一间会议室。我们调到美国消费者新闻与商业频道，一起倾听华尔街的收市钟声。然后，我们看到电视台的主持人告诉观众，IBM 很快就要宣布新任首席执行官。我的大头照出现在电视的大屏幕上，双眼直盯着我们，电视知名人士讨论起任命我对公司意味着什么，还在猜测我的姓氏该如何发音。我听他们探讨了大约 5 分钟的时间，然后把椅子从会议桌旁向后推开，站起身来。

"好了，该打电话了。"说完，我便回到我的办公室，关上了门。

在接下来的两个小时里，我给我名单上大约 20 人打了电话，我能有这一刻，这些人的影响起到了至关重要的作用。我给帕特·奥布赖恩打去电话，是他将我提拔到了第一个管理职位，也教会了我很多以价值观为导向制定领导决策的方式；我给弗雷德·阿莫罗索打去电话，他曾教会我充满激情领导团队的秘诀；另外，我也给迈克·科林斯打了电话，在普华永道咨询合并的过程中，他一直与我在第一线并肩奋战。看到我的电话号码后，每个人都接起了电话。

除此之外，我还给IBM的几位前首席执行官打了电话。其中有约翰·埃克斯（20世纪80年代我成为基层管理者的时候，他给我寄来的贺信，我至今仍保留着）；还有郭士纳，是他让我最为深刻地认识到，造福客户和诸多利益相关者，对一位领导者而言意味着什么。我的电话名单上，还包括6名客户。另外，我的母亲、安妮特、乔、达琳、密友以及几位前同事和现在的直系下属也在名单上。

消息公布后，我想做的第一件事就是拨打这些电话——这个消息不仅属于我自己，也属于他们。听到那么多老相识的声音，是当天我最珍惜的两段回忆之一。

我所珍惜的另一段回忆，是当晚7点左右。我回到公寓，发现马克已经为我们两人安排了晚餐。地点在我的住所所在建筑的42层，那是一个通常用于聚会的大型活动空间。夜空如此透明，远处，纽约市闪烁的天际线清晰可见。这让我想起，从格伦艾林到这里，我已经走了很远的路。我不记得我和马克晚餐吃了什么，却记得自己的感受。首先，拥有马克几十年的陪伴，我非常感激并感到万分幸运。有他与我携手走过职业生涯的下一个阶段，我也感到无比庆幸，因为接下来的旅途，一定是迄今为止最为艰难也最为精彩的一段。

能够领导一家美国历史最为悠久且规模最大的公司，我也感到荣幸和谦卑。这家公司经历了几十年的动荡，经历了一次又一次的自我重塑，比许多曾经像苹果或微软一样无处不在但现在却鲜为人知的竞争对手存活得更久。

1911年，几家较小的公司合并成计算机制表记录公司，标志着IBM正式成立。当时的公司生产自动切肉机、打孔卡设备和收银机——这些，都是那个时代的商业技术！1924年，公司总裁大托马斯·沃森将公司改名为国际商业机器公司（即IBM）。20世纪30年代，公司建立了美国第一个社会保障系统，在公司诸多颠覆历史的科技业绩之中，这是开先河的一项。20世纪60年代末，IBM的工程师协助人类第一次登上月球。凭借庞大而精密的大型机，IBM开创商业计算行业，在20世纪90年代和21世纪最初几年，服务、咨询和电子商务领域的发展，使公司重振雄风。2011年，IBM迎来了百年庆典，这对任何企业来说都是一项罕见的成就。经历了经济动荡、两次世界大战以及数个行业的消亡和诞生，无论是在当时还是当今，IBM一直在少数几家幸存下来并蓬勃发展的美企行列之中。在IBM的整个发展过程中，公司本身也经历了大起大落，包括20世纪80年代差点儿发生的一次破产。

但现在，我们又一次面对另一个十字路口。只靠传奇的历史和当下拥有的优势，不足以支撑我们在未来长期继续生存发展。科技日新月异，客户与时俱进，我们也面临着诸多变革，这些变革之大，要远远超出公司内外大多数人的认知。

我也非常强烈地意识到，我要对数量庞大、背景多样、依赖IBM养家糊口的利益相关者负责。这些人包括依赖养老金生活的退休人员、公司员工及其家人，每天都要依靠IBM运行关键系统的公司和政府，以及理应期待获得回报的股东。

这其中，维系了太多的利害关系。

我的丈夫坐在桌子对面，我的目光所及之处是灯光闪烁的城市，面前则摆着一项初见端倪的艰巨任务。在这一刻，我才真正领悟到保驾护航的概念。担任首席执行官的意义，不在于我所获得的头衔，而在于现在的我需要造福的所有人。

预见未来

在这种巨大的责任感之下，隐藏着对新征程的恐惧和期待。IBM 是全球许多公司最大的信息技术供应商之一，在幕后为成千上万的企业和政府运行重要而复杂的大规模系统。我们的客户需要依赖我们维持这些系统的运营。少了 IBM，银行将无法运转，铁路将无法运输，航空公司将无法运载。包括《财富》世界 500 强中 95% 的公司在内的成千上万家组织，都要依赖 IBM 来处理大量敏感的私人数据。

但与此同时，作为科技领域最年长成员的我们，却在一步步输给年龄不及我们四分之一的新竞争者。亚马逊和谷歌最初都从消费品牌起家，后来通过云计算和软件即服务①等新产品扩展到商业计算领域。与此同时，在前任首席执行官的领导下，我们对可以从 IBM 全球分销模式中受益的公司进行了收购，提高了效率和生产率，执行了股份回购，成功成为一家全球一体化企业。在过去 6 年间，我们的收益增长频繁超出预期，让投资者非常满意。尽管有了这些成绩，我们的销售仍处于基本持平状态。已经问世或正在筹划中的新产品或新服务，都不足以抵消一些平价化产品的式微。

---

① 简称 SaaS，一种软件许可和交付模型，软件在订阅基础上获得许可，并进行集中托管。云提供商对云应用软件进行开发和维护，提供自动软件更新。——译者注

在关于我被任命为首席执行官的报道中，媒体更加凸显了这些问题："罗睿兰必须找到重振收入的方法，这很可能会迫使 IBM 走出舒适区。"彭博新闻社这样写道。晨星公司的一位分析师则这样表示："为了迎接未来，这家公司必须进行自我重塑，与时俱进，并与此同时维持收入基数。"

在做到这一切的同时，我们还需保持股东希望达到的利润率，并维持长期客户所依赖的现有产品和服务。虽然银行、航空公司和政府每年都希望我们降价，但我们不能放弃这些客户。从某种意义上说，我们面临的挑战，是在造福现有客户和作为一家企业生存之间找到平衡。决定我们未来的是一个关乎身份定位的大问题：当今的 IBM 是一家怎样的公司？我们又应该成为一家怎样的公司？

身为女性，尤其是在一个仍由男性主导的行业中的女性，我的性别也成了新闻报道的重点之一。在诸多新闻中，"IBM 任命罗睿兰为公司首位女性首席执行官"和"罗睿兰开创先河"这样的标题很有代表性。当时，《财富》500 强企业中只有 18 位女性掌门人，而 IBM 成为跻身其中的第 19 位。对一些人来说，我的性别是一个值得庆祝的理由；对其他人来说，却是一个引起猜忌的问题。IBM 不得不予以回击，甚至坚称"激进的社会政治"并非我获得晋升的原因。

对我个人来说，置身这样一个充满矛盾的夹缝之中，是一种非常有趣的经历。一方面，我很自豪能够跻身打破所谓职场玻璃天花板的人员之列，时至今日，这些"玻璃天花板"仍然阻碍着女性晋升权力职位。我可以想象，像我在澳大利亚遇到的那位家长，会把新闻标题拿给自己女儿，说："看哪，无论你有什么梦想，都能成为现实。"另一方面，我也希望人们能无视我的性别，对我的成就或领导风格予以认可。一些新闻报道，也谈到了后者。

《金融时报》直言不讳地描绘了时局："在男性主导的信息技术行业，作为一名女性在堪称美企象征的堡垒之中升至最高层，她将不可避免地成为其他心怀大志的女性高管的符号。对一些人来说，她的成败将深刻影响人们对所有女性在商界发展的看法。"在我之前的 8 位男性首席执行官并没有承担过这种不成文的责任，或者说，任何一位男性首席执行官都没有这种经历。这既是一份厚礼，也是一种负担。这就是这份新工作的内在矛盾所在。

在计划如何度过上任后的头 100 天时，我向即将上任和首次担任首席执行官的人寻求指导。其中一个人发给我一篇文章，里面包含这样一条宝贵的建议：新任首席执行官必须着手建立"一种根深蒂固的信任"。我把这句话的意思理解为，我必须让大家信任我，信任他们自己，并信任我们的未来。我现在所面对的工作，是设想变革的大致轮廓，让团队为未来的艰难旅程做好准备。描绘现实、给予希望的时刻，又一次展现在面前。

从第一天起就成为不可或缺的人

2012 年 1 月 3 日是一个周二，IBM 员工在假期结束后重返工作岗位。这一天，也是我正式担任首席执行官的第一天。早上 7 点，我来到 IBM 位于纽约约克城高地的初级研究实验室，向全世界的 IBM 员工进行现场直播。之所以选择这个地点，是因为研究向来是我们公司的差异化优势，在参与和领导保险业务和普华永道咨询的合并工作时，我也一直在重申这一点。现在，公司的近 3500 名研究人员将对重塑创新引擎起到至关重要的作用。我想要置身于他们之中，巩固我和 IBM 全体员工对他们的重视，并强调我们在未来旅程中对他们的需要。我早早就来到了实验室，以便在进行全球视频直播之前尽可能多地与大家交流。

我希望在上任之初便在乐观主义和现实主义之间找到平衡,描绘现实,给予希望。我已经为这一刻做好了充分的准备,因此可以在清晰表达对未来积极期望的同时,诚实地面对当下。

我提出建议,希望IBM努力成为客户、社会和整个世界眼中"不可或缺"的公司。作为一种愿望和目标,"不可或缺的人"是一种我们可以引以为豪的身份,部分原因在于,没有人可以给予自己"不可或缺"的称号,这是一种只有别人才能赋予我们的地位。另外,"不可或缺"反映了一种造福客户的心态,因此对我来说也是真诚可信的。对IBM来说也是如此,这是因为,我们的许多工作对客户来说都至关重要,比如为金融机构进行数百万笔交易的安全保密工作,以及确保全球供应链的安全运营。

只有通过为客户提供想要和需要的东西,我们才能变得不可或缺。但遗憾的是,我们尚且不具备某些能力,无法提供客户对于未来所渴望和需要的东西。因此,我提出了我们的三大战略理念(当然要有三个,不能免俗),勾勒出未来变革的大致轮廓。

第一大战略理念是,计算的新时代已经开始,我们必须在其中占有更大的份额。这是一个由数据和云驱动的时代,包括基于人工智能技术的各种系统。这些趋势都已成事实。我们别无选择,只能在市场推出新产品,重新构思或剥离现有产品。

第二大战略理念在于,客户本身也在改变。购买和使用我们技术的人员仍然包括首席信息官,但现在也囊括了开发人员,以及越来越多领导营销、人力资源和其他业务线的非信息技术专业人员。公司将移动、社交和数据分析运用于整个运营流程之中,从内到外重塑公司。他们希望产品简单、直观、通过云进行交付，并希望在自家数字化转型领域得到协助。

第三大战略理念在于，IBM员工必须发展自身。想要在这个新时代对客户起到不可或缺的作用，我们必须学习新的技能——不仅仅是科技技能，还有新的工作方式，尤其是彼此之间的合作方式。

我的首要任务，是建立起大家对我们的目标、三大战略理念以及我本人的信心。我上任的第一天如何度过，在哪里度过，以及发言的内容，都将具有象征性意义。人们会关注和讨论这些因素，对我的领导风格、关注的重点以及对员工的期望做出推测。在这一天，我无论如何也不愿窝在办公室里。

出于这个原因，我才会现身约克城高地的研究实验室。我站在大家面前，没有演示图片，也没有图表，只有我与他们面对面地交流。通过故事，我描述了三大战略理念最终如何注入科技和服务之中，推动公司成为不可或缺的存在。我鼓励大家直接给我发电子邮件，反馈他们的意见和想法。

当天，我给IBM的每一位高级副总裁都手写了一封信，描述我欣赏他们的三个特质，比如对客户的执着关注、对竞争对手的悉心洞察、对人才培养的奉献精神以及拒绝深陷过去无法自拔。对于其中的一些人，我明确表达了推动他们获得成长的途径。另外，我还收到了许多人发来的电子邮件，就如何改善公司提出了建议。

我收到的其中一份邮件，来自一位名叫詹姆斯·怀恩的IBM研究人员。他观看了那次直播，一边给我写信，一边数了我在演讲过程中戴上和摘下眼镜的次数。显然，次数非常多。接下来，他仔细进行推测，说我的眼睛可能出了什么问题，才会促使这样的行为。我不知道该对这封邮件做何感想，于是便告诉一位同事，他笑着告诉我，怀恩博士是我们沃森研究中心的物理学家，曾经协助发明了 LASIK 技术①。我带着敬畏之心不可思议地摇了摇头。我绝不能忘记，IBM 是一个不乏天才的地方。这不愧是一次发人深思的提醒，让我认清，首席执行官很少是某个场合中最聪明的人。

我也收到了同事约翰·凯利发来的电子邮件，他精力充沛、博闻多识，不仅拥有科学和富于战略思想的头脑，还具有简化复杂事物的独特能力。约翰是研究部门的高级副总裁，他对我上任第一天的演讲发表了一些看法，也提出了一些建议：

> 你定下的基调与众不同，令人耳目一新。你知道自己是一个心态开放、擅于合作、懂得倾听的人，但你可能有所不知，这种特质能够多么迅速地感染全场。
>
> 困难的时期偶有出现。这时要坚强以对，但不要改变你自己。让你取得迄今为止成功的特质，会促使我们在未来取得成功。保持对于短期和长期的双重关注。随着时间的推移，不同的力量会让你偶尔偏重长期，偶尔关注短期：务必克制这种偏见。

他的话非常有先见之明。

在接下来的 3 个月里，我访问了更多的研究实验室，走遍了全球各地的各个城市，与员工举行政策大会，重申我们的目标，探讨我们的理念。我尽量回答了人们想了解的所有问题，与成千上万人握手会面。在上任的前 6 个月里，我还与 200 名首席执行官和首席信息官举行了客户圆桌会议。我真心希望他们能坦诚告诉我，我们现在做得如何，未来能在哪些方

---

① 准分子激光原位角膜磨镶术，临床中最常使用的屈光不正矫正术式。——译者注

面做得更好。我收到了一些对我们喜爱有加的客户的赞美，也听取了一些沮丧到几乎要与我们断绝合作的客户的心声。许多客户正在经历自身的转变，我们有责任为他们提供帮助。我分享了 IBM 的三大战略理念，希望客户能够像我们投身他们的旅程一样，参与到我们的旅程中来。另外，我还让 17 名高级副总裁飞往硅谷，与风投公司会面。这是因为，我想让他们亲眼见证我们所面临的竞争之激烈。

"不可或缺"和三大战略理念为我和我的同事建立了一个共同的基础，在这个基础上，我们可以彼此沟通，并肩合作，并共同进步。而这，也预示着未来之路的宏伟和艰巨。我从与普华永道咨询公司的合并中认识到，建立信任是一个永无止境的过程。这个过程一开始令人振奋，但挑战之处却是长期保持这种高涨的热情，尤其是当疑虑不可避免地悄然而至时。

在担任首席执行官的最初几个月里，我得到的反馈令人欣慰、充满建设性且鼓舞人心。许多人都向我倾诉了"不可或缺"对于他们个人的意义，也诉说了他们如何将这种特质与个人生活联系在一起。我觉得，人们的激情背后带着一种使命感，也就是激励他们坚持工作的理由。"不可或缺"不仅仅是新任首席执行官的一句口号。除此之外，人们还就计算机技术、客户的发展以及 IBM 的成长空间提出了自己的看法。他们还向我点明了出现问题的领域。在公司的某些角落，一种不安情绪正在蔓延。这一切，我都需要一一了解。

总结反思

与普华永道咨询公司的合并和担任首席执行官的早期经历，是我职业生涯中的两件大事。通过回顾这些往事，我希望我已让大家认识到，真诚、诚信、共同创造、个性化和各大基本理念对于凝聚人心和积累追随力有多么重要。这些特质让我们得以在情感和执行之间建立联系。另外，建立信任也是一项永无止境的事业。信任的建立虽然能够引发变革，但参与其中的人员也有随时退出的可能。在向另一种可能性转变的过程中，艰难险阻不可避免，人心也尤其容易动摇。坚持信念，是一项长久的承诺。

大家将从下一章的内容看出，对我来说，长达 9 年的首席执行官兼董事长之旅由一个接一个的选择组成。有些选择非常容易，而大多数却非常艰难。有些选择是正确的，有些选择则是错误的。有些选择引来了人们的掌声，有些选择则引来了批评。几乎在每一个转折点，我都发现自己在完全相反的想法、观点和价值观之中权衡，永远在努力挖掘心灵和思想的平衡点。不同的力量会让你或偏重长期，或关注短期，这是我的同事约翰的最后一条提醒。在我踏上转变之路的时候，尤其是当我开始意识到未来变化的深度和广度时，这条提醒可谓再恰当不过了。

第 8 章　明辨如何改变，如何保留

我的办公室位于曼哈顿中城 IBM 大厦的 17 层，不久前，就在这里，我做出了担任首席执行官一年半以来最艰难的一个抉择：如何处理 IBM 深受好评的半导体业务。我听取了诸多意见，得出了一个会让一些人难以接受的结论，而几分钟后，我必须宣布这个消息。我整理好思绪，带上几份文件前往会场。正在考虑如何向同事们解释决定背后的逻辑时，我正好经过办公室旁的小房间。我们把这个房间命名为"图书馆"，这是对公司历史的一种致敬。我不常进这房间，但现在，我却感觉到一种非进不可的冲动，哪怕只是待上一会儿。图书馆的墙壁上，镶着 IBM 第一任首席执行官大托马斯·沃森办公室里的深色木板。在一个书架上，我看到了一张沃森在那间办公室的黑白照片，办公室里悬挂着一幅写着"思考"字样的标语。这是他的座右铭，也是 IBM 的座右铭。我静静地站在那里，沉浸在 100 多年的历史之中。

IBM 缔造了现代信息技术产业，并通过多次自我重塑，存续了一个多世纪的时间。在我之前的 8 位首席执行官，都曾带领公司经历了一场场技术变革，其中不乏与破产擦肩的经历。现在，这一责任落到了我的身上。在多重因素的作用下，IBM 面临着下一个拐点。然而，这次的拐点与以往相比有着巨大的差异。云计算、数据崛起、移动托管服务和社交媒体等技术趋势的融合，正在重新定义科技行业，并在全球各地加速变革的

步伐。为了在这个新时代得以持续生存和茁壮发展，IBM必须在不丢失核心身份的情况下进行一场彻底的自我改造。

《财富》杂志认为，我们正面临着关乎生死的挑战："从亚马逊（在线零售商）到谷歌（搜索引擎），IBM正面对着一大批敏捷的全新竞争对手。而提到IBM时，'敏捷'这个词并不会跃然脑中。"杂志封面的有一张我的照片，旁边的标题是"IBM到底能变酷吗？"。读到这个标题，我不禁不寒而栗。标题传达的情绪，说明IBM正面临着巨大的压力，必须尽快改变现状才行。但这种改变要多彻底呢？这个难以拿捏的程度，一直在我脑中酝酿。

一直以来，这家公司的鼎盛时期都少不了具有持久性的潜在技术平台支撑，比如大型机、个人电脑或中间件。这些平台，是许多机构的业务赖以运行的基础。为了与时俱进，现在的IBM需要一个全新的技术平台。除此之外，我们还必须重建公司的科技创新引擎和通道，这意味着剥离那些成本大于收益或不再对公司使命至关重要的业务。竞争不仅意味着改变产品组合，还意味着革新工作方式。这些新的竞争对手精益快捷，而且没有什么历史产品需要巩固或保护。我需要让公司找到一种更加扁平化、更加灵活的生存方式，培养整个团队掌握新技能。

对任何一家公司而言，如此大规模的重塑都是一种挑战，对一家年收入1000亿美元、股东超过100万、员工超过35万、客户遍布170多个国家、养老金高达1000亿美元的公司而言，则更是如此。这一切，都必须在公众的监督下进行，而资本市场没有什么耐心，更愿意投资营收激增的公司，而不是那些关注利润和现金流的公司。日新月异的世界，也对IBM这样规模庞大、范围宽广的全球性公司产生了影响。反对全球化的呼声越来越高，越来越多的国家选择建立自己的科技产业，而不是从国外采购。除此之外，不久后，美元会在很长一段时间内走强，而美元的升值，则会导致我们报告的全球营收和收益降低。

我虽然表面平静，但每天醒来时，都能在内心深处感受到变革的压力与紧迫。我毫不怀疑，如果 IBM 从未存在或者不复存在，这个世界将会是另一种模样。在我看来，我的工作就是成为公司的保驾护航者，造福所有与这家公司的长期成功有利害关系的人。我希望公司能在我掌舵后长时间繁荣发展，我要尽己所能，为这家标志性公司的下一个百年做好铺垫工作。

站在安静的图书馆里，我想起了作为 IBM 第 9 任首席执行官的我，承诺要维护公司的传承，也思考着维护这样的传承意味着什么。什么该改变？什么不该改变？另外，当下对于 IBM 的领导工作意味着更加艰难的抉择，确定保留和发展哪些业务，增加哪些业务，以及割舍哪些业务——即便这样的割舍会让人痛心疾首。

在未来的几年里，IBM 将成为我入睡前的最后一段思绪，在我的睡梦中进出徘徊，再成为我梦醒时分的第一个念头。对待工作，我一向非常努力。而现在，我的工作和生活已经结为密不可分的一个整体。

正能量的大脑

这项正能量原则的关键，在于连接新旧事物，创造出更好的成效。

想要明辨改变什么和保留什么，我们就必须用批判的角度进行思考并解决问题，将既已存在的事物引入全新状态。因此，我把这一原则视为正能量的大脑。

任何环境和规模下的改变，都需要我们做出艰难的抉择，判断哪些东西应该保留，哪些东西应该重新定义。无论是转行这样的个人变革，转变业务这样的组织变革，或者消除制度性偏见这样的社会性变革。那么，我们该如何做出决断呢？面对这些艰难的抉择，我们不妨深入思考两个基本问题。

第一个问题是，必须改变什么？例如，对一个想要转行的人来说，这所谓的"什么"，可能指你的专业技能、积累的知识、人际网络，也就是所有能够造福他人，同时也与你的人格和性格相符的特质。但是，切勿改变得太多，以至于放弃自己的价值观或是失去真实的自我。

就一家公司而言，这所谓的"什么"指的是其产品和服务组合，这些产品服务组合不仅巩固了公司的使命和理念，同时也能造福客户和顾客。不知改变的组织无法与时俱进，甚至可能最终销声匿迹。但是，与个人一样，一家企业不能改变到失去灵魂的程度。

第二个问题是，我们该如何改变？对个人来说，这个"如何"指的是你已经养成的工作习惯，比如合作、主动或守时。对一家公司来说，这个"如何"指的是完成工作的方式，也就是一家组织的领导方式、流程、做事方法，以及更为重要的员工集体才能、知识和技能。所谓"如何"，便是公司文化的体现。

我认识到，我们的工作方式与我们的工作内容或公司生产的产品一样重要。这一点似乎显而易见。然而，当重塑的时刻到来时，我们可能会忽视创新中的"如何"因素，而将注意力放在"什么"上。事实上，仅仅指挥人们交付不同的成果是不够的。我们必须共同创造一种新的工作方式，给人们提供改变的空间，并打造出一种鼓励和奖励新行为和新技能的环境——所有这些，都要在大规模背景下执行。

转变不仅是从甲变成乙，或者变成甲而不变成乙，虽然如此省事的选择的确很诱人。在选择如何整合新旧元素时，老牌组织或体系面临着固有的矛盾关系。例如，这些矛盾可能涉及在期望与现实之中找到平衡，或是在短期与长期结果中加以权衡，在履行过去承诺的同时针对未来做出全新的承诺，或是在寻找新客户的同时不忘造福既有的客户。想要转变一个体量可观的实体，还意味着在市场变化的速度和组织可以承受的变化速度之间找到平衡点。想要化解诸如此类的矛盾并非易事。然而，一旦确定了需要保留的东西，即使这些东西必须经历现代化改造，我们也有了一个可供搭建通往未来桥梁的平台。

与上文中的原则一样，这一原则也是通过我自己的经验和思考演变而来的。而这些精挑细选的经验和思考的来源，则是我在组织 IBM 迄今为止最大转型期间所做的决定和吸取的教训。

学会放手

想要投资 IBM 的重塑，我就要剥离那些正在亏损、走向平价化或无法增长的业务。做出这些决定并不容易，因为这不仅涉及产品，还涉及人员。然而，只有剥离这些业务，我们才能有额外的资金来推动所需的投资。

IBM 半导体是我决定放弃的一项业务，至少放弃其中一部分。我们要考虑的是具体的方法。IBM 半导体业务的历史牵动着许多人的心。1964 年，IBM 成为第一家对基于微型计算机电路设计的系统进行商业化规模生产的公司，这也是如今所谓的半导体或芯片。这些集成电路是所有计算机的"大脑"，生产过程非常复杂，大规模生产更是如此。近 60 年来，IBM 一直是高端芯片设计和生产的先驱，以愈加精小和强大的芯片的突破性技术引领市场。

IBM产品所涉及的高度复杂的芯片研究、开发和制造工作，一直由公司自行完成。有一段时间，我们也会为其他公司的产品制造芯片。我们取得了很多奖项，而IBM员工也对公司的能力引以为豪。但现在，我们主要为自家产品制造独特的高端芯片，其资本密集度已经达到了前所未有的程度。但我们的产量不足以支撑规模化操作，使其具备成本效益。此外，生产下一代芯片意味着重组两家半导体铸造厂，也就是制造芯片的工厂。然而，这项重组至少需要花费100亿美元的巨额投资。我知道，我们没有足够的资金对公司的芯片制造设施进行现代化改造，这是因为我们需要为IBM的重塑提供资金。

我的难题，在于如何平衡诸多利益相关者彼此不同的需求和愿望。如果我宣布，如果没有明确的大型机客户计划，我们将不再生产自己的半导体芯片，这样的信息可能会取悦投资者，但也会让数百家依赖IBM系统芯片的公司措手不及，甚至冻结我们的整个系统业务。在宣布任何消息之前，我们必须重视此举对客户的影响，找到一种方法来保证芯片的质量和供应不受影响。在紧迫性、复杂性和市场现实之间找到平衡，需要具有合作精神的全新思维及耐心，也需要我们在想出具体对策之前甘愿忍受继续花钱运营铸造厂的短痛。

一种解决方案是保留关键的研发工作并剥离制造业务。出于一些原因，这个解决方案引起了很大的争议。首先，半导体生产的研究、开发和制造这三个阶段，是一个已经深深嵌入公司内部的三位一体的流程。工程师往往会在制造阶段完善设计工作。一些人认为，这种端到端的流程衔接得天衣无缝，如果中断，芯片的质量必定受到影响。有些人甚至不能或者不愿去思考这样的备选方案。

除此之外，我还需要把控大家的情绪走向。我们必须脱离历史，向亲身孕育和培育的东西说"再见"。

经过认真探讨，我们中的一部分人同意，IBM 的半导体智能和科技是公司和世界需要保留的精华，但物理生产却不在保留之列。我对公司的工程师抱有无上的尊重，但尽管如此，我也没有接受他们最初的反对，而是成立了一个团队来探索这个备选方案。这支团队由约翰·凯利和阿尔温德·克里希纳这两位同事领导，他们在各自的团队中都有很高的信誉。约翰负责一切技术战略，被视为半导体产业之父。另外，他具有无私奉献的精神，致力于站在公司立场上做出正确的选择，因此，即使最终决定不是很理想，他也能号召团队投入其中。我非常信任他。

另外，我也非常信任阿尔温德，也就是公司系统和技术团队的开发和制造工作负责人。他是一位非常聪明的技术专家，也能清楚地意识到，颠覆他人的世界，会为自己引来诸多怨怼。各方利益相关者及其情绪的管理不同于产品和技术的管理，但我知道，阿尔温德是这份工作的最佳人选。他会带来一个逻辑清晰的视角，而不会在情感上囿于过去。尤其重要的是，对他来说，这是一个很好的延展型任务。我向阿尔温德承诺，不管别人怎样抱怨，我都会一直支持他。

"你只负责对我汇报工作。"我说。

在两个月的时间里，团队聚集在一起，在不破坏当前运营方式的同时，重塑端到端的流程。我们连一天的生产进度也不能放下。在保密环境下，精英们的激烈争论和摩擦此起彼伏。然而，冲突是必不可缺的一环，这是因为，以彼此尊重的方式表达的冲突与合作一样有利于进步。

为了这通电话，我等了几个月的时间。当时，我正准备在佛罗里达州走廊的酷暑中下飞机，像往年一样到弟弟家度过劳动节周末。我一边走下飞机一边接起电话，从阿尔温德的声音中，我听到了发自内心的兴奋。他表示，看似不可能的变革实际上是可以达成的，然后，他详细介绍了团队设想出的解决方案，并提醒说，即便如此，我们仍然必须找到值得信赖的制造合作伙伴，并获得核心工程师团队的支持。我的确担心才华横溢的员工会因为不满而离开。但我也做好了准备，无论是谁不愿帮助公司转型，或是谁的反对情绪危及公司转型，我都会放手让他们离开。如果不采取任何行动，整个公司都会陷入危机之中。

约翰协助领导了这场变革。他和阿尔温德与公司的财务总监吉姆·卡瓦纳夫合作，寻找合适的高端制造合作伙伴，并就合同进行谈判。

退出芯片制造业务的过程举步维艰，却是最有益于公司健康发展的一步。如果维持制造业务的成本，则会让公司陷入破产的泥沼。相比之下，之所以保留必不可缺的研发业务，不仅是为了公司的利益，也是为了世界的利益。许多国家都会渐渐认识到，半导体研发是一项意义重大的能力和国家安全的关键资产。正如约翰所言："我们卖出了当下，但保留了未来。"

2020 年，研发团队公布了全球首款 2 纳米芯片。时至今日，IBM 大型机中的半导体芯片质量已经达到杰出水平。

从 2012 年到 2020 年，IBM 总共剥离了 90 亿美元的年收入，其中囊括了五大产品业务，而芯片制造只是其中之一。我知道，这样的选择意味着在投资界争相追捧增长的时候，IBM 却不会出现任何增长；我也明白，想要通过新产品弥补损失的营收，还需一段时间。

对团队来说，剥离这些产品和服务的过程举步维艰；对那些工作受到颠覆的人来说，这一过程更是让人揪心。放弃产品有其难度，而解雇员工则是难上加难，即便这是维护组织整体健康和生存的必经之路。每当出售一项业务，我们都努力将员工随业务转移出去，并在过渡期间保障他们的权益。

有的时候，出于一些其他原因，我们也不得不让一些人离开，这些决定，都是在我深思熟虑之后才做出的。事实上，这样的决定才是最让我于心不忍的。我在经济没有保障的环境中长大，深知工作不仅是收入的来源，也是尊严的来源。我总是提醒自己，这些数字的背后是活生生的个人与家庭，他们背负着经济负担，也承载着自己的梦想。在现有信息的基础上，在明白公司的长期生存和与时俱进的能力危如累卵的前提下，我总会努力做出最合理的决定。尽管这些决定很多都很困难，但从长远来看，却都是正确的选择。我们保留了数十亿美元的资本，重新投入新时代的产品之中，让公司得以获得长期的可持续发展。尽管如此，痛楚却仍然挥之不去。

从正能量出发的变革，并不满足于非此即彼的浅显选择。这种变革需要我们耐心以待，忍受痛苦，敢于思考不可能之事，坚持抗衡两种不甚理想且互不相容的选择之间的矛盾，直到有条件重新考虑该情况，找出第三种选择。剥离整个半导体业务或是继续投入大量资金，这些都是糟糕的选择。但是，重塑生产流程并与另一家公司合作，却让我们找到了第三种也是最合适的方案。

我虽然坚信这些决策的正确，但仍能感到决策带来的重压。在经历了尤为漫长的一天之后，与马克一起讨论这些挑战虽能缓解心情，但任何方法都无法消解我对那些抑郁不平或生活被打乱的人的牵挂。我虽然没有踟蹰不前，却从未忘怀。但是，保驾护航的本质，就是要与这样的重担共生。这是我不得不接受的事实。

对伟业进行现代化改造

担任首席执行官之初,我给万豪的首席执行官苏安励打过电话。我在 IBM 负责销售和营销工作时,苏安励正在担任万豪的首席财务官,我们从那时起就已经彼此相识。除此之外,我们两家公司也互为对方的重要客户。IBM 的员工经常入住万豪酒店,而 IBM 也负责万豪至关重要且规模庞大的客户忠诚度和物业管理系统。

对于万豪的工作,我一直保持着密切的关注,一丝不苟地把控着我们的表现及获得和失去的项目。我强烈地感到,我们应当为万豪提供最好的服务。由于我经常前往万豪位于马里兰州贝塞斯达的总部,于是便和苏安励熟稔了起来。他待人友善,无论是在褒奖或批评时,总能做到清晰直接且缜密周全。

我打电话给苏安励,是想了解 IBM 在万豪的一个较小营销软件项目上的竞标情况,并确保他知道 IBM 有充分的理由中标,当时,我们的竞标对手是一些新兴的科技公司。在重视造福他人的同时,我也有非常争强好胜的一面。在我慷慨激昂的陈述之后,苏安励问道:"睿兰,等一下。不要忘了,我对你和 IBM 寄予了厚望。你干吗这么关心这个小小的营销项目呢?我已经把万豪的一些最重要的系统都托付给你们管理,你只需尽你所能,成就最好的 IBM 就行。"

成就最好的 IBM。

在做出如何为公司重新定位的艰难决策时,这句真知灼见一直在我脑中回响。正如放弃芯片制造业务一样,需要改变的还有很多,但是,保留和拓展成就 IBM 伟业的一切,是我一定不能忽视的。

为了做到这一点,我必须诚实面对我们的现在和未来。

老牌公司面临着模仿周围涌现的耀眼新公司的压力，随着数字时代的快速发展，这种压力甚至比之前更大。模仿的道路虽然诱人，但并不一定合适。我的前同事、精明的战略家肯·凯维林曾说："要明辨造就公司伟业的是什么。勉强 IBM 做谷歌只能一败涂地，勉强谷歌做 IBM 也是死路一条。"

我反思了肯和苏安励关于成就最好的 IBM 的洞识，也借鉴了 IBM 第二任首席执行官小托马斯·沃森于几十年前表达过的一个想法：如果一家组织想要迎接瞬息万变的世界的挑战，就必须做好准备彻底颠覆自身，只保留作为一切政策和行动之基础的理念。我把他们三人的话理解为，我们必须对公司进行彻底改造，但不能偏离核心价值观太远。

那么，我们是谁？我们不该偏离的"北极星"是什么？变革的飓风应在怎样的土地上刮起？我们的本质又是什么？

不可或缺，是我们独一无二的优势。

理清如何将"不可或缺"的理念转化为新时代的科技蓝图和新产品，将是一个不断探索的过程。我将会发现，如果太过远离本质，我们会举步维艰，无法对既有的资源加以利用。然而，一旦发掘出让 IBM 与众不同的特质，我们就可以在这个领域加倍下注，适应我们所处的时代，对伟业进行现代化改造。

无论何时，想要改变任何一个长期存在的制度或流程时，这都是一条宝贵的真理。专注于必须保留的因素，维系正在有效运作的领域，能够为即将到来的变革提供基础。而这，也是建立追随力和信任的基础。

在努力对 IBM 的伟业进行现代化改造的同时，我也在尽量诚实地面对其他不再让 IBM 伟大的东西。

应对牵制因素

自 2007 年以来，IBM 一直在遵循公司内外都已众所周知的财务蓝图。这份蓝图的重点，是承诺在 5 年后的具体日期实现两位数的每股收益（EPS）增长。多年以来，公司提高了生产率，对股票进行回购，并主要通过收购和向新地理市场扩张现有业务来实现增长，在保持和增加股息的同时，达到或超过了每股收益的目标。

随着技术颠覆的加速，我逐渐意识到，关注每股收益并非一种可持续的战略。我们无法在实现财务蓝图所承诺的利益的同时增加新产品的投资。有这种想法的人不止我一个。2012 年 10 月，《华尔街日报》写道："从 2006 年到 2012 年，在 IBM 的预期每股收益增长中，近 40% 可以归结为其股票数量的减少。当然，IBM 向股东返还现金是件好事。问题在于，这家公司能否以预计水平持续进行股票回购……取舍在所难免。"

一位备受尊敬的投资者告诉我："经营公司时，永远要为长期持有者服务，而不是为短期租赁人服务。"然而，其他投资者也向我施加了巨大的压力，要求坚持原本的财务蓝图。一位投资者给我寄了一张写在亮橙色便笺上的手写字条，敦促我"继续回购数十亿美元的股票"。

我很清楚，许多个人股东之所以持有 IBM 的股票，部分原因是看中了其股息。很多人都因 IBM 的股票而有能力付清学费或是购买新房，这样的案例，我不仅亲眼见过，也在信中无数次读到过。但现实是，对于未来投资的优先级，我不得不重新进行调整。

为了给有意义的变革腾出空间，我需要处理牵制因素。

2014 年，我和新任首席财务官宣布了一个艰难的决定：放弃财务蓝图，制定长期战略，增加在客户需求和市场走向上的投资，偏重云、人工智能（AI）、网络安全和移动计算。重新定位资本配置和增加业务投资将降低我们对股东的回报，即便如此，我们仍然致力于一如既往地支付和增加股东股息。

新业务的收入何时会超过剥离业务和增长较慢业务对收入的侵蚀，这是最大的未知数。

我明白这个决定的重量，因此在季度末参加了投资者收益电话会议。对 IBM 的首席执行官而言，此举并不常见。我不想让我们的首席财务官独自承担传达信息的重任。

人们对放弃财务蓝图的反应不一。那周周末，由于每股收益不再有保证，公司的股价下跌 10% 以上。但是，也有一些人从更有远见且更切实际的观点来审视这个问题。瑞银集团的一位分析师对英国《金融时报》表示："放弃财务蓝图是件好事，他们必须要对公司进行重塑。这是一项需要投入多年努力的工程，尚有很多困难需要克服。"

为人工智能押下重注

2011 年初多雪的一周，就在我被任命为首席执行官的几个月前，IBM 位于纽约州北部的一个研究实验室被临时改装成了《危险边缘》[①] 的摄影棚。在这场益智节目的直播期间，我和其他 IBM 员工同坐在观众席上，观看选手肯·詹宁斯和布拉德·拉特这两位节目中最成功的选手，与一台名为沃森的电脑的巅峰对决。真正的沃森是一台运用人工智能技术的大型计算机，被放在幕后看不见的地方。在舞台上，代表参赛者沃森的，

[①] 美国知名智力问答电视节目，问题涉及广泛。——译者注

是一台置于肯和布拉德之间的动画屏幕。

没人知道这场人机对决的结果。每位参赛者都要回答6个类别里的问题，包括奥运奇闻、最终边界和同义词。我还记得主持人亚历克斯·崔贝克读出第一轮线索中的一条："四个字母的单词，表示视野或理念。"

"什么是 View（视线）？"①布拉德给出了正确答案。

沃森最初领先，后来却答错了一连串问题，这让我们的工程师大为失望。他们专门开发了沃森的自然语言能力，就是为了迎接这一刻的到来。谁知最后，沃森却连连答对："谁是弗朗茨·李斯特？""什么是小提琴？""谁是教堂女士②？""什么是嗜睡症？"当沃森的总收入几乎达到布拉德的7倍时，我的同事们击掌相庆。

最终，沃森赢得了比赛，计算机对战人类的胜利，引得《纽约时报》登载了这样的头条新闻——《竞猜无小事：计算机摘得〈危险边缘〉桂冠》。这一集《危险边缘》展示了人工智能的潜力，让数百万人对这项技术产生了亲近感和兴趣。人工智能的可能性以及相关问题，以几乎前所未有之势进入了主流意识和对话。

我担任首席执行官时，我们在IBM产品服务组合的重组和创新工作中下了两大赌注。一是对沃森背后的人工智能技术进行拓展并推动其商业化，二是让公司成为云计算领域的领导者。

大的赌注是经过精心策划的高风险选择，有可能给现状带来极大的改善。与循序渐进的改进不同，大赌注可能包含大量未知和复杂因素，因此通常会牵扯到巨额的投资及方向的修正。大赌注的结果不总是非黑即白，

---

① 这是《危险边缘》的节目规则。在主持人给出线索后，回答者要以"什么是/谁是+答案？"等形式的问句作答。——译者注

② 美国电视节目《周六夜现场》小品中的一个反复出现的角色。——译者注

并非非赢即输的零和博弈。有的时候，大赌注的结果能通过意想不到的方式创造价值。

当时，人工智能技术还没有市场，需要我们自己创造。

自20世纪50年代以来，人工智能的前景激发了人们的想象力。但事实证明，制造像人类一样思考的计算机非常困难，这使得人工智能的资金和研究在几十年的时间里忽盛忽衰，导致了被称为"人工智能寒冬"的长时间休眠。人们对人工智能的兴趣在21世纪初恢复，到了2011年，IBM的沃森在《危险边缘》中亮相，让全球更广泛的受众认识了人工智能。

不过，IBM对于人工智能的长远寄望，远不止赢得一场益智比赛这么简单。我们相信，我们可以通过解析人类和现有计算机无法处理的海量数据等方法，通过人工智能技术的开发改善各种决策制定，解决人们真正关心的问题。

就像在下大赌注时应该做的那样，我们从多个维度入手，推进公司的人工智能开发和商业化。如果对某事坚信不疑，就当全力以赴，我希望科技能够渗透我们所做的一切，在方方面面让我们获益。我们调动了IBM负有盛名的研发部门，制作并使用人工智能工具改善人力资源等公司内部流程，还对顾问进行技术培训，让他们与客户一起开发和实操人工智能应用程序。最重要的是，我们尝试了部署人工智能的不同商业模式，最终推出了一个专门的系统，也将其命名为"沃森"。我们将该系统开发为一个平台，为不同行业的多个人工智能应用程序提供支持。

就这样，沃森成为IBM人工智能软件产品的总称。

在当时，几乎没有任何公司探索人工智能大规模解决难题的潜力。而我们已经在不同行业进行了测试，并看到了其中的端倪，还创建了一个由迈克·罗丁领导的部门，专注于沃森人工智能系统。之所以选择医疗保健作为第一个行业开发和应用人工智能，是因为我们深深感觉到，IBM 有义务利用科技来解决世界上最困难也最普遍的问题。我们看到，人工智能可以提高医生的正确诊断率，改善发展中国家人民获得高质量医疗指导的机会，从而帮助医生提升效率。

我们最初的重点是帮助医生检测和治疗癌症。我们将这个项目形容为"登月计划"，这是因为我们深知其中的艰辛。事实证明，该项目的确非常困难。正如许多新科技的开发一样，我们也在开发过程中获得了许多经验。平台通常要经历几次重建，沃森就是如此。起初，这个系统太过庞大复杂，因此我们修正了方向，建立了一个模块化的平台。另外，我们也遇到了很多没有预见到的挑战，包括我们无法控制的因素。比如医生根深蒂固的工作方式，医疗行业中为服务而非效果付费的模式所造成的影响，另外，由于数据的收集和分析是人工智能系统的关键，因此数据中广泛存在的误差也不容小觑。

我们获得的一条最重要的经验是，在医疗保健和其他领域部署人工智能，关键不仅在于科技，也要以人为本。为了从中获得真正的价值，医疗从业者必须彻底颠覆工作方式，而不能单纯把人工智能应用到当前的流程之中。

除此之外，你还必须建立对这种科技的信任。回顾我们的人工智能之旅，我同意一些同事的观点。他们说，10 年前，世界还没有做好准备将如此重要的工作托付给如此精密的科技。益智类电视节目？当然没问题。治疗癌症呢？虽然我们构建的系统所出现的决策失误通常少于人类，但大家还无法接受。大众甚至市场都需要以更缓慢的步调逐渐接受人工智能，使之慢慢融入生活之中。如今，人们仍然对人工智能抱持一定的怀疑态度，人工智能也的确需要适当的监管。但是，技术和市场毕竟都已成熟。

人们对人工智能的信任正在增强，但是，若要让人工智能发挥出潜力，富于人性，我们必须持续建立这种信任。

我们知道，对于沃森的营销方式会影响人们对人工智能的接受度。2011年的时代思潮中既有兴奋，也有恐惧。我们的营销方法，是通过技术人性化降低人工智能的威胁，达到类似沃森参与《危险边缘》时的效果。在一则电视广告中，IBM的沃森与鲍勃·迪伦聊天，对他的歌词进行分析。我们的信息引起了共鸣，却也偏离了我们的定位。但从某种意义上说，这则广告激起了广泛的关注，也引发了备受瞩目的期望。

在人工智能上押下重注，是正确的选择。但事实证明，想要在如此规模解决人工智能的诸多问题，谈何容易。人工智能的开发之所以多次进入休眠状态，是有其原因的。我们的医疗人工智能业务并没有像最初设想的那样蓬勃发展，这很让人失望。诚然，我们所做的事情非常困难，但当我得知没有取得预期的进展时，问题的难度却没有为我带来一丝宽慰。我允许自己感到沮丧，却不允许自己选择放弃。我下定决心要找到方法，奋勇向前。

最终，我们的人工智能事业带来了意义深远的积极变革。客户使用人工智能强化供应链、财务和人力资源等基本业务，同时也提高了盈利能力，而人工智能也随之成了IBM业务的重要组成部分。重组后的沃森成为IBM人工智能平台的基础，成千上万的客户使用我们的人工智能应用程序。IBM对人工智能的关注，催生出一个由人工智能相关公司组成的充满活力的生态系统，促使这种科技走出了这个"寒冬"。人工智能尚处于起步阶段的2019年，在国际数据公司的榜单中，IBM在35亿美元人工智能软件平台中的市场份额位居第一，这已是IBM连续5年夺冠。

通过人工智能，我们努力实现创新，并开拓出一个新的市场。然而，作为我们另一个大赌注的云技术则有所不同。对于云技术，我们并非开拓新的疆域，而是在追赶一个已经存在的市场。

为云技术押下重注

由于 IBM 在云技术领域晚了一步，我们投入了远超预期的时间，才最终找准定位。

概括来说，云技术是一种标准化计算，不为公司所有，公司也不负责维护，而是将其视为一项可获取的付费服务。在 21 世纪初，各家公司开始使用云技术运行各种系统。云技术的第一阶段以公共云为中心，由面向消费者的公司和应用程序驱动，如电子邮件、游戏、前台任务和移动购物。第一家公有云公司是亚马逊，这家公司早在 20 世纪 90 年代就开始构建云基础设施。作为在线零售业务的一部分，亚马逊对其基础设施进行管理，并于 2006 年通过亚马逊云计算服务（AWS）将之转变为一项业务。同年，微软开始构建自己的云平台 Azure，并于 2009 年推出。在我担任首席执行官时，IBM 虽然拥有各种云产品，但还没有建立自己的公共云平台。以时间来看，我们已落于人后。就像我说的，其他公司早已起步，拥有显著的优势。

为了迅速扩大规模，我们在 2013 年收购了一家公共云公司，努力将其扩展到全球，并雇用了更多的云人才。这为我们的公共云业务打下了坚实的基础。然而，与竞争对手不同，我们没有消费者业务或终端用户应用程序，无法推动现有客户使用我们的公共云。就这样，云技术成了一个牵制因素，我们竭尽全力，但仍无能为力。我们的本质毕竟是一家企业公司①，这一点无法改变。

另外我们还发现，凭借当时的公共云技术，尚不足以支持企业客户至关重要且更加复杂的后台应用程序。将客户的系统迁移到云端，需要比面向消费者的公共云更复杂的功能和更严格的安全性。想要成为支持这些关键应用程序的云平台，我们需要付出怎样的代价，针对这一点，我们必须做出决定。

我听取了很多意见。每一天都像是一次冲刺，而每一次挫折都让人懊悔不已，因为时间实在太过宝贵，何况我们已经迟到！我继续彻夜难眠，偶有清晨顿悟之时，因为我们已经开始一点点厘清IBM与云技术的特殊关系。

我们最终一致认为，并非人人都愿意将所有的计算转移到几个公共云平台上。事实上，如果大公司客户真的要将其至关重要的后台办公应用程序迁移到云上，也必须用三种类型的云平台：即公共云、私有云和二者的结合。最后，我们找到了公司的方向，那就是在被我们构想出来之前尚不存在的第三条路径。我松了一口气，也鼓足了干劲。

想象一个具备公共云一切优点的私有云平台，不同的是，该平台可置于你自己的场所，因此更具安全保险性，但其容量并不是无限的。由于许多至关重要的应用程序都要用IBM的软件运行，因此我们对该领域了如指掌。我再次要求阿尔温德承担新的责任，负责IBM私有云平台的建设工作。就这样，我们不动声色地建立了一个客户可通过IBM技术使用的平台，并很快证明了需求的存在。接下来，我们开始构建世界上最顶尖的开放混合云平台。该平台可将客户在公共云、私有云和内部部署系统的应

---

① 为其他企业或政府提供商品或服务的大型跨国商业组织，特点为等级结构严明、产品和服务广泛、力求长期稳定的发展等。——译者注

用程序和数据连接起来，并确保最高的安全性。此举给客户带来了更加优惠的经济效益，这是因为，他们不再像以前那样需要多种分散的技能组合，可按监管和安全等需求自由地转移工作数据。我们相信，混合云是下一个阶段云技术的发展基础。

IBM 显然没有在云技术的第一阶段领跑，但我们相信，鉴于世界上 80% 的工作负载尚未迁至云中，我们仍具有领跑第二阶段的能力。随着市场对这一假设的验证，我们对混合云战略积累了足够的信心，敢于进行公司迄今为止最大的押注。2018 年，IBM 以 340 亿美元收购了领先的开源云软件供应商红帽公司，完成了当时有史以来最大的一笔软件收购。早在宣布消息之前，我就花了大量时间与董事会进行认真探讨，在正式宣布前的几个月，我们在一起悄悄并肩协作，进行测试，向自己证明，红帽公司的确有能力成为 IBM 开放混合云平台的基石。

在云技术的第二阶段，IBM 真正成就了最好的自己。我们终于在云世界中找到了稳固的立足点，以混合云作为我们下一个长期技术平台，这颇有些衣锦还乡的感觉。人工智能和云并不是我们所下的全部重注，但现在，这二者已经成为公司的核心战略项目。除此之外，我们还斥巨资，开创和构建量子计算时代，并对公司的咨询和网络安全能力进行了拓展。

这些年的喜悦和失意，不仅让我积累了诸多推动大规模变革的经验，也让我对不同类型的押注有了更深的洞悉。

回溯往事，我发现无论是开拓还是应对市场，都需要考虑三件事。首先，二者对于时机的把握有所不同。在应对市场时，我们需要重视规模和速度等因素；而当开拓一个尚不存在的市场时，对客户群体的选择和准备的充分与否非常重要。其次，想要让任何重注带来收效，都需要通过实证来建立信任和积累势能。最后，这两种重注的路线很少是笔直的，因此，我们不能害怕修正路线和转向，而要允许自己犯错误。但也要谨记，唯一应该后悔的错误，是那些你没有从中吸取教训的错误。

无论是坚守"不可或缺"的核心，放弃部分业务，应对牵制因素，还是押下重注，为重塑 IBM 投资组合所做的所有努力，都是将公司长期健康和可持续性放在首位的艰难战略决策。

然而，仅仅改变我们"做什么"，仍嫌不够。我们从这一时期取得的最重要的一条经验在于，从很大程度来说，"怎么做"会对"做什么"产生深远的影响。因此，想要改变"做什么"的内容，我们的工作方式也需要随之改变。改进产品服务组合和转变公司文化这两项挑战到底哪一个更艰巨，即便现在回想起来，我仍无法给出确定的答案。

重新设计"如何做"

2011 年，在我成为首席执行官的两周前，我们一家人齐聚在安妮特家过圣诞节。我有 5 个侄女和侄子，我一直把他们当作自己的孩子看待，在探亲的过程中，我总会抽出时间和每个孩子共处。几年来，每到安妮特家，她的两个儿子中年纪较小的迈克都和我保持着一种可爱的传统，那就是在食品储藏室举行"会议"。我们会盘腿坐在那里，讨论一些重大事宜，比如我们最喜欢的零食以及他正在玩什么游戏。那年，迈克告诉我，他想要一台苹果 iPad 作为圣诞节礼物，但他的母亲认为，这礼物对一个 5 岁的孩子来说太贵重了。可是，姨妈不就是用来宠侄子的嘛。

圣诞节的早晨，每个人都早早起床，穿着睡衣围坐在安妮特装饰精美的圣诞树旁。我们的家庭传统是每个人轮流打开礼物，这样一来，这个愉快的早晨便会被拖得十分悠长。迈克送给他母亲一只手工制作的陶碗，我注意到，等着大家一个个打开礼物的他，已经有点按捺不住心中的期待。我低声让他先打开我的礼物。他撕开包装，看到里面的 iPad 时，兴奋地跳起来，飞快地给了我一个吻。然后，他从母亲手里抢过陶碗，放在我的腿上，拆开 iPad 的包装，跑到窗前。他赶忙对着站在外面雪地里的一头鹿拍下照片，然后跑到我身边，跟我分享他平生的第一张摄影作品。我很珍惜那只陶碗，至今还放在我的书橱中。而我也同样感激侄子送我的另一份厚礼：是他，让我对 IBM 的变革方法有了更深的认识。

2011 年的那次圣诞节，看着年幼的侄子如此直观地被 iPad 所吸引，让我不禁想到了"可消费性"（consumability）这个概念：在一个用户期望值由面向消费者的公司所决定的世界里，面向企业的 IBM 必须找到自己的立足之道。

IBM 为企业创造了一些世界上最安全、可信、复杂的技术产品。然而有的时候，这些系统的复杂性也可能通过用户界面传递出来。与数字时代的大多数员工一样，我们的客户的想法也逐渐转变，希望在职业生活中接触到的科技能像个人生活中的一样易于上手。我们必须拥有更多可以直观交互的产品。用我的话说，我们需要拥有更多具有可消费性的产品。另外，我们还必须更高效地生产这些产品。

刚开始加快工作速度时，我尝试了一种屡试不爽的方法，挥舞"大棒"，催促大家提速。我们为加速决策减少了管理层级，而我则不断提醒每个人"没有最快，只有更快"。我听上去就像是一张坏了的唱片，翻来覆去地絮叨个不停，大家半开玩笑地说，"更快"是我唯一会说的词。围绕我在一个表现不佳的季度后对全公司发表的演讲，《华尔街日报》甚至刊登了一篇文章，题为"IBM 首席执行官致员工：思考要快，行动更快"。值得赞扬的是，我们的团队确实为了实现更快而付出了努力。

随着我与全球各地和公司上下的员工交谈的深入,一个现实赫然摆在眼前。只要求速度而不改变工作方法,只会让每个人都筋疲力尽。我们不能简单把复杂的挑战抛给员工自行消化。这样做很不公平,就像是让一个穿着登山靴的人加速奔跑,却不提供跑鞋一样。

这是领导体制性变革的一条重要教训:如果想让人们改变工作方式,你(领导者)就必须和他们共同创造一种新的工作方式,并为改变提供相应的工具、许可和流程。

那么,我们该采取什么行动,才能让这家庞大的公司加速行动,并通过全新的方法更快地创新呢?我向罗伯特·勒布朗和菲尔·吉尔伯特提出了这些问题,罗伯特是当时的云业务高级副总裁,而菲尔则创办了一家软件公司,并于2010年被IBM收购。菲尔从局外人的视角出发,直言不讳地表示,当时IBM的某些产品在可消费性方面存在着巨大的欠缺。

菲尔表示:"我们不要自欺欺人,别认为改变50个人就能产生效果。雇佣1000名设计师,才有可能稍微缓解问题。"他怎么也没有想到,我竟然同意让他开始招聘,并着手制订一个远不止缓解问题的计划。值得赞扬的是,罗伯特进行了取舍协调,为这些工作腾出了资金。

菲尔的解决方案是将设计思维融入公司文化。极具精准性的设计思维方法会首先识别和定义用户试图解决的实际问题,然后从那里倒推,与跨学科团队合作,通过迭代构建解决方案的原型。这与IBM常用的运作方式有所不同。从本质上讲,IBM更加偏向以工程学为主导,我们的工程师经常会从解决最复杂的问题入手,然后再逐渐回归客户需求。菲尔的愿景则颠倒了这一流程,将设计师嵌入数千个产品组别之中。其他公司也采用了设计思维,但在2012年,他们的规模还未达到我们构想的水平。让数万名员工参加一门泛泛而谈的在线课程,并不能解决问题,我们都需要从实操经验中学习。

菲尔和他的团队在得克萨斯州的奥斯汀市建立了一个生机勃勃的工作室。这个空间与我们当时的大多数办公室不同，有着透明的墙壁、带轮子的办公桌、滚动的白板和为小组放置的座位。我们的跨学科团队来到工作室，用几周的时间学习如何将设计思维技术应用到实际的产品或服务中。设计思维团队会对这些来访团队进行刨根问底的询问，深入剖析他们的假设，迫使他们对用户产生同理心，然后以这种同理心为指导，改变软件开发等工作的方法。这种由外及内的思维方式，赋予了许多人一种全新的能力。

将设计思维融入公司文化或许会让人感觉不适，同时也需要一定的时间。第一年，只有 7 支团队来到奥斯汀。他们的参与推动了课程内容的微调，有助于在大规模推广时取得成效。两年后，人们已经开始打电话给菲尔，拜托他为各自的小组预留时间了。没过多久，IBM 便开始在设计领域斩获奖项。

想要将如此巨大的文化变革贯彻到底，需要调动毅力和勇气。2017 年，我们已在 20 多个国家设立了 44 个设计工作室。我们比菲尔最初的计划提前两年招满了 1000 名设计师，并最终新招募了 5000 名新设计师。他们汇入了这支全新组建的 15 000 人团队，致力于提供契合时代且妙趣横生的产品和服务。另外，我们也对数万名顾问进行了设计思维方面的培训。

2014 年，苹果首席执行官蒂姆·库克与我共同宣布了两家公司的独家合作关系，协力建立具有"可消费性"的全新企业应用程序。

在提高产品的可消费性的同时，我们也必须以更快的速度构建产品服务组合，以及加快对客户的响应速度。

在 2014 年聘请的一位新首席信息官的帮助下，我们构建了另一种被称为"敏捷开发"的方法论。这种方法要求取消决策层，要求小型团队聚集在一起，在大规模实践想法之前先进行试验。敏捷团队可在预算紧张的情况下快速测试和完善想法，尽早纠正问题，便于新想法的快速实现。当时，对许多 IBM 员工来说，这是一种截然不同的工作方式，也是对设计思维方法的补充。记得有一个周六，我像以往一样在星巴克喝茶时，遇到了我们的新首席信息官。他告诉我，他正在"推倒围墙"。他并非只在做比喻，而是确有行动——他真的用大锤砸穿了我们一栋办公楼的墙壁，方便这里的团队彼此协作。

我清晰记得自己当时的想法。我特意从 IBM 外部聘请了一些资深人士，希望他们能帮助我们为新创意加速。其中一些人循序渐进，一些人则不惜打破界限。站在星巴克里的我，并没有对首席信息官拆除整间办公室的行为表示反对，我之所以这样做，是为了传达一个更为重要的观点：我希望人们不必总是征求许可，而是敢于进行新的尝试。

到了 2019 年，敏捷团队成员已超过 10 万人，我们在前几年花费了 10 亿美元，大举改造办公空间，方便大家协作。（这恰巧在新冠疫情之后派上了用场，因为人们更愿意回到有利于团队创新的办公环境中来。）

在设计思维和敏捷开发的共同作用下，我们迫切需要的流程、工作方法和文化领域的体制性变革也随之而来。

想要改善人们的工作方式，可以通过许多不同的方法来实现。组织只需要做出相应的选择，因为，只是告诉人们改变是不够的。我们还要给人们提供适合的工具，为他们提供改变的条件。话虽如此，但无论你的工作或改革内容是什么，共同创造、跨学科协作、流程迭代、由同理心驱动的问题解决、结果优先且由外及内的方法，这些设计思维和敏捷开发原则，在这个讲求可消费性和速度的时代都是必要的。最后，我们甚至将这些设计思维和敏捷开发的个性化方法打包，注入一款名为"IBM 车库"的客户服务中，应用于我们在全球各地的工作。我们对"IBM 车库"进行了数千次实践，时至今日，这种方法仍是 IBM 咨询的一个标志性项目。

如果没有高管团队和整个公司许多成员的坚决支持，这些好的想法就不可能得到规模化扩展。这些想法在我们庞大的员工队伍中传播了数年之久，每一个想法的实践，都需要时间和耐心。尽管如此，时间仍在无情流逝，我内心争强好胜的一面一直在寻找证据，确定我们的确取得了体制性的进展。

基准测试

"如果不打算结束这段旅程，那就不要开始。"

这句警告，来自我们的首席营销官米歇尔·佩卢索。当时，我们正在商讨如何评估提高客户体验质量工作的有效性。米歇尔建议我们采用一种叫作"净推荐值"（NPS）的工具。在此之前，我们会用电话和书面调查来衡量客户满意度，但通过这些方法获得的反馈可能带有偏见，因为我们会自主选择客户和调查时间。想要捕捉到最诚实的反应，就要确保随机性和目标的广泛性。

米歇尔是我们一位重要的外部高级雇员，她曾经担任过白宫学者、花旗集团全球消费者首席营销官和首席互联网官、旅行服务网络平台 Travelocity 的首席执行官以及一家初创公司的首席执行官。从她看来，净推荐值是一种"信仰"，而不是一种衡量标准。我也渐渐明白了她的意思。

这种方法既简单又严格。基本上，你只需问客户两个问题："从 0 分到 10 分，您推荐这款产品或服务的可能性有多大？"以及"为什么推荐，或者为什么不推荐？"这些问题要在客户与产品产生互动或使用之后立即提出，因为印象就是在这些时刻形成的。是不是很简单？较为严格的点在于，你要迅速跟进那些给出较差评价的客户。若不能与所有不满的客户取得联系，不但会激化对方的不满，也会减少我们改善的机会。

米歇尔警告，除非做好每次跟进的准备，否则我们就不应该提出这些问题。想要做到这一点，不仅需要人们在行为上做出更加体制性的改变，也意味着其他方面的工作方式也要相应改变，而且是在全球范围内改变。第一年，我们要将净推荐值整合到世界各地数以千计的软硬件产品及咨询服务中，困难不言而喻。

每天都有成千上万的客户回复涌来。想要真正有效地推动进展，就要对这些反馈数据进行分析，确定业务部门发生的问题。每周我们都会回顾最新的数据，并在全公司范围内召集净推荐值领域的能手举行会议，让他们合作解决普遍存在的问题，以免客户持续遇到同样的问题。使用数据解决最困难的问题，我们才能更好地大规模造福客户。

我持续关注每一份报告，并通过各种渠道亲自检查进展。一天，我走进办公室，在笔记本电脑上调出一个新的云应用程序。我启动程序，决定拨打 IBM 的客户支持电话寻求帮助，绕过在线聊天选项，与技术支持专家进行实时交流。我描述了一个问题，电话那头的年轻人告诉我问题出在硬件上，并提出了一套措施。我明白，他的建议是错误的（别忘了，我是个工程师），然后礼貌地请他重新考虑自己的回答，或是和更有经验的同事商量一下。但是，他仍然坚持自己的答案。我进行了自我介绍，他自然开始担心自己是不是做错了事。我安慰他不必担心，我并没有生他的气。我之所以生气，是因为他没有受过充分的训练，而这是领导者的职责。

领导者的工作，是通过检测预期结果了解现状，然后消除障碍。如果不衡量进展，我们就无法实现预期的结果。我们曾在 2012 年进行了一些基准测试，测试结果让我们坚信，优质的客户体验和员工的高度敬业正相关，也就是说，敬业的员工能够提供更好的客户体验。然而，我们早在好几年前就停止了针对敬业度的追踪调查。现在，我们要用一份只含 3 个问题的问卷重拾这个传统：我是否为自己是 IBM 员工而自豪；对我来说，IBM 是否是一个理想的工作场所；我是否会把 IBM 推荐给一位好友。值得一提的是，问卷上还包括一两个开放式问题："你会用哪一个单词来形容 IBM？"以及"你对 IBM 的管理层有什么建议？"

我们 IBM 的人工智能系统对反馈进行了分析，暴露出普遍存在的不满，因此，我们要做出更多改变，比如帮助员工获得新技能，提供更多的绩效反馈，以及减少官僚作风。所有这些，都是我们试图通过设计思维、敏捷开发等努力解决的问题。对我们来说，净推荐值或员工敬业度的追踪工作不是儿戏。这些工作虽然单调，但其严谨性却是体制性变革的必要条件，也会让我们的公司因此变得更好。到了 2020 年，IBM 的整体净推荐值提高了 20 分，让我们的公司一跃跻身行业的前 25 名。

教与学

我们的人力资源主管黛安娜·盖尔松曾经告诉我，当我第一次谈到 IBM 产品服务组合的变革需要多么彻底时，她手臂上的汗毛都立了起来。拥有公司发展所需的技术技能和知识的 IBM 员工，只占到 1/5 而已。

"破釜沉舟的时候到了。"她暗下决心，开始着手对员工进行技能提升和技能再培训，这是一段迫在眉睫且永无止境的旅程。

初期，我们很快就大举招入了具有公司缺乏技能的人才。由于科技行业的人员流失率要相对高于正常水平，在此之前，我们已经在不断地招募新人才。接下来，神奇的事情发生了。刚进公司时，许多新人都非常自信，认为自己可以给老派的IBM上一课，他们很快就发现，自己并不总能理解IBM复杂的客户业务，对客户精密的系统一头雾水。我亲眼看到，新员工的态度逐渐由鄙视转变成尊重，因为他们意识到，要学习的东西和要传授的东西一样多。在IBM员工从新同事那里学习新技能的同时，看到新同事从IBM员工那里学习经验，同样让人感到满足。

对IBM这样庞大的公司来说，招募人才只是一条途径。对数万名现有员工进行技能再培训，这项任务成了当务之急，我们希望整个公司的员工都能提起精神，充满干劲地学习新时代所需的新技能。2013年，我们要求每位员工每年必须接受40小时的培训，并提供多种途径帮助他们达成或超过这个时长。我们创建了一个叫作"思考学院"（Think Academy）的教育系统，内容包括每月第一个周五举行的必修在线学习课程，课程围绕对公司未来至关重要的领域展开，比如人工智能、云计算和网络安全，另外还涉及公司战略、行业趋势、坦诚的客户反馈以及外表仪容。

4年来，每周五第一个小时的课程，都由我亲自准备和讲授，积累下来，足足有50节课！我想让大家知道，无论身处什么职位，拥有必要的技能和知识对所有人来说都有重要的意义，我也下定了以身作则的决心。

在我看来，教育是变革的工具。这一点我从小就知道。那时，母亲重返校园，而我则一边教妹妹们做作业，一边做自己的作业。作为一名年轻的经理，重视教育的我也会确保团队得到正式培训。我一直认为，教育能带来一种民主化的影响，因为没有人在学习上高人一等，也没有人不具备学习的能力。通过流媒体平台教课对我来说非常有趣，因为我喜欢教学，同时也是一个热爱学习的人。学习新事物总能让我越发自信，直到今天仍是如此。时至今日，帮助他人学习仍然是我建立人际关系的一种最真诚的方式。

但是，与其他工作一样，时间非常紧迫，我们必须加快学习的进程。要让课程的效果更加持久，营造沉浸式的体验必不可缺，对数字科技而言尤其如此。例如，为了帮助领导团队掌握云技术，每位成员都需要学习编写代码并参加编码比赛，看谁能开发出优秀的云应用程序。为了让公司成千上万的员工了解人工智能的局限性和益处，我们的营销主管乔恩·岩田巧妙设计了一场人工智能主题的商业创意竞赛，在全公司范围内展开。来自世界各地的8361支团队通过运用设计思维、敏捷开发、云计算、沃森等技术，构建出2704款人工智能应用程序。竞赛唯一的要求是，他们的成品需要解决客户的问题，优化产品或服务，或者能够改善我们的运营方式。评委们选出50名决赛选手，让他们在教练的指导下对这些创意进行拓展。这些人工智能应用的创意涉及广泛，包括解决自闭症、购买保险、通过食物照片评估营养成分、发现货车缺陷以加快维修、使用虚拟现实可视化技术展现数据模式，以及为遭受霸凌的孩子提供帮助。比赛的高潮是决赛选手通过直播向我和几位客户进行展示。众人的参与和收看将人工智能知识传播到了整个公司，也点燃了大家对其潜力的期待。

世界和市场瞬息万变，而我们的一部分职责是造福员工，为他们提供学习机会，释放大家身上的积极性，让他们能够根据自己的兴趣和时间规划职业，同时跟上IBM内外变化的步伐。

为了让人们对自己的长期教育掌握控制权，我们将透明度置于公司创建的在线学习管理系统的核心位置。这种透明度使得IBM员工能够清晰看到自己拥有以及需要拥有的技能，并明辨这些技能的需求是高是低，是丰富还是稀缺，以及在未来就业市场上是否有价值。这个类似奈飞的人工智能系统能够推荐课程，并提供个性化的职业指导，为人们提供信息，让他们获取适用于未来的技能。不仅如此，在构建和交付这些技能时，人力资源团队还借鉴了设计思维、敏捷开发、人工智能以及大规模的共同创造。10年内，我们总共投资了约50亿美元，用于重新培养技能，以及为人们匹配新的工作和职业机会。

我们需要员工学习的技能，不仅局限于科技领域，领导力也是一种需要通过工具习得的技能，因此，我们提出了一个框架，帮助公司前350名领导者在业务领域策划积极的变革。我们所整合的技能，旨在帮助领导者以新的方式进行思考和采取行动，其中融合了设计思维和敏捷开发的元素，以及我多年来积累的实践方法。以下是我最喜欢的技能：通过不完美的数据和直觉做决定；发现问题的根源，向体制性障碍发动进攻；声明立场，迅速行动；对多样化创意网络加以利用；对假设提出挑战；探寻并说出难以接受的真相；进行实验，实现规模化，或者选择放手；通过共同创造和团结协作交付价值；大胆思考；寻求反馈；让复杂的方法变得简单，让简单的方法具备规模化能力。

这些技能看似简单甚至显而易见，却很难进行大规模推广。我们以这些新技能作为评估高层领导的标准，一些多年来其他领导技能名列前茅的人，在标准修订后却落在了后面。他们不得不抛弃老技能，适应新环境。为了提供帮助，我们为他们配备了公司外部的高管教练，并将大家分成不同的小组。许多人都能认真对待教练的指导，坚定不移地投入到工作中去，但也有少数人没能做到。渐渐地，我们将新的领导技能与薪酬及晋升决策关联起来，以便鼓励大家担负起相应的责任。在高管职位出现空缺时，我和高管团队会亲自对候选人进行考察，审视其领导变革的能力。员工们意识到我在用心观察，也意识到自己的职业生涯可能会因这些新的技能受到影响。为领导力把关事关重大，由此可见一斑。

在招聘过程中，我们着重吸收各式领导风格和多样化的思想，因此，这些新的能力也对我们的招聘方式产生了影响。在我的直接领导团队中，有 1/3 的人员是从公司外部招聘来的，在所有高管中，从公司外部招聘来的人员也占到了 20%。一些从外部招聘的员工在我们公司的工作时间虽然很短，但用我的话说，无论他们只参与了书中的一个章节还是一整本书，都为公司创造了价值。

在我们的技能再培训过程中，几个重要的理念逐渐凸显出来。

首先，人们的学习能力仅仅局限于学习的欲望、想要成长的意愿和坚持下去的勇气。这也对我们招聘、补偿和提升员工的方式产生了影响。在给予奖励时，我们不仅参考明确的技能，还会参考好奇心和学习习惯等特质。

我还认为，在雇用和晋升人才时，我们应该重点关注他们的技能和知识，而非他们是否拥有四年制大学学位。在各行各业，这一纸证书已经成为评估求职者的主要标准。在过去的 10 年中，对于并不需要学士学位的工作索要学历，这种过度认证现象在公司里变得如此普遍，甚至成了阻碍数百万人申请高薪工作的障碍。取消这一资格限制，让我们拥有更多才华横溢的求职者，其中许多人来自代表性不足的群体，这也让我们的员工队伍变得更加多元。

第三个重要理念是，对个人来说，持续学习的意愿和能力已经成为一项终极技能。对雇主来说，持续学习的文化则成为终极的竞争优势。

稳步前进

关于退休的合适时机,我思考了很多。IBM 首席执行官的传统退休年龄是 60 岁,而我已经超过这个年龄快 3 年了。从一方面来说,公司尚未表现出持续增长的势头;而从另一方面来说,由于所有 IBM 员工坚持不懈的奉献,我强烈地感觉到公司已经处于安全地带,因为新的基础已经奠定,增长的到来是板上钉钉的事。虽然还有很多工作需要完成,但我坚信,我们已经培养出了下一任 CEO 的合适人选,他将在现有的基础上继续进行必要的变革,让公司恢复增长状态。2020 年 1 月,我们任命阿尔温德·克里希纳为 IBM 第 10 任首席执行官。阿尔温德是一位出色的技术领导者,也是一个真诚可靠、以价值观为导向的人才,现在,他已在 IBM 内部积累了丰富多样的运营经验。

现在的公司规模虽然并不比 2012 年,但前景肯定比那时更加乐观。我们拥有了下一批持久的技术平台,即混合云和人工智能。我们 250 亿美元的混合云业务约占总收入的 34%;公司的咨询业务势头强劲;我们剥离了每年 90 亿美元的收入,收购了 68 家公司,其中包括成功完成了有史以来规模最大的科技公司收购案之一,也就是对红帽公司的收购。在我的继任者的领导下,必要的剥离仍在继续,其中包括我们在 2020 年宣布的迄今为止规模最大的基础设施托管外包业务的剥离。

从 2012 年到 2020 年,我们在研发、收购和资本方面的投入超过 1330 亿美元,不但为公司在新时代的竞争做好了准备,同时也保持了公司的本色。在消除资产剥离和美元走强的影响后,我们对近一半的服务产品组合进行了重塑,同时也保持了营收持平。2020 年,公司的毛利润为 360 亿美元,收入为 736 亿美元。公司的股价有所下跌,这是因为我们还没有恢复持续的收入增长态势。但自 2012 年以来，我们已向股东返还了近 430 亿美元，股息增长超过 100%。

另外，我们还将自己和产品的重心放在客户体验上，实现了技能和领导力的重振。到 2020 年，每 10 个 IBM 员工中就有 8 个拥有契合未来的最新技能，他们在 2019 年的学习时间超过了 2600 万小时。我们通过雇用和培养获取了缺乏的人才，几乎一半的人才都是 2015 年以来新加入公司的，其中还包括 1000 多名高管。2019 年，我们的员工敬业度达到了历史新高，比 2014 年上升了 17 个百分点。2020 年，IBM 在德鲁克研究所年度企业效率排名客户满意度类别中排名第一，整体排名第三。

IBM 是一家历史悠久的大公司。在联通新旧的转型期间，IBM 经历了抑扬沉浮。有人曾经问我，能够带领 IBM 度过这最后的动荡时期，对我来说是幸运还是不幸。对于这个问题，我可以不假思索地给出答案。即使经历了所有的挑战和一个个辗转反侧的夜晚，我仍然认为自己非常幸运。能与成千上万有才华、有担当的人一起工作，为这家伟大且长盛不衰的公司的下一阶段奠定文化和技术基础，是何等幸事。

我也知道，在我的任期内，我们为改变 IBM 所做的许多决定和努力不会全部转化为成果。我希望所有这一切都有成果，但我也要面对现实，接受这就是保驾护航的工作和体制性变革的本质所在。

总结反思

在我担任首席执行官的这些年里，IBM 经历的转型证明了"我们"的力量，让我们看到：必须改变和必须保留的因素之间存在诸多矛盾，要在期望与现实之间找到平衡点；在短期和长期结果之间进行取舍；信守之前和新许的承诺；协调紧急需求和可能的变革速度。作为首席执行官，我必须不断考虑和抱持相互矛盾的想法，克服分歧和不安，通过选择和取舍为尽可能多的利益相关者打造更加美好的未来。

就个人而言，我的领导风格是在兼顾变革中的情感两极时形成的，包括希望和恐惧、乐观和谨慎、沮丧和兴奋。另外，我还尝试了前所未有的软硬兼施的领导方式，比如在做决定时兼顾同理心和客观逻辑；关注我们的员工，也尊重我们的使命；既要平易近人，又要直白严厉。我想要抓住人心并调动脑力，希望这些努力能在旅途中对大家产生激励。

然而，在这段旅途中，公司的很多人都意识到，还有其他因素在发挥作用。知晓如何改变和保留，这不仅仅是IBM的问题，同时也适用于比我们公司更为广阔的领域。无论是在过去还是现在，IBM的成功和未来都与科技行业甚至整个世界的成功和未来紧密相连。更广泛地说，科技和非科技公司如何面对科技与创新的前景和风险，与我们的成功和未来息息相关。

在正能量的背景下，选择用负责任的方式面对科技是一个根本性问题，贯穿于如何造福他人，如何建立信任，以及知晓如何改变和保留之中。下一章，我将探讨作为首席执行官的我对这个问题的处理方法。这是我们更广泛的业务转型的部分内容，二者并行不悖。

第 9 章　为优秀科技保驾护航

我担任首席执行官刚一年半，就发生了一个撼动全球科技行业基础的事件。2013年6月，一位名叫爱德华·斯诺登的情报承包商向《华盛顿邮报》和《卫报》泄露了政府机密文件。这些文件称，美国政府一直在通过几家科技公司收集数据，对可能与恐怖主义有关的人员进行追踪。这个名为"棱镜计划"（PRISM）的项目对互联网流量进行广泛的扫描，收集美国公民的私人通信信息，甚至可能在未获法院准许的情况下进行查看，相当于无证监听。泄露出的文件将几家知名科技公司列为"棱镜计划"的参与者，意味着这些公司允许政府在用户不知情的情况下访问用户数据。政府一直在进行所谓后门搜索的可能性，在媒体和公众中激起了愤怒。一些科技公司公开否认参与或知晓"棱镜计划"。尽管如此，人们仍对自己的智能手机、网络搜索、信息和在线通话的隐私性产生了怀疑。

第一次听到关于"棱镜计划"的消息时，我虽然惊讶，却并不担心。IBM与此计划无关，我们也不在泄露文件中提到的公司之列。

我还以为，这不是我的问题。

然而，我的电话铃接连响了起来。这些电话来自外国政府，询问保存在IBM系统上的数据情况，比如我们的数据安全措施，数据保存在哪里，我们如何回应政府使用这些数据的请求，以及是否向美国政府泄露过这些数据。虽然签订的合同条款已经确保我们不会这么做，但对方还是想听我亲口确认。我曾经错误地认为IBM不会被"棱镜计划"的余波所牵连，但在收到与我们合作多年甚至是数十年的组织的质疑时，我的笃信变成了困惑——对方不仅对我们的系统安全性提出质疑，也对我们的意图和诚信提出质疑。我心想：一家滥用数据的公司，是无法运营100年的。虽然我们并不完美，却从来没有蓄意或计划泄露过任何客户的数据。

我对于IBM竟会卷入这场纷争的困惑逐渐变成了愤怒，然后又转化成了对后果的担忧。但最终，我的情绪稳定下来，我平静地接受了。我的团队努力工作，为我们的言论提供了支持信息，而我则接听电话，并乘飞机亲自去安抚客户。与此同时，我也一直紧密关注着新闻。人们对科技行业的怀疑越发严重，国际社会对美国科技公司的态度也是如此。许多国家的领导人告诉我，他们正在考虑远离美国科技，转而支持本国的领军企业。与此同时，消费者也逐渐意识到，自己并不清楚许多公司对其生日、地址、健康记录或总体在线历史做何处理。关于自己的在线数据会被谁看到并让谁受益，绝大多数人都没有向自己或任何人提出过疑问，而公司也没有主动提供太多细节。互联网的环境仍然有点像传说中的狂野西部，并未设立充分的规则和法律，保护人们的安全或让违法违规者承担后果。

几个月的时间过去了，2014年初，我的团队开始商讨对策。我们不处于这个问题的中心，可以选择保持低调，祈祷自己不受牵连。或者，我们也可以采取攻势，更加公开地发言，拿出与其他公司不同的举措。我们选择了后者。

无论如何，我们都不能将陈词滥调作为发言的内容。只有发布的内容清晰、简洁且真实，我们才会被认真对待。我们的法律总顾问罗伯特·韦伯主动请缨，将我们对数据安全和保障的信念和立场写下来。我们必须确保，有证据支撑写下的声明。罗伯特是一位声名赫赫的律师，有着出色的商业判断力和完美的道德操守，我相信，他交出的声明绝不会在质量上打折扣。

2014年3月14日，IBM发布了《致客户：一封关于政府获取数据情况的声明》。声明称，IBM与"棱镜计划"完全没有关联，没有在产品中设置后门，也没有向美国国家安全局或其他任何政府机构提供软件源代码或加密密钥。

罗伯特写道："……如果政府想要访问IBM代表企业客户持有的数据，我们会要求政府直接与该客户打交道。如果美国政府向IBM发出国家安全命令，以获取企业客户的数据，并实施禁止IBM通知该客户的禁言令，IBM将采取相应对策，通过司法行动或其他方式向该禁言令提出挑战。"

这封信的全文至今仍放在IBM的网站上。据我所知，还没有哪家公司如此精确和公开地表达（或撇清）过与"棱镜计划"的关系。

我们的客户对这封信表示感谢和赞赏，但是，这不会是我们在隐私问题上的最后一次发声。"棱镜计划"在全球范围内引发了人们对科技的质疑和不信任，也将持续构成所有公司面对的难题。问题的根源，要比这次突发事件深刻得多。

正能量的肌肉

为优秀科技保驾护航，这一正能量原则的关键在于，在放眼长远的背景下做出价值观导向型决策，将科技的优缺点和所有利益相关者纳入考虑范围，为科技的创造、应用和颠覆承担责任。即使不属于科技公司的组织，甚至不属于技术专业人士的民众，也会以某种方式使用科技。作为消费者和用户的我们，有权选择使用科技的方式，也可以对公司创造和管理科技的方法产生影响。

关于这个问题，我想了很多，尤其是在我担任首席执行官的那些年里。正是在那段时间，全世界逐渐接受了科技给我们的生活带来的残酷现实。无论是消费者、企业还是政府，都在不断提出重要的问题。

我认为，社会为企业提供了经营许可证，如果社会上很大一部分人不信任企业，这个许可证就会被吊销。我们用自己的金钱和声音进行投票。当然，这句话不是我先说的，但值得一再强调。如果社会想要在数字时代蓬勃发展，人们就必须相信科技能够引领他们走向光明未来，而不是堕入黑暗之地。

在"棱镜计划"之前，人们对科技带来的后果就普遍缺乏关注，导致对科技的信任遭到侵蚀，使得一场我所谓的"好坏科技公司"之间的战争不断酝酿。所谓好坏科技公司，基于人们根据各家公司在数字时代的行为所产生的相应看法。每家公司都有可能被看作或好或坏的科技公司，即便那些不创造或销售科技的公司也包括在内。这是因为，时至今日，每家公司都会在某种程度上利用科技来开展业务。简而言之，每家公司都是科技公司。

这个世界还没有准备好接受不加控制的科技，或是落入坏人之手的科技，这都可能对未成年人造成伤害，推动恐怖主义，危及民主，扩大社会经济差距，从而损害社会。我们必须在享受科技的便利和自由的同时，权衡如何保护自己和他人的隐私、安全和福祉。

我之所以认为这是正能量的肌肉，是因为长期坚持做正确的事情、为他人发声和提供支持，全都需要膂力。就像其他正能量原则一样，为优秀科技保驾护航也需要应对明确存在的矛盾，在短期回报和长期连锁反应之间进行权衡，在公开处理问题的同时扩大优势，遵从自我监管和政府监管，以及不因追求个人或公司利益而忽视更长远的使命。

随着时间的推移，人们向我投来 IBM 在各个相关领域所持立场的问题。我一直努力将这些立场根植于我们的价值观，也很感激能够领导一家长期奉守这些价值观的公司。我在其他地方看到，如果没有被充分理解的、根深蒂固的价值观作为指导，领导者或组织不是难以保持决策一致，就是难以制定决策，尤其是当这些决策牵扯到商业模式、利润或增长时。

针对公司和我的立场的问题和压力越来越多，其中既有来自我们员工的，也有来自世界各地政府的。我意识到，必须宣布一个框架，以反映出我们重点关注的以价值观为导向的关键成效。我们决定，要优先阐述与这些价值观相关的问题。

为了给优秀科技保驾护航，我动员 IBM 的员工努力做到：获取信赖，成为最高标准的多样化和包容性的倡导者和创新者，协助整个社会做好在数字时代蓬勃发展的准备。

每个人和组织都可以定义自己的框架，但我相信，以上这些理想的成效适用于所有类型的企业。这是因为，为优秀科技保驾护航并非关乎科技，而是关乎价值观。话虽如此，在这个问题上，那些负责打造供他人使用的科技的公司，面对的门槛是最高的。

建立信任

企业和科技要想蓬勃发展，二者都必须得到社会的信任。

从个人角度来说，我对建立信任的工作充满热情。因为我认为，信任是牢固关系的基础，而关系则是赋予生活意义的源泉。每个人对信任的定义都不一样。对我来说，信任的关键在于意图，包括在我们的生活和工作中不伤害他人的意图；保守信息私密的意图；实现我们的承诺、誓言和责任，并做到言行一致的意图。我可以坦白地承认，当有人因泄露秘密、违背承诺，或是人前一套背后一套而背叛了我的信任，我会非常受伤，而且很难原谅。

信任并不意味着表现完美，也不是永远不让任何人失望。有的时候，我们会犯下无心之过；有的时候，想要造福于一个群体，会对另一个群体造成伤害。而这也是股东资本主义中所固有的矛盾。

想要建立（和重建）信任，一个方法就是定义和践行我们的价值观。

在"棱镜计划"曝光后，我亲眼见证了IBM始终按照公司理念和价值观行事所带来的益处。在面对各种各样的问题时，将公司价值观作为决策的基础，通常会使前进的道路一清二楚。有一次，来自俄亥俄州的参议员罗伯特·波特曼给我打来电话，告诉我他多年来一直试图推进的一项法案没有获得足够的支持。一些公司的网络内容有意为带有性剥削目的的儿童拐卖提供便利，这条《禁止性拐卖法案》（SESTA），旨在对那些公司进行追责。

波特曼参议员问道："睿兰，如果一家公司明知自己管理的网站上有关于儿童性拐卖的内容，难道不应该承担相应的责任吗？"对我来说，这个问题无异于常识。

"当然了，"我说，"如果他们在知情的情况下这么做的话。"

波特曼参议员指出，现在的联邦法律是在当代互联网出现很早之前制定的，导致网站和媒体平台的所有者和运营商免于承担民事和刑事责任。《禁止性拐卖法案》以及之后配套的《允许各州及受害者打击性拐卖法案》（FOSTA），都旨在阻止使用数字平台对非法行径进行托管。然而，这位

第9章 为优秀科技保驾护航

参议员却难以说服任何一家公司支持他的提议。这是因为,这项立法将打开一扇大门,要求公司对知情情况下托管的内容承担更多责任。

这两项法案的意图与 IBM 作为一家公司的价值观相契合,也与我本人的价值观相符。我坚持大力支持通过该法案,从而带动了其他企业的加入,推动法案成为法律。

当然,践行价值观的道路也偶有充满艰难险阻的时候。

唐纳德·特朗普在 2016 年赢得总统大选时,对他本人及其政策持反对意见的人们对商业领袖施加压力,想要阻止这些公司与其政府打交道。我给 IBM 员工写了一封信,表示自伍德罗·威尔逊以来,IBM 的首席执行官与每一位美国总统都有过直接接触。我还给特朗普总统写了一封公开信,表达了我对政府应如何在我最熟悉的领域振兴国家的构想,其中包括在数字经济领域创造就业机会。然后,我同意与其他首席执行官一起,参加政府的战略与政策论坛。有些人对这封信和我出席论坛的决定提出了批评。我曾被任命并同意加入奥巴马总统的出口委员会,并与奥巴马政府就《跨太平洋伙伴关系协定》进行密切合作,同样,我也把这个机会视为支持国家的责任,一项超越政治的政策决议。不与那届政府发生关系,便意味着错失了一个宣扬公司理念的机会。然而,遇到不可宽容之事,保持关系便不再是正确的选择。在弗吉尼亚州夏洛茨维尔举行"团结右翼集会"之后,总统未对会上的种族主义发表谴责,这时,我和论坛的其他成员同意解散。这是因为,秉承公司价值观的我和其他 IBM 员工,都无法苟同这样的选择。

如何以及何时与政府打交道,可能是商界领袖所面临的一个最棘手的问题,在如今政治氛围浓厚的环境中更是如此。但是我感觉,想要对公司和世界所面临的重要问题产生影响,我们就需要保持积极参与,并在监管中占有一席之地。然而，在这个两极分化的时代，仅仅与一方政党的政治家会面，就可能引起争议。

我所提出的将政策置于政治之上的方针，也反映了 IBM 几十年来的立场。没错，我们的公司会为我们所坚信的公共政策和立法进行游说，却不会建立任何政治行动委员会暗中影响立法进程。IBM 展现着一种无党派的姿态，也是少数不支持或不向竞选公职的候选人提供政治献金的公司之一。保持无党派立场，使得我们能够与所有民选官员维持一定的关系。

除此之外，一家公司也不可能倡导或支持每一个关心的问题。如今，公司被要求支持或谴责的问题为数过多，而大多数公司甚至没有足够的精力来充分了解这些问题。最重要的是，我们要坦诚面对和明确划定出最重要的问题，将注意力放在重点上，让价值观成为我们选择参与或退出的标准。当我们重视的问题发生时，我们便要大声疾呼，撸起袖子，采取行动。

用信任支撑科技

我发现，从很大程度来说，人们之所以对科技越来越不信任，是因为我们整个行业在赢得信任方面的作为还远远不够。虽然问题的重点不在 IBM，但我确实希望 IBM 能够拿出一些更具实质性的举措，站在以信任支撑科技的强大立场上，加强公众对整体科技行业的普遍信任，而不仅仅是更加信任我们。

以罗伯特于 2014 年发表的声明和 IBM 于 2017 年发布的其他数据隐私原则为基础，我请公司负责政府事务的副总裁克里斯·帕迪利亚助力，以新科技为主题，更加广泛地汇集整理我们关于新技术的理念和价值观。

初稿由我们的一些隐私和网络安全专家撰写，整体质量非常高。但是，想要让一份声明具有效力，其内容还必须令人难忘、具有可操作性以及引起广泛的共鸣。因此，我也拿出了我修改批注的红笔。罗伯特退休后，米歇尔·布劳迪成为IBM的新晋法律总顾问，我与她一起合作，对具有科技专业性的术语进行简化提炼，创作出后来的IBM《信任与透明原则》。该原则旨在与公司的价值观配合，为IBM的业务提供指导，也为所有公司提供了一套可借鉴且具有通用性的三大原则。

第一大原则是，科技的目的是向人性化的道路发展。这意味着，我们创造的软件和系统，应该本着丰富人们生活方式的出发点进行开发和应用。第二大原则是，数据及见解属于创造者。我们的观点是，对于通过我们的系统进行存储、使用或删减的所有信息和见解，其所有权全部归属于客户。在一个由数据驱动的社会中，信息的保护至关重要。并非所有公司都从事数据业务，但所有公司都可以成为数据的保驾护航者。第三大原则是透明。这意味着科技本身是没有偏见且可以解释的。例如，在人工智能方面，科技公司应该积极坦率地说明创建人工智能系统的目的、应用人工智能的方式和时间，以及人工智能系统由谁进行训练。保持透明度还意味着诚实地面对科技的意外或蓄意的潜在危害，并采取措施加以预防。

IBM于2018年发布《信任与透明原则》，在此之后，我开始大张旗鼓地阐述和倡导我们的理念。我发表演讲，与客户交谈，并与中国、印度、巴西、肯尼亚、埃及和哥伦比亚等国的国家元首一起会谈。

其中一次难忘的经历，是与德国前总理安格拉·默克尔在她柏林办公室的会面。我为这次会议做了充分的准备，正准备开始阐述IBM在数据隐私方面的立场时，默克尔总理看着我，带着微笑真诚地说："睿兰，我已经把你划到好人这一边了。"就像对待所有会议一样，她已经事先对与会者进行了充分的了解。这是一种高度的赞扬，与一些其他公司相比，IBM 长期以来的做法始终如一。在我看来，她的话是对我们一以贯之的风格的反馈。公司过去几十年的坚守得到了认可，我很是欣慰。

对于理念的倡导需要毅力的支撑，也需要对公众和立法者进行相关教育的热忱。作为首席执行官，我的很大一部分职责是帮助政府官员更好地了解这个行业，无论是人工智能，还是各种科技公司的运营方式。现有的立法倾向于将科技公司视为一个行业整体，对所有业务、消费者和企业使用相同的规则，其副作用包括抑制一些公司的创新，或是对一些公司强加不必要的惩罚。

2018 年 11 月，我在比利时布鲁塞尔向欧盟官员发表了关于科技信任危机的演讲。我记得有人有意指出，有必要加强问责制。我表示，一些网络平台"拥有比报纸或电视更大的公众舆论影响力，但面临的监管和责任却很少。如果某些公司行为不当，我们就需要针对个例采取措施。"对方问，什么措施？我回答："我会使用监管的手术刀，而不是用大锤滥杀无辜。"

科技公司在发展过程中各有差异，相应地，新的立法需要运用我所谓的"精准监管"来处理这个问题。与精准医疗相同，精准监管不会通过制定笼统的政策将科技行业视为一个整体。监管应考虑到具体科技之间的差异，如人们使用这些科技的方法及其独特的风险预测。直指最关键问题的更有针对性的法律，会让具体公司承担责任，而不会危及或破坏整个数字时代的健康发展。从某种意义上说，精准监管针对的是科技的使用方法，而不是科技本身。

当然，数字监管也涉及世界贸易问题，在全球范围内建立信任，有着至关重要的意义。正因如此，IBM 才会积极参与，为《跨太平洋伙伴关系协定》提供建议。同时，在这一协定下，持有相同理念的国家得以对数字贸易相关法规和保护措施进行全面的现代化改造。这是早就应该实施的举措，我和同事努力工作，确保该协定中关于数字科技的章节准确无误。尽管美国没有加入《跨太平洋伙伴关系协定》，但看到美国与墨西哥和加拿大之间贸易协定的数字科技章节借鉴我们编纂的内容，我们仍然感觉欣慰。想要寻找新的方法将这些法规带到友邻以外的地区，还有很多工作要做。

一直以来，利用我的平台推动社会建立对科技和 IBM 的信任，不仅是我的使命和热情，也是为优秀科技保驾护航的一种途径。

为优秀科技保驾护航的第二种途径是，成为最高标准的多样化和包容性的倡导者和创新者。这意味着努力让每个人融入集体，并赋予他们应有的归属感。

倡导包容

2016 年的一天晚上，我收到了一位跨性别员工的电子邮件。她告诉我，北卡罗来纳州的一项新法律中含有对 LGBTQ 群体[①]的歧视，因此她不愿到那里出差。因此，我又一次跟法制委员会的负责人克里斯·帕迪利亚通电话。

"多跟我说说北卡罗来纳州的情况。"我对正在为家人做饭的克里斯说。克里斯一边切生菜一边解释，作为该州众议院第二法案的《公共设施隐私与安全法》规定，使用公共厕所的性别与出生证明上所写性别不符，

---

① LGBTQ 群体，即女同性恋、男同性恋、双性向者、跨性别者与酷儿的英文首字母缩写。——译者注

要被划为非法行为。法案的说法没有这么直白，但差不多就是这个意思。另外，得克萨斯等州也在考虑施行类似的所谓"厕所法案"。

"但是，这么做是不对的。"我说。人们应该在生活和工作的场所和空间得到安全感，这样，他们才有可能成为最好的自己。我提议："我们来聊一聊，看看需要做些什么。"

就在那个周一，IBM 对北卡罗来纳州的这项法案进行了谴责，并启动了一项反对得克萨斯州立法提案的运动。得克萨斯州是 IBM 在全美第二大基地，我亲自打电话给该州州长格雷格·阿博特，明确表示，如果这项立法通过，我将减少 IBM 在该州的投资，意味着该州就业机会的减少。州长听从了我的意见，建议我打电话给州政府的其他官员，分享我的立场。我们之所以决定在这件事情上表明立场，就是为了在更大的范围内捍卫包容。

大约 20 名高管飞往得克萨斯州，与立法者会面。除此之外，我们还在当地报纸上刊登广告，向公众解释我们的观点。我们并不只是简单在推特上发表意见并希望人们能疯狂转发，而是采取了多管齐下的草根方法。其他公司也一同发声，威胁要减少或停止在该州的业务。最终，这项带有歧视性的"厕所法案"根本没有被送到州长格雷格·阿博特那里签字。

IBM 在支持平等和民权方面有着悠久的历史。在《民权法》颁布 10 年前，IBM 在实行种族隔离的南方各州开设工厂时制定了第一项平等机会政策。当时，我们的首席执行官小托马斯·沃森明确表示，IBM 拒绝遵守获准的种族隔离政策。他在一份公开声明中写道："本公司的政策是，雇用具有填补具体工作所需个性、才能和背景的人才，无论其种族、肤色或信仰如何。"这或许要数美国历史上第一条关于平等就业的公司规定。后来数代 IBM 员工也不断付出努力，致力于这一使命的推进。

第 9 章 为优秀科技保驾护航

为优秀科技保驾护航意味着不断提高要求,成为最高标准的多样化和包容性的倡导者和创新者。

为什么我能不顾政治风险,决意对这个问题采取如此迅速和坚决的行动?早在成为首席执行官之前,我就觉得自己有责任把包容性的承诺变成现实,并把这一现实推行至公司内外以及世界各国。

为什么包容性对我个人而言如此重要?我明白,我是一个身处由男性主导的领域和行业中的女性。想要前进和打破所谓的玻璃天花板,我就要尽己所能,努力工作,培养他人,并不断学习。在一些人的努力和政策的支持下,一些本可能遭到排斥、远落人后或受到歧视的人群被集体接纳,而我认为,自己也是其中的受益者之一。在我的成长过程中,我不但有机会接受良好的公共教育,还靠奖学金和助学金进入了一所私立大学。另外,在大多数情况下,雇用我的公司和领导我的管理者也从未因性别问题阻碍我的发展。

我所处的工作环境中的包容性对我产生的影响,是不容置疑的。1899 年,IBM 公司雇用了第一批黑人和女性员工。1935 年,公司雇用了第一批女性专业员工。同样也是在 30 年代,公司制定了男女同工同酬政策。1943 年,IBM 任命了第一位女性高管。在 20 世纪 70 年代、80 年代,IBM 在少数族裔和女性的招聘和晋升方面走在前列,同样,我也认为自己是这些进步的受益者。当然,与许多公司一样,IBM 也注重着装和仪容统一。但从总体来说,我会选择在一种有意重视所有人才的文化中发展自己的事业。20 世纪 80 年代,当我还是一名年轻的经理时,我的绩效评分标准包括:我能否为部门内的人员提供公平的薪酬、认可和晋升机会,加速少数族裔和女性发展,以及有效关注少数族裔的招聘。当时,人们还不把这称为多样化或包容性,但通过督促像我这样的初级管理人员对其承担责任，这种紧迫性在我年轻的心中扎了根，并对我未来的领导方式产生了影响。

在逐渐适应领导角色的同时，我决心继承传统，将包容的价值观和努力融入工作方法之中。2018 年，IBM 在著名的妇女促进会奖中摘得促进女性和多样化商业大奖，为我们在这一领域的进步提供了证明。而 IBM 也成为当年唯一一家获得该奖项的科技公司，也是自 1987 年该奖项设立以来唯一一家四次获奖的公司。至 2020 年我退休时，IBM 的包容性得分在同类公司中最优，并在各群体中实现了创纪录的多样化，成为科技行业高管职位中女性最多的公司之一。88% 的员工表示，他们可以在工作中做真实的自己。所有这些，都是令我尤为自豪的成就。

大家问我，是否有什么一劳永逸的灵丹妙药，能让他们也获得 IBM 在多样化和包容性方面的成就？我的回答是，包容性不是单一的因素，而是我们一次又一次做出的选择。

我们必须发自内心地相信，包容性不仅能够打造出更好的产品，也能让公司更有竞争力。

举例来说，研究发现，创造人工智能的工程师的人口学特征会对人工智能前景产生重要影响。为了规避科技中的偏见，我们的创新团队汇集了种族、年龄、性别、观点各不相同的人才。组建如此多样化的工程团队，需要从广泛的合格求职者中进行招聘和提拔。只有当大家像我一样发自内心地相信，包容不仅是正确的选择，还能让我们的产品和公司变得更好时，才会不辞辛苦地做此选择。

我还认为，公司必须思考如何让更多人参与并且更加高效地工作，从而不断提高衡量其为加强包容性付出的努力和所获成果的标准。从我们的身体、背景、人生阶段，再到我们所学习的技能、与生俱来的缺陷以及解决问题的方法，人与人之间存在数不尽的差异。只有成为真实的自己，我们才能成为最好的自己。为大家的差异性提供生存空间的工作场所，能够让更多人直抒胸臆，发光发亮。

想要让环境对所有人更加友善，我们可以尝试很多方法。我们可以创建和资助亲和团体，也可以通过开诚布公地讨论来不断培养对不同人群的包容。在新晋妈妈出差时，我们可以免费将母乳运送回家，方便她们回归工作岗位，这是 IBM 自 2015 年起就已开始实施的举措。我们可以为那些必须为回归职场重建信心的人制订重返计划，在这方面，IBM 也已经取得了巨大的成就。我们可以确保每一批求职者都有多样化的背景。我们可以重新评估所有工作要求，消除不必要的障碍，比如取消无须大学学位的职位对学位的硬性要求。我们可以考虑每个人独特的学习方法，为有自闭症倾向的人才分配其擅长的角色。我们能够也应该继续扩大包容性概念的边界。在当今世界，一个包容的环境也意味着对不同观点的包容。

我明白，想要解决世界各地的多样化和包容性问题，不但需要了解一个地区的文化背景，有的时候，我们还需与该地所属国家建立沟通，以便让对方朝着我们认为正确的方向发展进步。另外，责任的承担也是必不可少的。在普华永道咨询公司被收购后，我注意到，在相当长的一段时间里，我们在一些国家的性别多样化进程并没有改善，即使在当地分公司完成业务合并之后也是如此。记得我曾飞到我们在拉丁美洲的一个分公司，要求与所有有志于成为合伙人的女性见面。我与这些女性在会议室里围坐一圈，我首先询问了她们的职业生涯和资历，然后请她们告诉我，是否觉得自己没有得到应得的升职机会。大家的开诚布公，让我非常感激。这些女性的优秀，也是不言而喻的。我回去找到清一色为男性的地区负责人，告诉他们我已经失去了耐心。所有招聘活动必须一律停止，直到高管团队中加入更多的多样化人才为止。在这件事情上，大棒的硬招要比胡萝卜的软招更有效。时至今日，拉丁美洲的 IBM 的多样化成果仍在行业中位于领先。

作为首席执行官，在董事会的支持下，我还改变了高管薪酬，根据领导者是否为公司的多样化和包容性做出贡献来调整奖金的高低。

组织应该确定具体的目标，从而跟踪进展。例如，如果你认为工作和表现相同的人应该获得同等的报酬，那就每年审计薪酬，确保不同群体中的相同角色能够得到相同的报酬。一旦发现变量，就进行调整。

正能量有助于在组织内大规模倡导包容，但仅凭这一点是不够的。雇主有责任确保未来不被少数人独占，而是由组织内外的多数人共享，另外，还要确保为社会大部分民众提供帮助他们在未来获得卓越发展的适当技能。这个理念引领我踏上了一段改变人生的旅程，这段旅程在我担任首席执行官之初就已开启，并在我退休之后的岁月中一直延续。

帮助社会打好基础

2012 年，IBM 拥有数百个网络安全岗位，却找不到足够多的合格人才来填补。人才库的储备远远不够。技能短缺并不仅仅是网络安全领域、IBM、美国，甚至整个科技行业的问题。在科技相关工作岗位的招聘中，所有公司都面临着挑战。然而，包括被忽视的低收入群体在内，数以百万计的人才却因不具备雇主要求的技能或大学文凭而难以找到高薪工作。我把这种日益增长的不匹配，称为数字鸿沟。

为了解决这个问题，我们的一项举措便是着手招募非传统人才。其中大部分人才虽然没有科技职位通常要求的四年制学位，却有开启科技职业生涯的技能。我们的人才库之一，是 IBM 在布鲁克林创办的一所 P-TECH 模式的特殊高中，所谓 P-TECH，就是"职业技术学院高中预备学校"的首字母缩写。

在这里，学生们可同时进入高中和大学，并进行 STEM 领域（科学、技术、工程与数学）的课程学习。课堂作业与实际工作经验和带薪实习相结合，学生可以在 4~6 年内毕业，获得高中文凭和应用科学副学士学位。这所学校对所有申请者开放，也就是说，学生无须通过考试就能获得资格，而且毕业生经常能在提供导师和实习机会的当地企业找到高薪工作。

这套作为同类中的首例课程由 IBM 设计，并于 2011 年与纽约市教育部和纽约城市大学合作，在布鲁克林的一所高中推行。在我成为首席执行官时，这是唯一的一所 P-TECH 模式学校，其中的许多学生已经开始以实习生或学徒的身份在 IBM 找到了工作，其中一部分人最终成为全职员工。这些人的成功以及 P-TECH 的理念，永远扭转了我和同事看待人才发展的视角。

大约在 IBM 开始招聘 P-TECH 学生的时候，一段相关的经历，给了我很多启发。

在职业生涯中，我有幸与许多国家元首会面。其中，作为各国通用货币的工作，是一个几乎次次都会谈论的话题。具体来说，政府领导人想要知道，一家像 IBM 这样的公司，如何为更多公民创造更多的商机。

2014 年，我与以色列前总统希蒙·佩雷斯会面。我们在他的办公室里坐了将近 3 个小时，话题从我们的生活延伸到政治，再拓展到全球经济。佩雷斯小时候随家人从波兰移民到以色列，此后一直从事公共服务工作。作为外交部长，他曾获诺贝尔和平奖，因他为寻求巴以和平所做的努力。我们谈话的那天，他已经年过九旬，我发现，当我们讨论到在世界各地培养劳动力的话题时，他深思熟虑且富有见地。当时，我们正在讨论非洲大陆，谈到IBM将在那里新设的几家研究中心，佩雷斯说的一件事，给我留下了深刻的印象。

"企业对发展中国家的贡献要大于政府，因为企业是不设界线的。"

我认为，他说的"界线"既有字面意义，也有隐喻。在国境线之外，政府很少会通过创新举措颠覆市场。然而，公司却看不到太多可能性和地域上的界线，因此能将新鲜事物带入全球市场。公司能够开拓新的时代，跨越地域界线，大胆创新并带来新的就业机会。

早期领导IBM时，我便开始阐明这样一种理念：我们所有人都有责任对处于职业生涯各个阶段的人才进行培训，让他们有能力胜任不断被创造出来的工作岗位，从而帮助社会打好在数字时代蓬勃发展的基础。遗憾的是，在这一方面，我们还需要付出更多的努力。几十年来不断扩大的社会和经济的不平等，加上2008年的金融危机和大衰退，使人们对资本主义是否符合大多数人利益提出了根本性质疑。许多人担心科技会对他们的财务安全产生影响，也害怕随着自身工作和技能的过时，如人工智能这样的科技会导致大规模失业。由于公司大多聚集在大城市，农村地区的人们很少或根本没有机会获得新创造的就业机会，但随着更多的就业机会在疫情之后转移到线上，这种情况可能会略有改善。即便如此，仍有其他因素阻碍着数以百万计的人才获得就业机会，比如大多数科技岗位都倾向于选择至少拥有四年制学位的人才，即便这些工作的内容并不需要大学学历。包括这些因素在内的体制性雇用惯例，已将千百万人才阻挡在数字经济的大门之外。

不具备雇主所需技能的人才，无法找到工作。大批无法胜任高质量工作的人才会逐渐落后，不再抱希望依靠自身条件改善生活。除此之外，他们还会对"体制"失去信心，认为体制无法满足其最基本的需求。正因如此，体制改革才如此重要。如果大多数人看不到更好的未来，那么所有人都要承受恶果，包括经济本身。我们一定要保障大多数人的就业机会。

2016年，我在《今日美国》上发表了一篇专栏文章，阐述科技颠覆如何在世界各地造成危险局面。在科技的颠覆下，数以百万计的人才已经或即将失业，人们找不到工作，而数百万高薪工作岗位却因为没有足够的合格人选而空缺。

"想要持久创造就业机会，就需要对全球劳动力市场的重大新态势有所了解，"我写道，"问题不在于创造白领或蓝领工作，而在于创造'新领工作'。"

蓝领工作者从事体力劳动，按小时领取工资，白领工作者则从事管理和行政工作。在IBM，我和一支团队创造了"新领"这个词，以求将数字时代的新型工作者与前面二者区分开来。新领工作和招聘为几乎所有职位带来一系列必要的现代科技技能要求，但这些工作并不需要四年制的大学学位。因此，这些工作需要全新的教育、培训、招聘和晋升方法。

适应这种新领工作带来的现实，是政府、企业、教育机构和个人的共同责任。其中的利害关系牵扯到我们每一个人：更多的高薪工作能为更多人带来经济机会，而经济机会则是一种均衡器，能够创造出更加健康、快乐、安全的社区。

或许，为更多人提供教育和就业机会，从而帮助社会做好迎接数字时代的准备，这就是为优秀科技保驾护航最重要的支柱。除此之外，我们能够且必须实施的举措还有很多。

为企业责任保驾护航

2019年的一天，我和强生公司首席执行官亚历克斯·戈尔斯基一起坐在纽约市的一个讲台上。在过去的10年里，随着我们在各自公司中的职业发展，我与亚历克斯的交情也越发深厚。亚历克斯笃信以价值观为导向的领导方式，而这也是我们一起登台的部分原因。每年，《纽约时报》商业记者兼作家安德鲁·罗斯·索尔金都会主持一场"交易录"峰会，在会上，我们接受了安德鲁的访问。与其说是"访问"，不如说是"盘问"更合适。

安德鲁对观众说："声明一公布，我马上给他们发了一封电子邮件，表示我们必须以这场谈话作为全天会议的开场，因为我觉得，商业领域正在发生翻天覆地的变化。商业领域到底能不能发生剧变，我们还需拭目以待，但是，让我们先来谈谈你们的声明。"

接下来，他解释了我和亚历克斯作为商业圆桌会议（Business Round-table，BRT）代表出席这次活动的原因。商业圆桌会议是一个由美国顶尖公司首席执行官组成的协会，协会刚刚发布了一份题为"企业的使命"的声明。该声明颇具争议性，主要阐述了181家美企首席执行官的承诺——将所有利益相关者的福祉作为领导企业的方向，这些利益相关者包括客户、员工、供应商、社区和股东。长期以来，商业圆桌会议一直坚持公司主要为股东服务，而这份声明则是该立场更新后的现代化版本。我同意与摩根大通的首席执行官杰米·戴蒙以及负责这次修订工作的亚历克斯共同成为修改后声明的联合代表，因为我觉得，这份声明不仅反映了IBM的运营方式，也与我学到的IBM的领导方式相契合。

"我要指出的是，股东在名单上排在最后，"安德鲁指的是五大利益相关者的名单。该声明得到的一个普遍的批评是，修订后的版本贬低了股东的价值。我则指出，每个利益相关者之间的关系是"共享"，而不是"非此即彼"。

我回答说："我们并非生活在一个二元世界里。没有人能在一个二元世界里生存……股东回报是必要的，而其他要素也是这个良性循环的一部分。"我一直认为，商业价值和社会价值并非相互排斥。诚然，企业想要生存和发展，对收入和利润的追求必不可缺，但是，这种追求绝非是脱离其他一切孤立存在的。

商业圆桌会议的声明在当时被视为重大事件，受到许多员工和消费者的拥护，也引起了媒体评论和研讨。大家各抒己见，探讨相比于以利益相关者为本的做法，奉行股东至上是否加剧了经济不平等。正如安德鲁所说，批评声的确很多。一些人指责，商业圆桌会议的言论没有足够的实践支持。其他人则从哲学层面加以反对，认为平衡多个利益相关者需求的工作超出了任何公司的关注范围。而事实上，这份声明所表达的理念，已经被许多公司所支持和践行。

在接受美国消费者新闻与商业频道的采访时，耶鲁管理学院的教授杰弗里·索南菲尔德表示："商业圆桌会议所做的事情，其实是将IBM、百事可乐、再生元制药、安永和迪士尼等大公司中通行的做法奉为经典，此举有着重要的意义。"在过去的40年间，杰弗里一直致力于鼓励企业代表社会利益，"通行的做法"是他所使用的一个非常重要的短语。归根结底，这份声明的内容，其实是在要求领导者长期保持行为与价值观一致。

除此之外，商业圆桌会议的声明也具有象征意义。体制性的变革是由多种力量触发和维持的，一份由企业联合发表的公开声明，能够迫使所有企业重新评估对大环境的贡献，并考虑如何造福更多人，而不仅仅关注少数人的利益。

距离商业圆桌会议声明的发表，已经过了5年多的时间。那么，就像安德鲁在问题中所说的，翻天覆地的变化到底有没有发生呢？企业是否在造福多个利益相关者的道路上有所进展，还是仅仅着眼于少数人的利益？答案既是肯定的，也是否定的。

在2022年出版的《明天的资本主义》（*Tomorrow's Capitalist*）一书中，《财富》杂志资深主编穆瑞澜写道："商业圆桌会议的行动表明，这场运动的波及范围已非常广泛。在新一代员工、客户和投资者的压力下，为了响应社会的需求，商业正在发生变化，历史也发生了转折。"

尽管如此，需要做的事情还有很多。经济和社会不平等的严重程度和后果日益加剧。作为商界人士的我们，必须继续寻找具有创造性的新方法，以解决各种问题。

总结反思

与以往任何时候相比，当今的资本主义社会都面临着一个更加有趣且危机四伏的处境，也可以将之看为一个十字路口。正因如此，我才会将为优秀科技保驾护航奉为正能量不可或缺的基础。这一原则旨在建立信任、倡导包容和帮助社会打好基础，三者渗透在作为领导者的我们所做的一切工作之中。在这些领域所做的选择，将决定我们共同的未来，无论走向是好是坏。

在我看来，为优秀科技保驾护航的最大矛盾，就是要在短期回报和长期影响之间做出权衡。一场轰动一时的首次公开募股、获得同行的赞赏或是推出一款新应用程序，都能获得立竿见影的收益。相比之下，个人隐私泄露或经济排斥等负面结果不那么明显，也需要更长时间才能显现出来。为优秀科技保驾护航意味着认识到我们对科技的掌控力，明智地加以利用，并选择打持久战。这也将我们带到了正能量的另一个基本要素，即通过调动韧性来应对变革挑战的能力。

第 10 章　坚韧不拔

对于父亲的离去，我和弟弟妹妹的记忆各不相同。同样，关于这件事的后果对我们生活的影响，我们也各有各的看法。

父亲走的那天，乔哭了，但从此以后，他再也没有为父亲哭过。回顾往事，他看到的是一个突然要为自己负起责任的 14 岁男孩。因此，他专注于将摆在面前的任务做到最好，比如为了完成作业熬夜到凌晨 3 点，以及在大学校队中拿出优秀的表现。在乔看来，他最不能忍受的事情就是让自己失望。在他的坚韧之中，混合了他的好胜心和与生俱来的分析能力。

乔毕业于达特茅斯学院，之后加入了大宗商品交易公司路易达孚。他找到了一位良师益友，29 岁时便升任路易达孚棉花公司的总裁。他花了 40 年的时间在世界各地买卖棉花，将生意扩大了 65 倍，使之成为世界上最大的棉花公司。这份工作的强度和风险都很高，但他却在压力下卓越发展。乔会说，之所以坚持下去，是出于热情。但他也会承认，父亲的离去留下了一个不可否认的空白，而填补这个空白的一种方式，就是取得成就。

回忆往事，安妮特看到的是 8 岁时的自己，需要在一个哥哥姐姐和母亲都很忙碌的家庭中找到生存的空间。同样，她也需要学会照顾自己。即便如此，她仍然渴望父亲的陪伴和关注，因此，父亲的离去还是给她留下了深刻的烙印。她怀揣着出人头地的渴望，在学业上表现优异，领导学生会，并在美国独立 200 周年纪念征文等比赛中获胜，在各种仪式上担任主持，从中寻找自己的意义。从很小的时候起，安妮特就有志于做重要的事，尤其是帮助他人。和我一样，进入西北大学时，安妮特打算成为一名医生，直到一位生物化学教授建议她选择自己喜欢的专业。于是，安妮特获得了计算机科学的本科工程学位，后来又取得了西北大学凯洛格管理学院的工商管理硕士学位。

1986 年，怀揣着对新兴科技的热爱，安妮特加入了埃森哲（当时还是安达信会计师事务所的一个部门），成为该公司最年轻的合伙人之一。最终，她晋升到了埃森哲的最高层，担任战略和咨询部门总裁。一路走来，她克服了职业和个人生活中的重重障碍，包括在家抚养孩子几年后考虑重返职场时的种种担忧。安妮特于 2022 年从埃森哲退休，同年，她在"咨询业 25 位女性领导者榜单"中排名第一。谈到成就感和意义感的主要来源时，她会告诉你，除了优秀的儿子之外，她还有帮助他人通过学习新技能和克服怀疑、重返工作岗位的使命。

达琳是我们父亲离开时年龄最小的孩子，与哥哥姐姐相比，她受到的影响没有那么大。学习、竞争、上大学、努力工作……她把我们做的事情看在眼里，并进行模仿。玩棋盘游戏和进行体育运动使她产生了一种有益的好胜心，达琳不仅喜爱获胜，也很享受在策略或技能上比强大对手更胜一筹的感觉。作为一名大学垒球队的运动员，她不惜花上几个小时练习投球，也很喜欢第 9 局双杀后站在本垒板前击球的紧张感。除此之外，这项运动还给她灌输了团队第一的精神。达琳获得了俄亥俄州立大学的全额奖学金，又在佐治亚理工学院获得了工商管理硕士学位。

坚韧不拔、团结协作的性格，成为达琳在可口可乐公司 29 年职业生涯的助推器。在那里，她以满腔热情接手了其他人回避的职位，让式微的业务部门转危为安，并成为可口可乐公司第一位女性首席采购官。除此之外，达琳还曾担任可口可乐在加拿大和美国东北部的总裁。2022年，她离开可口可乐，被任命为一家价值数十亿美元的消费品公司的首席执行官。今天的达琳会告诉你，在资源匮乏的环境中长大，培养了她足智多谋的品格，也教她懂得感恩家庭，让她成长为一个以人为本的问题解决者。作为一名女同性恋的她也会告诉你，来自家庭的无条件的爱与接纳，给了她持续一生的心理安全感，以及接纳完整自我的勇气。

大家能看出来，我有多为我的弟弟妹妹骄傲吗？在我眼中，他们简直就像我的亲生孩子一样。

有的时候，我们四人也会反思自己已走的人生之路。对于如此展开的人生图景，我们不仅感恩，同时也感到惊喜。然而，我们之所以能够摆脱童年的悲剧并开辟出宏伟的道路，并不是运气使然。我们最突出的一个特征，就是性格之中的韧性。

正能量的精神

面对令人沮丧的挫折、冲突、危机和批评，坚韧不拔的性格让我勇往直前。根据我的经验，坚韧不拔是许多因素的产物，但其中有两个因素尤为重要，那就是人际关系和心态。而对于这二者，我们都掌握着一定的主动权。

优质的人际关系能帮助我们审时度势，也就是说，人际关系能帮助我们判断事物的重要性，或者从更加广阔的新角度看待事物。这一点，对个人发展而言至关重要。另外，人际关系也为我们提供了前进的动力，即成长和支持的源泉。

所谓心态，指的是我们面对诸多挑战的思维模式，无论是在千钧一发的关键时刻，还是在制定长期方针时。想要达成最困难的目标，则需要花费很长时间，而大规模的体制性变革更是如此。无论领导者的心态是乐观还是恐惧，是冷静还是慌张，都会对其所在组织的心态产生巨大的影响。

韧性体现在能够振奋人心的情绪之中，正因如此，我才认为这是正能量的精神所在。

在努力为自身和团队创造积极的变革时，我们会面对巨大的风险，变革的规模越大，就越是如此。目标越高，攀登的过程就越艰险。前进道路上的障碍会持续不断且毫无征兆地出现，我们不应让一场危机破坏了我们的计划，也不应让批评的声音动摇我们的信心。从本质上讲，韧性取决于我们所做的选择。

滋养人际关系

真诚的人际关系丰富了我的视角，让我能够以更广阔的视野看待事物，用创意解决问题。

在职业生涯中，我一直在努力构建广泛的人际关系。我最珍视的，就是与家人和朋友的关系。只是知道他们存在于我的生活中，为我提供支持，我就有种脚踏实地的感觉。我总会说，只要有家人在，什么样的结局都不算糟糕。我和弟弟妹妹之间的纽带之所以牢固，就是因为我们共同的经历，但更重要的是，我们一直都是彼此生活中的一部分。虽然忙得不可开交，安妮特、达琳、乔和我仍会经常互发短信和打电话，把好消息传递给彼此，寻求建议和精神上的支持。我们会不加评判地彼此倾听，互相鼓励，在有需要和传统节日时阖家团聚（当然，起摩擦的情况也偶有发生）。

多年前，我们确定了几项一直坚守至今的仪式。25 年来，马克和我一直在家里举办感恩节聚餐，等到我实在坚持不下去的时候，这个责任便交给了安妮特。我不太会做两个人的晚餐，却掌握了给 45 人做感恩节大餐的技巧，而玛丽外婆的馅料和秘制蔓越莓酱也频频登场。每年圣诞节，都会有人按照外婆在台灯店楼上厨房所用的食谱烤曲奇。另外，每年劳动节周末，我都会去佛罗里达看望乔和他的家人。

除了家人之外，我还有一些挚交闺蜜，她们的存在，给我带来了安稳和快乐。她们都是我在大学期间和刚刚步入婚姻时遇到的女性。她们虽然没有参与我的职业生涯，却对其了如指掌。我们的职业选择各有不同：有些人选择工作，有些人选择在家打理家务，有些人两者兼顾。这些都不重要，因为我们在一起的时候，我只是罗睿兰而已。我们的友谊之所以能延续下去，是因为我们共处时间的质量，而不是长短。我和这些女性一起度假和一起追忆往事，她们的重大庆典，我总会排在优先位置。我们的友谊，是一片由欢乐和无条件接受筑起的绿洲。

在我刚刚成为首席执行官之后，一位导师告诉我，要环顾四周，找到我已有的真诚而深厚的友谊，也就是那些在我拥有权力之前就看好我的人。"这些才是你需要保持密切关系的人，"他说，"很多人想要认识你，只是因为你今天的地位。"

在超过 45 年的时间里，马克一直是我密不可分的另一半，我们的感情，是我一生中最重要的关系。我该从何说起才好呢？我首先要说的是，如果你认为雄心勃勃的目标无须投入大量时间和精力就能实现，那是痴人说梦。马克从不会因为我在职业生涯投入的时间和精力而心生不满，因此，我无法想象没有他的职业生涯会是什么样子。

对我来说，他的支持就是他的陪伴。今天的马克，和我们第一次约会时一样顽皮、好奇、懂得随机应变。我们两人截然不同，他说过，我是 A 型人格[①]，而他则是 Z 型人格。马克总能呈现出真实的自己，从而让我也更诚实地做我自己。在我职业生涯的早期，这意味着我能够在同事玩乐的时候持续工作。多年以来，马克一直是我在公司运动队的代理人。他是一个颇有天赋的运动员，而我不是，所以我觉得，恐怕不会有人会因为他代替我打垒球比赛而不高兴吧。另外，马克还和我的同事、客户打过无数场高尔夫球。几十年以来，他一直和我一起出席各种商业活动，是一个乐天有趣的好伴侣。

马克的幽默会让我在紧张时放松。有一次，我无意中听到我的助理说："我们一听就知道睿兰在和马克打电话，因为她总在笑。"在家里，他会带着好奇心和洞见力倾听我的困境，不忌讳在提供建议时指出我的缺点，但也从不会对我进行严厉的苛责。

没有谁比我的丈夫更为我感到骄傲，他从来没有因我的事业而眼红，或许是因为他已在职业生涯中达到了自己定义的成功。与马克相遇和相恋，是不是天降的好运？来自单亲家庭的经历，是否促使我们更加努力地维护自己的婚姻？我只知道，我们的关系得益于美好的意图和彼此的牺牲，还有无尽的耐心。

多年以来，我们一直住在底特律的家，而不是随着我每次晋升搬迁到别处。这让马克可以在这座城市做他喜欢的工作，和他的家人、朋友在一起。我很感激 IBM 给予我这样的空间，但频繁的差旅，也让我成了一名全球公民。随着这种模式的逐渐凸显，我和马克约定，分开绝不超过两周的时间。我们严格遵守，要么是他飞过来和我共度周末，要么就是我在周

[①] 与高成就、好胜心强、急躁等特点相关的行为和性格。——译者注

五晚些时候回到底特律。有一次我回到家时，发现马克自己动手，在我们家的地下室布置了一个小型高尔夫球场，还在混凝土地板上用电钻打了3个洞。当我居高临下地质疑他的决定时，他只是丝毫不带嘲讽地回答："喂，你必须在场才能投票。"我想，这么说挺公平的。也是从那时起，我意识到自己不能再为某些我不能或不会抽出时间关注的事情上心，比如我们养的狗是什么品种，甚至连养不养狗也不该管！随着时间的推移，马克自己做的决定越来越多。他甚至买了一套我在搬进去之前看都没看过的新房子。我很早就意识到，我的丈夫可以帮我卸下沉重的负担，我只需放手，让他按自己的方式做事就行。

结婚大约 7 年时，有一次，我们正在高速公路上开车，马克突然问我："你希不希望有个孩子？"

"我不希望，"我回答，"你呢？"

"我也不希望。"然后，我们讨论了为何我们都有这种感觉。虽然出身不同，但我们都来自单亲家庭。我们都能深深体会到母亲的坚强和慈爱，但她们的挣扎，也铭刻在我们的记忆中。就我个人而言，我发自内心地感觉，妹妹们永远都是我的孩子，这让我的一切母性本能都得到了满足。乔和安妮特已经成家，我的侄子和侄女也是我的心头肉。因此，尽管马克和我都喜欢孩子，但我们做出决定，相比为人父母，我们更愿意做可亲可爱的姨夫姨妈或姑父姑妈。

分享这个非常私人的决定，是事出有因的。我不希望任何人下定论，认为担任首席执行官和为人母的决定是必然相互排斥的。过去不是，现在也不是。对我来说，这些都是我们每个人独立做出的个人决定。我的许多同事，都是出色的父母。话虽如此，我当然明白，我和马克的决定的确便于我们把时间用来经营两人的感情和职业生活。作为少数没有孩子的女性

第 10 章 坚韧不拔

中的一员，这让我更加敏锐地意识到双职工家庭所面临的挑战。

和我一起工作的很多女性都有孩子，她们和我的弟弟妹妹的家庭生活经历让我看到，有了孩子，家长在时间和情感上的付出就要成倍增加。我非常尊重、理解和钦佩有工作的父母，与他们感同身受，也在任职期间将这些感情注入了 IBM 提供的许多员工帮助计划。对于那些离开工作岗位待在家里陪伴家人的女性和男性，我也抱着同样的尊重。在这件事上，同理心和尊重都是必不可缺的。

我刚刚成为 IBM 首席执行官时，《纽约时报》刊登了一篇题为"丈夫：一位首席执行官的支持系统"的文章。这篇文章的大部分内容，都在讲述商业领袖从伴侣那里得到的巨大支持。文章指出，绝大多数美国的首席执行官都是已婚人士。对于这个问题，我只能从自己的经验说起。毫无疑问，正是因为马克对我们家庭生活和我的事业的奉献，我才有条件避免分心，集中精力，更加坚韧不拔。

像家庭关系一样，我们最重要的关系都藏在幕后，虽然大多数人看不见，却是滋养我们的源泉。

1982 年，我和贾尼丝·卡夫迈耶第一次见面时，都将彼此视为竞争对手。我们是来自底特律不同分公司的系统工程师，第一次接触，是在一次被称为 IBM "高潜力"员工的会议上。我们是两个志向远大、才华横溢的年轻女性，职位和才能势均力敌，长相也有点类似，只是贾尼丝比我小两岁，我比她高 15 厘米。

我们的事业齐头并进。我们都加入了 IBM 在 20 世纪 90 年代初成立的咨询部门，并肩负解决困难的任务，一起学习商业咨询的艺术，同时加深对彼此的了解。随着时间的推移，我们不再互相竞争，而是把对方视为可敬的同事，甚至是合作伙伴。

当我得到领导区域咨询团队的机会时，我们之间的关系发生了质的变化。接到有关那份工作的电话时，记得我转身对贾尼丝说："看来，我们俩刚刚都升职了。"这是因为，我无法想象少了贾尼丝的我该如何前进。从那时起，我们建立了一种被马克称为"蝙蝠侠和罗宾①"的互惠关系。从IBM与普华永道咨询的合并，到我担任首席执行官最初的一年半，在这十几年的时间里，贾尼丝一直在各种职位上为我提供支持。

准确来说，贾尼丝堪称IBM和我的首席顾问。与其说她的任务是为我服务，不如说是为IBM的客户服务。虽然承担的内部责任越来越多，但我从不愿放松对客户的关注。贾尼丝会与客户和团队展开合作，不断履行我们对客户的承诺。她在执行任务时能把小我放在一旁，尊重对待每一个人。对于贾尼丝的工作内容和工作方式，我一向欣赏有加。

贾尼丝那直言不讳的反馈，总能将必要的信息传达给我，即便是在我不愿接受的时候。有的时候，她的一封简短而让人宽慰的电子邮件，就能劝导我不要再怀疑自己的选择。诚然，我们有时也会惹得对方抓狂。但通过坦率的交谈，我们总能找到解决问题的办法。我会让她"别对我翻白眼！"，她则会让我"住嘴！"。我们每个人都需要敢于让我们"住嘴"的人。

多年来，贾尼丝本可以接受许多其他机会，而且必定会大放异彩。一些人劝她"远离罗睿兰的阴影"，但贾尼丝不这么认为，而是回答："我在她的光芒中。"

被任命为首席执行官后，我开始适应这个跨度巨大的新角色，而贾尼丝大方地将退休时间推迟了一年。她亲口告诉我，如果我需要，留下来多

---

① 罗宾是DC漫画公司出版的漫画书中的角色，是超级英雄蝙蝠侠的搭档和助手。——译者注

久她都愿意，正因如此，我没有对她提这个要求。对我来说，贾尼丝如同一份珍贵的厚礼，不强求她继续待在原来的位置上，则是我赠予她的最后一份礼物。

另一段珍贵的人际关系，是我与助手艾梅·伯恩斯之间持续了 20 多年的情谊。我不仅放心由艾梅保守我的秘密，也将"时间"这个我最宝贵的资产托付给她安排。一位像艾梅这样有能力的助手，会在充分了解背景信息后随机应变地从重要事件中筛选出紧急任务，而她的判断力也准确得无可挑剔。她敏锐的直觉和冷静的举止，也同样让她脱颖而出。艾梅为我和 IBM 奉献了无尽的时间，同时还抚养了包括一对双胞胎在内的三个可爱的女儿。对于她的专业和优雅，我会永远心怀感激。

对我来说，艾梅、贾尼丝和马克不只是助手、搭档和配偶。他们坚定不移的支持，让我在工作中头脑更加清醒，信心也更足。

建立纽带

发自内心地关心他人并分享自己所知，由此建立的支持性社区，就是我们的人际网络。我回想起早年间意识到人际网络价值的时刻。人际网络是由我们给予他人的东西日积月累起来的。随着时间的推移，人际网络也会给予我们回报。这些不仅仅是一般的人际关系，而是紧密相连的人际关系。就这样，我的人际网络不断拓展，将世界各地的商界、学术界、政府、媒体和娱乐界的领袖囊括其中。

我从这些人身上得到的宝贵意见难以用语言细数，让我惊奇的是，他们总会在适当的时机带着我需要的意见和支持出现。同样，我也一直在努力这样回馈别人。

让我记忆尤其深刻的，是我与其他女性首席执行官之间建立的纽带。每个人身上，都有值得我学习的优点。通用汽车的玛丽·博拉是一位待人真诚的人。百事公司的前首席执行官卢英德对自己的理念深信不疑。杜邦公司的前首席执行官柯爱伦的韧性令人称道。洛克希德·马丁公司的前首席执行官玛丽莲·休森是一位以目标为导向的领导。施乐公司前首席执行官乌苏拉·伯恩斯在社会上产生了广泛的影响力。这样的例子不胜枚举。对女性来说，对其他女性的支持至关重要，而我也逐渐对这些同人心生信任和钦佩。即使头衔会随着时间改变，但我们的友谊却并不动摇。这也说明，我们之间的关系发自内心，而绝非出于利益的交换。

如果这种紧密相连的关系能够为我们提供新的视角和支持，赋予我们更强的韧性，那么这种关系越是广泛多样，就越有益处。这些年来，我发现建立和维持关系的最佳方式是尊重。每当开启新的项目或工作时，我都会努力先对我将要共事的人表示尊重。就像我在前文中对待董事总经理那样，我也会在会议室里称赞大家的品质，而这，也成为我多年来坚持的一种习惯，而形式则会根据场合而有所不同。

在担任首席执行官的几年里，我与董事会的每一位董事都有一对一的交流，以便获得他们的建议和忠告。董事会代表股东的利益。一个有智慧的人曾经告诉我，在首席执行官与公司董事会的关系中，信任需要一点一滴地建立，却会大量大量地流失。正如我所说的，拥有这样一个优秀睿智、经验丰富的董事会，我真的非常幸运。

随着时间的推移，不计其数的小小善举也巩固了我的人际关系。例如，大家可能还记得，在担任首席执行官的第一天，我给IBM的每位高级副总裁发了一封手写的信件。还有一次，我给一位马上要退休的同事85岁高龄的母亲写了一封信，描述了她儿子在事业上的诸多成就。之所以这样做，是因为我知道他和母亲关系很亲密，对他来说，这样的一封信要比任何礼物都有意义。在公司的活动中，当成百上千的 IBM 员工排队与我握手时，我会站上几个小时，询问每个人对公司的贡献，并向他们表示感谢。我坚持要待到与每个人都握过手后再离开。我还想到，2014 年马来西亚航空 MH370 客机在印度洋上空消失时，我曾私下与机上员工的家属会面。有的时候，在无人注意时所做的善举，恰恰是我们能做的最重要的事。

稳固的职业关系是建立在尊重、同理心和真诚之上的。当人们感觉得到了关注和欣赏时，他们会铭记于心，也会投入"时间"这一最宝贵的资产，与你分享他们的观点与洞见。

写到人际关系，我就会想到忠诚。

我们的家庭环境培养了我和弟弟妹妹的忠诚。我们也曾想过，之所以在职业生涯大部分时间为一家公司效力，不知是不是出于我们对忠诚的重视。无论是与组织还是个人建立的关系，我们都很难选择放弃。而我之所以能在 IBM 的工作中表现出韧性，得益于我的直属团队以及数千名担任着不面向客户的关键角色的同事（无论是执行通信、财务还是行政支持人员）的敬业奉献。心怀忠诚，我们就能坚持到底，工作态度也会焕然一新。"我不想让你失望。"这不仅是我对弟弟妹妹的承诺，也是我对与我一起共事的同事的心声，而人们也常常会对我说这句话。

然而，忠诚也会让我们对艰难的现实视而不见，同时耗费我们的精力。有几次，我等了很长时间才决心换掉那些在工作中表现不佳的人，只是因为我承诺要给对方一个机会。"鉴于我们的工作关系，我要留多少情面？"这是一个我要经常苦苦寻找答案的问题。我的答案和经验是，使命比任何一个人都要重要，而领导者的忠诚就是忠于使命。

人际关系的最后一个理念，关系到我们与自己之间的关系。

读到这里，相信各位读者一定能看出，努力和长时间工作是我向来的默认模式和个人选择。我喜欢这种状态，一向如此。但与此同时，我也低估了远离工作、打磨韧性的重要性。随着时间的推移，我学会了有意留出这些时间。正如我所写的，20世纪90年代的一段时间里，我因为忙于工作而忽视了饮食和锻炼。我终于意识到，想要有精力去做我想做的事情，我就必须保持健康。这需要严格的自律，我也养成了锻炼的习惯。起初，我会在周末早上边骑动感单车边读电子邮件，那段时间是我可以控制的。几年来，锻炼成了我每天雷打不动的例行事项，而我的精力和自信都因此得到了提升。

从工作中抽出时间平衡身心，有助于让我们成为最好的自己。现在的这几代人，似乎都比我更了解这种哲学。疫情的发生，也促使许多人对其在工作中投入的时间和精力进行重新思考。唯一能够为你创造平衡的人，就是你自己。所以，你要坚定信念，认识到设限的必要性。只要我们能持续为工作带来价值，周围的人和流程就会适应我们的选择。

归根结底，我们花在人际关系上的时间取决于质量，而非数量。我认为，最重要的不是常常相伴，而是用心相伴。

应对挑战

我从小就被教导，在面对挫折时，不要把自己视为他人行为的受害者，而是要克服不适，为自己的行为负责。太婆、玛丽外婆和母亲都因为不同的原因失去了丈夫。痛失亲人可能会带来不幸的家庭生活，但她们却继续体面地生活下去。在我的成长过程中，她们不是悲剧的受害者，而是掌握自己命运的幸存者。她们的心态和随之而来的行动让我相信，我有权选择如何应对生活中或大或小的挑战。我一向奉守的黄金法则是："车到山前必有路，因此，请将所有的精力都投入到未来的人生之路上，明天一定比今天更好。"

所谓心态，就是我们在面对混乱、冲突、挫折和批评时所做的选择。

工作生活中有太多因素在我的控制之外，因此，我会尽量关注可控的因素。为会议做好准备，没有问题；为演讲提前排练，当然不能懈怠。此外，我的外表是另一个可以控制的可变因素。最能给我带来自信的，是穿出自己的风格，而不是迎合他人的喜好。随着时间的推移，我找到了自己对职业装的定义，服装也变得更加时尚和丰富多彩，充斥着鲜艳的蓝色、黄色、绿色和粉红色。人们会夸我时尚，但时尚不是我的本意。我只是想做自己，通过做自己，我变得更加自信，也就能够专注于我所能控制的其他变量了！我对于发型的心态也一样。在大家的印象中，我一向戴着束发带。这些年来，束发带几经流行和过时，但我仍然坚持使用，因为这是让头发不挡到眼睛最简单的方法。身体的轻松自如，有助于我在面对混乱时拿出最好的状态。

遇到冲突时，我会以我的同事布里吉特为榜样，选择勇敢面对。

如果任冲突不断发酵，我们就会不可避免地反复思考，使冲突如影随形，盘旋在我们的脑海中，消耗我们宝贵的能量。相反，如果我们选择把冲突看作改善局面的机会，就能更好地面对和解决。直面冲突需要勇气，更需要具备谦卑之心，这是更有成效的选择。

我遇到过人际冲突，也遇到过周遭环境的矛盾。例如，遇到数据安全和隐私方面的国际冲突，IBM选择了勇敢面对。正如我在前文中所写的，我们没有躲避这场国际间的争辩，也没有试图撇清公司的关系，而是公开宣布了我们的隐私政策，并公开倡议出台更好的监管措施。

任何一家全球性科技公司都必须应对国家之间的各种冲突，尤其是涉及国家安全和主权的问题。IBM 的历史比大多数公司都要悠久。我们是第一家真正意义上的国际科技公司，在谷歌、微软、阿里巴巴、腾讯等公司问世或成为全球品牌的几年甚至几十年前，我们就已在数十个国家开展业务。我们在国际舞台上面临的问题，只会越来越复杂。作为 IBM 的第 9 任首席执行官，我的方法是直面国际舞台上的冲突。与许多国家的元首座谈，是为了清楚传达我们对包括民族主义和保护主义在内的当前问题的看法。在界定冲突时，我总会以对方国家的目的作为出发点，这样一来，我们便不会只是对两国之间的问题长吁短叹，而往往能取得实质性的进展。

虽然我会直面冲突，但是给具体问题划清界限的做法也很有帮助。

IBM 是一家大型公司，因此有的时候，以危机形式出现的冲突会像暴雨一样，倾泻在我们身上。在任何领导者的生活中，危机和日常事务之间往往只有一线之隔。随着时间的推移，我学会了在不同的话题和对话之间切换，不让一次会议中的情绪或信息影响到下一次会议，并给予每个人同等的关注。我的策略很简单：我会为具体问题划清界限。我认识的一些最优秀的领导者就是这么做的。坐在他们对面的时候，你绝不会察觉到政府刚刚拒批了一项大型收购，或是某项产品的发布有推迟的风险。我的方法是一次处理一个危机，明确未来的计划，把计划装进脑中的一个盒子里，然后转而专注于下一个问题，直到重新思考前一个危机的时机到来。

我还会提醒自己，作为一名领导者，我对挫折的反应会让其他人产生连锁反应。

我还清楚地记得，在成为首席执行官之前，一次，我在中国北京的酒店房间里怏怏不乐。当时,我所管理的一项业务是对一家公司进行收购。我和团队全心全意地为这次收购争取支持,但决定公司资金分配的委员会却没能批准。即便用"心烦意乱"这个词,也不足以表达我当时的心境。我深陷在愠怒之中整整一个小时,思考如何将这个坏消息传达给我的团队。我可以抱怨公司的关注点有问题,指责委员会的决定导致我们无法实现绩效目标;或者我也可以冷静下来,告诉团队我很沮丧,解释这个决定背后的原因,对他们的工作表示感谢,然后投入全部精力寻找另一条前进的道路。我让情绪宣泄殆尽,选择了后一种做法。

在成为首席执行官之前,我经历的大多数挫折都在 IBM 内部。然而,领导这家上市公司,却让来自公共领域的障碍沉重地压在了我的肩上。

记得有这么一件事,那是在 2014 年 10 月,我们宣布 IBM 取消财务蓝图的第二天。按计划,我要在波士顿的 200 位首席执行官面前发表一段演讲,用作波士顿学院卡罗尔管理学院的一门课程内容。这场主题演讲的计划,早在几个月前就已订好。而演讲当天上午,IBM 的股票下跌,公司成为商业媒体的热门话题。穿过舞台走向讲坛时,我能听到一阵刺耳的窃窃私语。"房间里的大象"已经赫然眼前,因此,我直言不讳地叙述了过去 24 小时发生的事情。具体说了什么,我已记不清了,但我的确从容不迫地传达了信息,也感觉到紧绷的听众放松了下来,同情和理解油然而生。就这样,"大象"离开了房间,我的演讲也进行得非常顺利。

即便有的挫折会见诸当天各大新闻的头条,我也会试着优雅地接受,然后继续稳步前进。遇到合情合理的批评,我会带着一种学习的心态去阅读。但有的时候,这些报道也有夸张放大之嫌。

有一次,一位女性首席执行官沮丧地找到我。

"你有没有注意到,当我们的公司遇到困难时,一些媒体会点名批评我们？"说是问题，这更像是种感慨，"但是，若是一位男性首席执行官的公司遇到了麻烦，问题就往往出在公司，而不在个人了。"这种说法有些以偏概全，但我理解她的观点：对女性来说，失败有时更容易与个人挂钩。

几年前，我应邀面对一群工商管理硕士学生演讲，主题是如何领导团队度过危机。课程一开始，教授便问我一个人如何才能长时间身肩重任。

他说："你这届首席执行官任期真是困难重重，这个世界待你，并非一向友善。"我吃了一惊，因为我从没想到"整个世界"都对我不友善。IBM转型故事的深度和广度，要远远超越一些头条新闻的报道。

社会希望领导者真实可靠，并敢于承认自己的错误。然而，一些人则会以主观意见以及不完整、不充分和未经证实的信息作为标准，鲁莽地责备或攻击别人的不完美。无视批评并不是解决问题的办法。我可以退后一步，扪心自问批评者的观点是否合理，以及能否从他们的视角汲取什么经验。时至今日，我仍然会这样做。但与此同时，我也会努力在接受批评时不允许情绪泛滥，即使遇到公开针对个人且虚假夸大的批评。批评者或许能够影响我，但绝不能定义我。

另外，坚定的信念也是良好心态和坚韧不拔的基础。在IBM的转型过程中，我一直坚信我们正在采取正确但充满艰难险阻的行动，以确保这家公司能够阻挡未来几十年的风风雨雨。在IBM的股价尚未反映出我们的真正价值时，这种信念增强了我的信心和乐观。正如前文中所写，我明白，公司内部的很多东西都需要改变。每一天，我都能看到同事们努力工作取得的进步。如此多的里程碑事件从未登上头条，因为敏捷转型并不是最抓人眼球的新闻，但我深谙真相，明白我们正在打造一家更加优秀的公司。因此，我们需要重视这些里程碑事件。任何形式的转型都需要庆祝，而不能只靠咬紧牙关扛过去。

我的侄子 10 岁时，有一次，他转过脸来问我："姨妈，有人在电视上对你或 IBM 说风凉话的时候，你会难受吗？"我看着他，回答："我们在做必须做的事情。"

在 IBM 转型的这些年里，我们的全球员工看到了一位对未来从容不迫、坚信不疑的首席执行官，也看到了切实具体的计划，这一点至关重要。我知道，我的言行举止会影响成千上万人的感受和行动，尤其是在受到别人质疑的时候。面对巨大的危机，我会调动性格中的坚韧不拔以及毕生的工作经验，勇敢直面挑战。

当我从 IBM 退休时，一位客户分享了一段名言，她说，这句话让她想起了我。

命运对勇士低语："你无法抵御风暴。"

勇士低声回应："我就是风暴。"

第三部分

大家的力量：改变世界

我们中的许多人都渴望为社会带来有意义的变革，但是，在一个充满了如此多看似无解难题的世界里，我们该如何创造积极的变化呢？其中一种方法，就是将重大问题视为需要转型的大规模体制。

第三部分内容，旨在探讨如何规模化推行正能量。几十年来，我一直在倡导一种后被命名为"技能优先"（Skills First）的招聘和培训运动，在这一部分分享的经验和见解，就来自其中。这段故事与我的生活轨迹并行，但主要集中在我领导 IBM 的那些年。那时，为公司成员进行技能再培训的工作，让我认识到了一个能让世界变得更好的真理：不仅仅看重学历，而是重视终身学习和技能的社会，能将数百万代表性不足的人才纳入劳动力大军。对个人、企业、教育机构和政府来说，这都是一个巨大的心态转变。

想要进行体制性变革，就必须撬动许多杠杆，满足多种需求。变革的愿望必须发展成一场运动。规模化推行正能量，有助于人们对这场运动建立信任，共同创造全新的解决方案，对错误的理念和方法放手，以及对正确的理念和方法进行现代化改造。

"技能优先"运动是我的使命，但是，人人都有自己的使命。希望我为世界创造积极变革的努力能给大家带来启发，因为，没有大家的力量，我们就无法取得真正的进步。

第 11 章　为更多人创造更美好的未来

把历史的点点滴滴串联起来，可以帮助我们预见未来。

在思考这个世界的可能性的今天，我穿越回过去，看到了我的母亲，也见证了这段"由我到我们再到大家"的旅程如何在我年轻时拉开了序幕。

我母亲一直都很聪明，只是她在高中后就再也没有受过任何教育。她需要学习的机会，并努力寻找一份薪水不错的工作，重建我们的生活。开始在本地社区大学上夜校学习计算机时，学习环境让她难以适应。毕竟，她已经将近 20 年没有坐在教室里了！但她还是逐渐跟上了节奏，最终在一家小办事处找到了一份薪水更高也更体面的工作。我记得她添置了新衣服，好让自己的穿着显得更专业些。回家后，她会给我们讲她做了什么事情以及见到了什么人。回忆起当天某人说过的一些趣事时，她会把眼睛睁得大大的，有时还会面露微笑，仿佛是发现了一个全新的世界。对她来说，工作不仅是为了养家糊口，也给她的生活增添了广度和意义，赋予了她人格尊严。作为她的女儿，我亲眼看到，几项计算机和簿记方面的新技能让她更加自信，让我们的家庭更加稳定，而这些技能，最终让她得以晋升为一家大型医院睡眠中心的行政主管。

另外，我也看到自己上大学时的身影。如果我在高中时没有疯狂学习，如果西北大学没有将学习成绩置于支付能力之上的招生政策，我就不可能被录取。西北大学会优先录取合格的学生，然后再探讨学费问题——这种对于教育公平的坚守，为我敞开了接触新朋友和新机会的大门。我从学校得到了一些资助，也有资格申请为像我这样的学生设置的政府贷款。如果通用汽车没有为西北大学等顶尖学校的各种肤色的学生提供奖学金和实习机会，我很可能会在毕业时背负沉重的债务，与通用汽车公司失之交臂，更不会找到通往IBM的道路，也不会拥有现在这段不可思议的职业生涯。一所大学和一家公司相信，应该让更多人获得技能、良好的教育和就业机会，于是，这样的理念开启了我的旅程。一旦打开了一扇门，就会有更多扇门随之开启。

回顾我的原生家庭，我发现了影响我人生轨迹的真理的种子。我在初入职场时意识到，对很多人来说，获得美好生活的障碍是缺乏机遇，而不是缺乏才干。我还意识到，教育不必在我们走出正规学校大门时就戛然而止。我想起在通用汽车公司加班学习软件的往事，想起马克在周日带着迷你电视、吃着热狗陪我待在客户办公室的往事，也想起我在现场工程师到场前早早赶到安装大型机的场地研究使用手册的往事。有些人可能会翻翻白眼，说我努力过了头。但是，我就是不愿在众人面前出丑。鉴于我经常是房间里唯一的女性，扎实的技能和充分的准备便成了我的盾牌和自信的资本。另外，我真的很享受学习的过程。

我的上司帕特·奥布赖恩告诉我，帮助别人学习是领导者工作的一部分。我为每一个向我汇报的人都制订了教育计划，并亲自参与了他们的培训。我喜欢传授知识，就像坐在厨房桌旁辅导妹妹一样，这是我表现关爱的方式。另外，我还要为员工薪酬和晋升的公平性肩负责任。IBM的职业生涯让我发现，技能和公平是密不可分的。我也看到，对不具备正式商业学历的我来说，在成为一位商业顾问时，通过见习掌握新的商业技能有多么重要。我将学习对于个人和组织的重要性放在心中，内化成了自己的一部分。

担任首席执行官的时候，我对机遇的重要性和成为一位优秀学习者的价值坚信不疑。而这些理念，则渗透到那些年工作的方方面面。事实证明，这是一件好事。科技世界正以前所未有的速度日新月异地发展，工作的性质也在不断变化，催生出各种需要用到新技能的工作。与此同时，贫富差距也在扩大。数字鸿沟迫切需要桥梁的联结，而我们日益两极分化的世界也是如此。

铺设崭新的职业路径

我一筹莫展。

那是2012年，也是我担任首席执行官的第一年。尽管美国的失业率很高，但IBM却很难找到合格的求职者，来填补数百个技术和网络安全职位的空缺。这不仅是公司的问题，也是行业问题，甚至是涉及整个国家的安全问题。网络安全技术知识的缺乏，对企业和国家而言都是一种威胁。培养网络安全和技术人才，是比任何一项业务都更重大的使命。

记得我问自己：为什么科技人才的供求会如此不平衡？

大约在IBM寻找科技人才的同一时间，在纽约布鲁克林的一个低收入社区，一名九年级学生为了消遣而入侵了所在高中的电脑，结果被抓了个正着。他的校长是一位名叫拉希德·戴维斯的富有远见之人。他记得，当时的自己坐在办公室里，看着面前这个聪明而傲慢的学生。这个学生名叫加布里埃尔·罗萨，是家里5个孩子中的老大，父亲在他小时候从多米尼加共和国移民到美国。拉希德的面前摆着几个选择。他可以开除这个对科技有着明显爱好的年轻人，或是放过他，让他回去上课，抑或是花些时间考虑第三种选择。拉希德严厉地批评了加布里埃尔几句，然后告知不会勒令他停学。加布里埃尔如释重负。

"我们需要把你的能量引至其他出口，否则你会很容易惹出麻烦，"拉希德说，"如果你能留在学校打磨自己的才能，就会发现一个全新的世界。"拉希德向加布里埃尔保证，如果他在接下来的 6 年里埋头苦学，他不仅可以拿到高中文凭，还可以拿到副学士学位，而且，他和家人不必为此付出一分一毫。

加布里埃尔加入了 P-TECH，这套由 IBM 设置并协助创建的六年制课程，是此类课程中的首例。加布里埃尔当时所在的高中，就设置了这套课程。高中和社区大学的双重入学报名，可能是加布里埃尔不必负债便可获得高等教育机会的最佳途径，如果他能顺利毕业，还能找到一份好工作。在拉希德的指导下，加布里埃尔很快就掌握了编程和移动应用程序的开发技能。

拉希德为何如此确信这是加布里埃尔的正确选择？这是因为，拉希德是倡导 P-TECH 课程的先锋校长，他在教育界领头倡议解锁 P-TECH 课程的无限潜能，也用实例为大家树立了榜样。

在 IBM 企业社会责任负责人斯坦利·利托的介绍下，我了解了 P-TECH、拉希德和布鲁克林的那所学校。斯坦利是一个敬业而坚定的人，这套独特的项目就是由他创设和领导的。正如我在上文提到的，这套课程将 STEM 领域的高中和社区大学课程结合起来，并通过带薪实习将课堂作业与工作经验匹配。斯坦利向我解释，在社区大学中，太多学生的成绩都在及格线之下。只有不到 40% 的人能在 6 年内拿到证书甚至毕业，低收入学生和有色人种的相关比例更低。除了毕业率低之外，许多社区大学资金不足，入学人数也在下降。另外，学生们获得的技能也往往不是就业市场所需要的。而开设 P-TECH 课程的学校，则将重心放在培养就业技能上。

IBM 开始雇用 P-TECH 的学生，让他们填补我们的一些人才需求，同时也帮助这些年轻人获得优质的教育、具备市场价值的技能和更高质量的工作，这是一个振奋人心的模式。P-TECH 模式让公司和社区双双获益，而这个理念，也开始吸引到一些城市和州的关注。

然而在这背后，不是还有一场更加意义深远的胜利吗？想要为优秀科技保驾护航，作为一家全球性公司的我们的责任，就是让世界各地的人们做好准备，具备在这个新的科技时代蓬勃发展的条件。我问自己：我们是否验证了一种利用多样人才资源的新方法？通过 P-TECH 获取的经验是否告诉我们，许多高质量的工作都可以由没有四年制学位的人才来填补？P-TECH 的积极影响能否延伸到 IBM 纽约分公司之外，甚至扩大到整个公司的业务之外？甚至推广到美国之外？我们必须向前推进，测试自己的极限。因此，我致力于打造 P-TECH，使之超越一次性企业社会责任（CSR）项目的范畴。我们全心推动 P-TECH 在更多的州与国家实现规模化发展，而这项工作，也成为公司势在必行的全球业务需要。支持 P-TECH 不仅是人力资源部门的职责，也成了业务部门的职责。世界各地的 IBM 员工都非常愿意与 P-TECH 课程的学生交流，也很乐意为他们提供在线辅导。

2013 年，在国情咨文演讲中，巴拉克·奥巴马总统将 P-TECH 介绍给全世界的观众。"我们需要给每一个美国学生提供这样的机遇。"他要求美国人"对高中进行改革，让毕业生更好地适应高科技经济的需求……"这样的宣传力度真是没的说！第二天早上，又有更多州长打电话联系

IBM，想要了解更多情况。

我清楚地记得总统亲自参观学校的情景。我们走过走廊，挂在墙上的海报上写着"准备迎接大学和就业"，还有学生们灿烂的笑容。

"计算机实验室在哪里？"他问我。我向总统解释，P-TECH 课程首先专注于教会学生掌握解决问题和团队合作等关键技能。像编程这样的硬技能是最简单的问题，而且其中很多内容也可以在后期由雇主负责教授。

在每一个设立 P-TECH 学校的区域，其他公司也会参与其中，有的提供指导，有的帮助高中及社区大学确定学生就业所需的技能和课程。另外，这些公司还会提供带薪实习以及全职工作的机会。P-TECH 毕业生虽然不能保证就业，但在招聘时会得到优先考虑。最终，P-TECH 课程在 27 个国家的 300 多所学校开设，其中包括美国 16 个州的 200 多所学校。目前，该模式已经囊括了 200 所大学合作伙伴和 600 家商业合作伙伴，迄今为止已经培养了超过 15 万名学生。

2014 年，加布里埃尔·罗萨在大三时获得了 IBM 的带薪实习机会，2015 年 6 月，他获得了副学士学位，并在 IBM 得到了一份全职工作。他多次获得晋升，成为 IBM 的软件开发员。

IBM 通过 P-TECH 课程选拔人才的过程让我看到，创新的教育形式可以帮助更多人才进入劳动力市场。绝大多数的 P-TECH 学生都获得了副学士或更高的学位，其中还有许多人继续接受高等教育。阿莉莎·桑迪 13 岁时，母亲把家搬到了布鲁克林，好让她报名 P-TECH 的课程。通过课程，她了解到自己喜欢和擅长编写代码。毕业后，阿莉莎获得了东卡罗来纳州立大学的体育奖学金，在那里，她励志把自己对编码的热爱与设计结合起来，摘得了视觉设计专业的大学学士学位。随后，她获得了网站开发硕士学位，并于 2022 年进入依隆大学攻读互动媒体硕士学位。另一名出身 P-TECH 学校的学生，正在一步一个脚印地成为该课程首位获得博士学位的毕业生。舒顿·布朗出生于布鲁克林，用不到 4 年的时间完成了 P-TECH 课程，摘得了威廉和平大学的商业分析学学士学位，并于 IBM 工作期间获得硕士学位。2022 年，舒顿一边在 IBM 全职担任机器人流程自动化负责人，一边在北卡罗来纳农工州立大学攻读领导力研究博士学位。

P-TECH 向我们证明，出生地或居住地并不能决定一个人的才干，相比于政府或企业各自单打独斗地解决问题，二者之间的公私合作关系往往能得到更快更好的收效。

工作机会是 P-TECH 获得如此成功的法宝。套用希蒙·佩雷斯对我说过的话，工作就是通用货币，通过 P-TECH，学生有可能获得带薪实习和就业机会，从而鼓励管理人员和教师教授符合市场需求的技能。一份优质工作的前景，不但会激励学生学习原本可能忽视的科目，也有利于持续调动父母的积极性。就业前景是促使学生完成学业的因素之一，相比于纽约、科罗拉多、得克萨斯、康涅狄格和马里兰 5 个州低收入社区的国家社区大学，P-TECH 副学士学位的取得率之所以高出 400%，部分原因也就在于此。良性循环也由此开始。

但最重要的是，P-TECH 让我看到了一个现实：包括教育机构、企业和政府在内的整个社会，并没有为数字时代准备好足够的人才。

就这样，"大家的力量"开始彰显出来。

铺设第二条职业路径

那是 2011 年，托尼·伯德没有上大学，也没有工作。18 岁时，他从高中毕业，每天要么打打即兴篮球①，要么就在家待着。他和两个姐姐都由母亲珍妮弗一手抚养成人。珍妮弗在北卡罗来纳州罗利的一家 IBM 自助餐厅做收银员，后来成为经理，全家人都靠她的工资过活。

一天下午，她从办公室打电话给托尼。

"你该做点儿什么了。"她对儿子说。

不到一个星期后，托尼就在 IBM 企业园区的咖啡店找到了一份工作。他工作努力，非常喜欢和每天进出咖啡店的 IBM 员工聊天。他知道大家的名字和最喜欢的球队，也经常询问大家在做什么。他想象着，如果有一天能离开咖啡店，加入 IBM 公司，那该有多好。

顾客们也逐渐与托尼熟络起来。2014 年，在女儿和儿子出生后，托尼曾经试着在社区大学上过几门计算机科学课程，希望能找到一份收入更高的工作来养家糊口。但是，他没法兼顾上学、家庭责任和一份全职工作。

2017 年的一天，一位与托尼关系最好的顾客告诉他，她觉得他非常适合 IBM 推出的一项新的学徒计划，并鼓励他申请 7 个全职名额中的一个。

她表示："在学习期间，你还会得到报酬。"通过在职经验、结构化课程、软技能培训和教练辅导等多方面的内容，他将会成一名软件工程师。这可能会让他有资格在科技行业找到一份薪水更高的入门级工作，并从此走上一条有向上发展空间的职业道路。托尼带着热切和忐忑提交了申请，但没有被录取。不过，他的顾客相信他，鼓励他再试一次，所以托尼留在了咖啡店，等待一年后再次申请。

---

① 通常是四对四或五对五的篮球比赛，并非所有规则都与正规比赛一致。——译者注

通过学徒制传授行业技能的古老模式，或许是我们经济体制中难得一见的最有效的人才培养方式，但美国却因陷于刻板印象而白白浪费了这一模式。通过课程、实践经验和导师指导，现代学徒制已不仅仅覆盖管道维修和建筑行业，而是延伸至科技、医疗保健、金融和其他领域的全职带薪职位。

几十年来，欧洲国家一直受益于学徒制，对许多国家来说，职业培训与学徒制的结合是进入劳动力市场的主要途径。按人均计算，英国的学徒计划是美国的 14 倍。德国则是美国的 19 倍。事实上，几位伟大的 IBM 领导者都是通过这种模式培养出来的。而我们的邻国加拿大，则是美国的 11 倍。许多瑞士首席执行官的职业生涯都是从学徒起步的，瑞士企业认为，这是一条合理而光荣的路径。

作为美国学徒运动的积极领导者，前美国驻瑞士和列支敦士登大使苏西·乐文表示："在瑞士，学徒生涯并不会限制你，而是助你打下一生的基础。"在美国，学徒制仍带有污名，不仅私营部门缺乏兴趣，全面推广学徒制所需的公共基础设施也有所欠缺。

在职业生涯中，我曾经做过很多次学徒，也明白这种模式的价值。

在 2010 年代中期，IBM 决定推广公司的学徒计划，以进一步拓宽公司的人才渠道，实现劳动力的多样化。我们很快就发现了美国与其他国家之间的差距。美国劳工部（DOL）登记的学徒模式，并不能反映当代的科技技能和职业现状。不仅如此，由于登记的科技学徒计划寥寥无几，我们不得不从软件工程师和大型机开发岗位开始，创建自己的学徒计划。长期以来，我们与美国劳工部密切合作，确保所有课程都能达到高标准并获得认证。我们没有将这些课程的所有权占为己有，而是将内容公开，方便包括我们竞争对手在内的其他公司使用。

经过现代化改造，IBM 学徒项目的第一批学员于 2017 年入学，得到了经理们的如潮好评。第二批学员人选于 2018 年确定，共有 13 人，包括处于职业生涯中期的专业人士、一名前联邦调查局特工、一名护士，还有托尼·伯德。就这样，托尼离开了咖啡馆，成为一名软件工程师学徒。他领到了一台笔记本电脑，IBM 给他指定了一名经理和一名导师。托尼在线下和线上学习了 200 多个小时的课程，并通过跟随工程师和编程师实地见习，与项目团队一起完成了 2000 小时的工作。他获得了编程和团队合作方面的经验，在已有的热情沟通风格的基础上，斩获了其他软技能。除了编程之外，托尼还掌握了另外 28 项技能，并于 2019 年获得了美国劳工部颁发的软件工程证书。他与在咖啡馆和学徒期间认识的人建立联系，并在 IBM 得到了一份全职客服工作，协助为 IBM 云平台构建应用程序接口的客户。托尼的一位上级经理，就是最初鼓励他申请学徒计划的那位女士。

几年内，IBM 为 24 种不同的职位创建了现代而专业的学徒计划。到了 2022 年，16 个州的学徒计划已培养了 500 多名人才，其中 90% 的人已成为我们的全职员工。这个计划对有无大学学历的人兼容并包，其中有十几岁的青少年，也有积累了多种工作经验的老年人。学徒计划的确堪称"边学习边赚钱"的最佳渠道。

就这样，IBM 将一种全新的视角带入了熟悉的事物，与此同时，其他公司也在努力探索。

怡安集团是一家全球性的专业服务公司，也是首批接受专业学徒制的大公司之一。2017 年，集团在美国总部所在地芝加哥市建立了一个区域雇主网络，并与芝加哥城市学院合作创建了为期两年的学徒计划。人力资源、信息技术、金融和保险行业的学徒岗位免除大学学费，提供全职工资、福利和在职培训，并保证学徒在课程完成后获得工作机会。到2021年，芝加哥学徒网络的规模已经扩大至57个雇主和1000多名学徒。同年，该公司承诺再投入3000万美元，将项目扩展到从纽约到旧金山的6座城市。怡安的学徒留存率不仅高于其入门级员工的留存率，而且每年都在持续增长。

怡安集团的首席执行官格雷格·凯斯和我一样，对新渠道和全新的人才储备库充满热情。我们都从中看到了足以影响整个社会的机会。"我们坚信学徒制的有效性，这一点没有问题，"格雷格告诉我，"摆在我们面前的问题，是如何将这种制度规模化。"

为了给学徒制积累人气和支持，商业领袖必须放弃各自的竞争防御，秉持合作竞争的精神，共同努力，为一系列常见的职业共同创建学徒计划。面向公司的学徒计划阻碍了学徒制的规模化，因为太多的公司将其视为一种专有优势，而不是努力让整体环境水涨船高。政府的确会通过投资激励公共部门创建学徒计划，但令人震惊的是，在联邦预算中，拨给学徒计划的只有区区两亿美元，其中包括专项拨款和监督款项。一旦政府和更多的企业清楚地认识到学徒制的意义，而不只是囿于污名化的理解，他们就会不遗余力地采取措施，实现其价值。

当我在2022年再次见到托尼时，他跟我讲到了他的孩子，7岁的朱莉安娜和8岁的小安东尼。作为两个孩子的榜样，他的计划是继续发展自己的事业，或许未来能够管理几支团队，甚至重返校园。

"你会不会觉得，没有大学学位，好像缺了点儿什么？"我问他。

"我知道，在这里，我不需要学历就能获得成功，"他告诉我，"在这里，并不是每个人都上过大学，这让我很安心。但如果我真想重返校园，我也当然可以实施这个计划，而且确信能够得到相应的支持。"

铺设第三条路径

在打理了几年家事之后,我的妹妹安妮特想要重新开启自己的职业生涯,回到埃森哲工作。就在那段时间,她和我叙了一次旧。我听安妮特若有所思地讨论着她的行业在她离开后发生了怎样的变化,也听到她怀疑自己的技能是否还能赶得上潮流。我最初的反应是大笑,安妮特才华横溢,不但拥有工程学本科学位和工商管理硕士学位,还制定了一些全球最先进的数字解决方案。她有什么可担心的呢?

在我们的谈话结束后不久,我对IBM的工程人才进行了例行审查,看看人才构成是否达到了多样化的目标,包括在所有科技岗位上增加和提拔女性及其他代表性不足的群体。思及我与安妮特的谈话,我让同事调查有多少女性工程师因为个人原因从IBM永久离职,并找出背后的原因。结果让我大吃一惊。原来,许多人为了照顾家庭而离职,她们之所以没有回来,是因为没有掌握最新的技能或缺乏信心。女性往往是对自己的能力最为挑剔的人,还记得,想到这些聪明能干且事业有成的人竟会认为自己无法赶上瞬息万变的世界,我心里很是惋惜。这些人需要的,只是更新技能以及稍微提升一点儿信心而已。

2016年,IBM开始尝试一个帮助女性重返公司的新项目。我们把这个为期3个月的技术重启项目称为"回归职场计划"(returnship),旨在邀请那些离开IBM长达10年之久的人才回归公司,参与一些教育课程,并开始与团队合作。其中大多数参与者都是女性,因为女性最有可能离开工作岗位,去照顾孩子和年迈的父母。在第一期项目中,我们将8名回归的员工与具体技术领域的专家及导师配对,她们可以选择待一天,也可以选择待3个月,直到有信心重返工作岗位为止。

我们很快就发现，除了科技技能之外，回归职场的员工还需要学习新的工作方式，比如设计思维和敏捷开发等。因此，我们通过课程、实操项目和获得数字认证的机会，对每项回归职场计划进行个性化设计，解决各个领域的问题。回归职场计划费用全包，但并不能保证参与者找到工作。参与者可以利用这个机会，更新公司内部人际网络，重建自信。参与者可以参加新职位的面试，一旦被录用，就可以选择全职返回公司，或者选择灵活的工作时间。仅在 2022 年，就有大约 150 人在 11 个国家参加了 IBM 的回归职场计划，其中大多数人都被 IBM 聘为全职员工。我非常欣慰。能让具有科技天赋的女性重返赛场，这是一场多么伟大的胜利啊。

在过去的 10 年中，IBM 通过 P-TECH、学徒计划和回归职场计划取得的成功，让我更加坚信为高质量职位铺设路径的价值，也更加认识到体验式学习的重要性。我们从实际行动中汲取了丰富的经验。这也让我和我的同事更加坚信，想要在一个高质量且具备向上发展空间的职位中脱颖而出和取得成功，传统的学位并不是必要条件。我将搭建和拓展更多的路径奉为使命，因为这些路径不仅能造福公司，也能造福被忽视的人群，从而造福整个社会。除此之外，面对教育和就业机会的不平等以及日益扩大的经济鸿沟等实际问题，这些路径也提供了切实的解决方案。

挖掘所有人的潜力

加布里埃尔、托尼，甚至我的妹妹安妮特，这些人的故事，反映了一个需要解决的体制性问题。

自 20 世纪 70 年代末以来，美国工人的生产率提高了 66%，相比之下，收入中位数却一直停滞不前。虽然平均薪酬总体上保持同步，但代表大多数工作者收入的薪酬中位数却只增长了9%。在麻省理工学院的一项名为"未来的工作：在智能机器时代创造更好的工作"的研究中，研究人员往往将生产率和收入之间的差距称为"大分化"（the great divergence）。

对我来说，这些数据说明了如此多的人看不到美好未来的原因。他们认为自己被排挤在经济的繁荣之外，而事实也确实如此。

从一定程度来说，在美国，收入分配不均可以用就业两极分化来解释。随着低收入工作和高薪工作在劳动市场上所占比例的增加，中等收入工作的比例相应下降。换句话说，在第二次世界大战后的几十年里，能让数百万人得以步入中产阶级的中等收入工作已流失殆尽。在我的有生之年，这些工作就这样逐渐消失。经济学家戴维·奥特是这份麻省理工学院研究报告的合著者之一，他将高低收入工作之间的中等收入工作数量减少称为"杠铃效应"。

这种效应，与教育有着明确的关联。

带来薪酬平均增长的所有高收入工作都处于杠铃的一端，从很大程度来说，这些增长是受过大学或高等教育的人的收入骤增带来的。与此同时，那些只接受过部分大学教育或没有上过大学的人的收入却没有增长。从本质上来说，中等收入工作岗位的减少逼迫没有学历的工作者接受低技能、低工资的工作，几乎没有晋升机会，同时也将所有高薪工作都留给了受过高等教育的人。拥有和不具备四年制学位的人之间不断扩大的收入差距，是整体收入不平等的主要驱动因素，这在西班牙裔和黑人中表现得尤为明显。

面对这些数据，人们很容易认为，获得大学学位是更多人获得更高收入和更好生计的唯一关键因素。其实，事实并非如此。虽然大学对许多人来说是正确的路径，但绝对不是唯一的路径，甚至不能算是有助于弥合收入不平等的最有效解决方案。

第一个问题在于时间紧迫。根据人口普查局当前人口调查结果，在美国 25 岁以上的人中，约有 62% 的人不具有学士或更高的学位。目前，有大批人急需找到更好的工作，加之科技的瞬息万变，无论是求职者、企业还是经济，都无暇等待数百万人上完大学。

更重要的是，大学学位甚至不是当今许多成功获得高薪工作的必要条件。然而十几年来，雇主却一直将大学学位作为曾经无须学历的工作的最低要求，但实际上，许多工作的本质根本没有改变！这种趋势被称为"过度认证现象"或"学位通胀"，之所以会发生这种情况，是因为雇主要么把学位作为能力的代表，要么将其视为自动筛选成千上万简历的便捷途径。而过度认证带来的副作用，在于为数百万想要进入职场的人才设置了不必要的障碍。

为了促使世界各地的社会和经济体充分发挥潜力，我们需要为更多的人提供更好的工作。我所说的"更多的人"，指的是那些因为学历通胀等障碍而无法获得高收入工作的人。尤其是在包括美国在内的许多发达国家，因为在这些国家，超过 60% 的人都没有四年制大学学位。另外，这些人中还包括需要第一份工作的年轻人，以及缺乏未来技能的处于职业中期的人员。我所说的"更好的工作"，是指那些收入足以维持一个家庭生活的工作，而且具备向上发展的空间，也就是说，随着时间的推移，这些工作的收入有上升的空间。

这些工作不包括典型的蓝领时薪制工作，也不仅仅指处于奥特的"杠铃"一端的白领高薪专业职位。我所说的"更好的工作"，是如监督、行政、销售等历史上所谓的中等技能工作，以及在数字时代出现的科技工作，我称之为"新领工作"。如今，大多数中等技能工作都需要一些专业知识，因此，无须四年制大学学位，仅凭传统高中教育之外的软硬技能培训就能胜任。

来自各个行业的案例包括数据科学家、网络分析师、手术室技术人员、医疗助理、呼叫中心代表、销售代表、机工、技师、建筑和其他行业的人员。

正如戴维·奥特告诉我的："我们传达的信息，不应是'人人都需要上大学'。"

P-TECH、学徒计划和回归职场计划等不同于主流的选择，都是通往优质工作的重要路径，也已经改变了许多人的生活。但是，即使算上P-TECH培养的15万名人才，想要改善世界各地数百万人的财务状况，也需要通过规模化的巨变才能达成。随着认识的加深，我愈发体会到这些路径有一个共同点，有望成为体制改革解决方案的种子：通过这些路径，人们无须四年制学位，也能找到一份优质工作。

想要让影响波及全球千百万人，仅靠一次性计划是无法达成的。接受不具备传统学历人才的做法，必须拓展为一种普遍的心态和一场巨大的文化变革。我强烈地感觉到，作为世界上最大的一家科技公司，IBM有责任在全球范围内采用这种思维方式。因为正如我所写的那样，为优秀科技保驾护航，就是帮助人们做好准备，迎接正在被创造出来的全新数字工作。这项工作推行的广度，正在变得愈发清晰。我们不仅是在创造更多的就业机会，也是在解决人才难以获得优质工作这一复杂的社会难题，想要成功，我们就要针对错综复杂的参与者和流程进行评估、质疑和改革。当时的我意识到，这就是我一生经验的用武之地。

第 12 章　技能优先

"四年制大学学位正在加剧美国分化。"

这是安进公司首席执行官鲍勃·布拉德韦向我推荐的一本书中的一条结论。这本名为《美国怎么了：绝望的死亡与资本主义的未来》的书，并未否认高等教育对许多人来说是一条有价值的路径，但也指出高等教育不应该是唯一的选择。这本书的两位作者是普林斯顿大学的教授安妮·凯斯和安格斯·迪顿，他们在书中探讨了美国中年白人死亡率上升的问题，并将自杀、药物过量和酒精性肝病这三种因素诱发的死亡称为"绝望的死亡"。

与阿片类药物流行相关的因素导致了大批美国人的死亡，然而当今，这一现象已不再令人震惊，不得不说这是一场悲剧。令我惊讶的是，这类死亡与教育水平之间的关系。作者发现，几乎所有死于绝望的人都没有四年制大学学位。正如书中所写，长期以来，受教育程度较低的人的死亡率一直处于较高水平。值得注意的是，没有大学学历的美国白人的死亡率正在上升，罹患其他疾病的概率也在上升。

作者写道，四年制学位不仅在死亡问题上将我们割裂，也在生活质量上把我们隔开。"那些没有学位的人经受的折磨、健康问题和精神重压正在加剧，而工作和社交能力却在下降。除此之外，不同人群在收入、家庭稳定和社会地位上的差距也在扩大。"

数据可以揭示我们看不到的现实。一旦被暴露出来，这种现实就难以被忽视。

拥抱另一种现实

2015年，我对公司的一个业务部门进行审查，网络安全和技术人才不足，是该团队面临的一个挑战。想要填补职位空缺，仍需很长的时间；另外，并非所有求职者都能入经理们的法眼。

巧合的是，我的下一场会议是对P-TECH项目的回顾，我发现，引入P-TECH模式的新学校的数量和学生的毕业率看起来都挺乐观。"在我刚刚审查的业务部门，我们雇用了多少P-TECH的学生？"我向同事提问。房间里安静了片刻，才有人张口回答了问题。

"三个人。"这怎么可能？经过一番调查，我找到了原因。原来，业务部门无法填补的许多职位都需要四年制的本科学历，这就自动将拥有副学士学位的P-TECH学生排除在外，导致他们连面试的机会都没有。

就这样，我将几个点连接了起来。四年制学位的要求限制了公司从新人才库获取大批人才的能力，也反过来阻碍了这些人才进入公司的机会。如果我们对无学历员工的雇用数量继续保持在如此低的水平，这些人才便会被视为例外或者是一种实验，而不属于我们重视和正常雇用的人群。

艰难烦琐的工作由此展开。我们开始审查招聘启事，并扪心自问，我们对职位的描述是否能最广泛地覆盖到合格求职者群体，还是过滤了潜在的求职者。为什么我们要坚持最低工作年限这个要求？我们之所以一直要求学士学位，是出于必要，还是因为习惯使然？我们的招聘人员仔细审查了职位要求，并对其中许多内容进行了修改，以阐明工作所需的具体技能。这个过程枯燥冗长得出乎意料。只要求学历，假设有了学历就会自带技能，这样做的确省事得多！

以技能为导向改写工作要求的举措取得了可观的成效，因此，我们便将这一举措扩展到了其他职位。很快，我们便开始面试和招募越来越多没有上过或上完传统大学的人才。

我们的人力资源主管非常推崇这种技能导向型的招聘方式，她呼吁，除非有令人信服的理由，所有公司的招聘启事都应取消对学士学位的要求。我们召集了一支特殊的团队，选出可调整的入门级岗位，并修改了更多的工作要求，凸显关键知识、专业技能和各项能力。除此之外，团队还确定了我们希望新员工具备的软技能，比如成长型思维和创造力。另外，我们还删除了可能为申请工作造成阻碍的带有无意识偏见的语言。

在我们规模化实施这种方法时，一些同事持怀疑态度。IBM一向雇用拥有大学学历的员工，更不必说大批博士了。他们担心，弱化学位的重要性，有可能降低绩效标准和工作质量。

为了解决这一问题并确认优先考虑技能的招聘方法的确能带来回报，我们从5个方面衡量了不具有四年制学位的员工的表现，其中囊括了创新、客户服务和业务业绩。与有学位的同事相比，在某些领域，没有学位的同事在第一年花了更多时间跟上步伐，但在此之后，他们创造明显业务成果的能力很快就与有学位的同事持平，甚至有过之而无不及。我们还发现，没有学位的员工拥有极强的好奇心，他们在学习和继续教育上投入的时间要多于拥有学位的同事，有时几乎是后者的两倍。他们倾向于在公司待得更久，这或许是因为他们对IBM抱有一分忠诚，感谢IBM给了他们一个机会，让他们拥有持续学习和进步的选择。我们的时间和精力，确实在很多方面得到了回报。每年，大约有300万人申请IBM的工作。到了2019

年，代表性不足的群体的求职者增加了63%，许多空缺职位的招聘速度要快过往年。在美国，当年招聘的新员工中，大约有15%的人没有四年制大学学位。到了2021年，IBM在美国的空缺职位中，不再需要学士学位的职位接近一半。相比之下，在2016年，需要学位的职位占比超过了90%。

然而，我们对技能的关注不只是出于招聘方面的考虑，这也是一种渗透到企业文化中的模式，从招聘、面试、晋升和职业发展等各个方面，颠覆了公司对人才的评判标准。从人才来源方面来说，这种方法扩大了我们的选择范围，将我们与其他被忽视的群体联系起来，比如暂时离开工作岗位、处于职业中期的技术专业人士，拥有大学学历但没有科技经验的人才，以及神经多样性人才①。后者独特的思维、学习、信息处理和行为方式，为工作赋予了独特的挑战。

另外，我们还增加了招聘团队的多样化，并对面试官进行培训，以避免无意识的偏见。相比于询问曾经的经历，我们会向受访者提出一系列情境和结果导向的问题，比如"如果……你会怎么做"，以适应技能导向型招聘法所吸引的广泛求职者。对于我们的现有员工，我们会针对其技能进行开诚布公的沟通，让他们明白这些技能现在或未来有多抢手，他们需要哪些新技能才能在市场（而不仅仅是在IBM）上获得成功，以及公司会如何帮助他们获得尚未掌握的知识。公司围绕各种技能创建了一个完整的人才系统，其中包括人工智能生成的职业路径模型，方便员工做好属于自己的未来规划。

在哈佛商学院的一份个案研究中，鲍里斯·格罗伊斯伯格教授和资深个案研究员萨拉·梅塔记录了我们的历程，首次深入研究了我们在改革人

---

① 神经多样性的症状包括自闭症、阅读障碍等，神经多样性人才指在学习能力、注意力等功能上表现出多样化的人才。——译者注

才选拔和晋升领域所做的努力。

我开始逐渐看到一个不同的未来,其范围不仅局限于IBM。我设想,在城市、乡镇和农村社区,更多的人能够拥有更好的工作,而更多的公司也能够拥有所需的员工。

我将这样的世界称为"技能优先"的世界。

技能优先

"技能优先"是一个包罗万象的术语,指的是重视一个人拥有的技能,而不仅仅是他拥有的学位。更具体地说,"技能优先"的学习、招聘和晋升方法意味着雇主根据员工的知识和专业技能进行招聘和选择,而不只看他们的学位或高等教育证书。技能优先的方法适用于许多不同的工作,也适用于职业生涯的各个阶段。

在技能优先的世界里,我们可以造福多数人。对刚开始工作的个人来说,技能优先的招聘方法为他们打开了通往中产阶级职位和职业的大门。对处于职业生涯中期的人来说,技能优先让新的职业路径成为可能。对雇主来说,技能优先在不牺牲绩效的情况下,提供了更广泛且更包容的人才库,并吸引了更多样化的劳动力加入。这种模式将技能作为安排职业路径、晋升和薪酬的基础,并推动组织重视终身学习。对社会而言,技能优先为更多人创造了更多就业机会,使更多公民能够自给自足,发挥自己的潜力,感受到工作带来的尊严,从而推动不平等的弥合和经济的巩固。

在技能优先的世界里,劳动者不再把教育和培训视为一劳永逸的命题,即便大学毕业生也是如此。相反,我们抱有终生持续学习的心态,在一个许多技术技能会在三到五年内变得过时或不那么重要的时代,这一习惯至关重要。

在技能优先的世界里，学习敏捷和成长型思维模式是非常宝贵的，好奇心和不断学习的习惯成为预测个人成就最准确的因素。工作者会主动寻找受教育的机会，并充分利用这些机会。

在技能优先的世界里，雇主会成为成为人才的"培养者"，而不仅仅是"买家"。他们会开发自己的教育项目并展开合作，对其他公司的课程进行改编，引导员工完成学习之旅，让员工有时间参与正式课程和体验式学习，并在非正式场合接触新鲜的想法和思维方式。在技能优先的世界里，人们不再紧盯学位，而是将技能等同于专业成就，视其为晋升的先决条件。拥有真正学习型文化的公司能吸引并留住更多人才，提高员工敬业度，激发创新，更具竞争力。

在技能优先的世界里，政府、教育机构和人才开发机构与企业合作、结盟，为进入劳动力市场打造不同于主流的可行途径。

适当的语言能够成为我们所寻求的变革的催化剂，技能优先这个术语提供了一个精准描述我所想象的新世界的切入点，勾勒出一种具有普世性的理念，而不仅仅是一家公司的计划。在我于 IBM 内外进行积极宣传的过程中，这个通俗易懂的术语也促进了信心的建立。

广泛倡导

"多年来，我们老是听到技能差距的问题，说美国没有足够拥有对口技能的工作者，来填补正在被创造出来的各种工作，"2019 年的一天，吉姆·克莱默对美国消费者新闻与商业频道的观众说，"但是，我们却很少听到缩小技能差距的方法。"

吉姆是该频道《疯狂金钱》节目的主持人，他一向直言不讳，准备工作也做得极其充分，曾多次邀请我上他的节目，谈论 IBM 的起落和更广泛的话题。2019 年，吉姆邀请我一同讨论 P-TECH 的成功。他是 P-TECH 模式的忠实粉丝，不仅见过那里的学生，还在他位于布鲁克林的圣米格尔酒吧餐厅亲切款待过毕业生。吉姆毕业于哈佛大学，是一名成功的对冲基金经理，但他的眼光超越了自己的经验，认识到为劳动力市场搭建多种途径的价值。2019 年 6 月的一天，他在布鲁克林第一所 P-TECH 学校的图书馆里采访了我，我们坐在凳子上，四周满是书架。

"在这里上学，你就等于脱离了无路可走的境遇，踏上了快车道，对吗？"他意指 P-TECH 为被忽视的社区和学生提供机遇。

"没错，"我回答说，"这是一套与行业需求对应的课程。"我分享了一些 P-TECH 的成功数据。

我们谈了大约 10 分钟的时间，在采访结束时，吉姆问道："如果有人说，知道吗，你这是在浪费时间……这不是 IBM 股东想要的，你会怎么回答？"我告诉吉姆，我对这种观点完全不认同。支持 P-TECH 这样的项目和缩小技能差距超越了企业责任，已经涉及经济责任的范畴。

"我的公司需要这样的员工，这对业务有好处，"我回答说，"他们都是很棒的员工，是你能找到的最忠诚也最敬业的员工。"

之所以如此频繁地讨论 P-TECH、新领经济和技能优先，是因为我需要让持怀疑态度或不知情的商界人建立起信任。这些人士跨越了 IBM 股东、员工以及其他公司的首席执行官。

无论是达沃斯世界经济论坛、拉斯维加斯消费电子展还是欧洲的"科技万岁"科技创新展，每次在此类大型活动中参与座谈或是发表主题演讲时，我都会以一个关于如何为优秀科技保驾护航的主题收尾，其中也包括为技能优先的世界发声。

我经常会把 IBM 的新领员工和 P-TECH 雇员带上舞台,与我分享他们的故事,展示他们的才能。我尽可能地让他们感到舒适安心。(多思考、多准备、多排练!)但是,对一个不习惯公开演讲的人来说,在 20 个人面前讲述自己的故事已经需要巨大的勇气,你能想象面对 3 万名观众的情景吗?我认为,大家之所以能够鼓起勇气,是因为他们相信自己是在为社会更大的一部分人发声,这往往是指他们成长的社区。这样的成就让他们引以为豪,这是理所应当的。之后,我会在后台与他们交谈,那灿烂的笑容和热情告诉我,他们还愿意再次参与。因此,我便继续发出邀请。在这么大的舞台上演讲是一项延展型任务,能让他们从中获得成长。与此同时,每位听众也同样获得了成长。现场分享经历能够拉近听众与演讲话题的距离,也能稳扎稳打地感染听众,促进大家建立对技能优先世界的信任。

有一年,我参加了全美州长协会年度会议,通过美国公共事务有线电视网(C-SPAN)发表关于 P-TECH 的演讲,吸引了来自更多州的电话。还有一年,我正在为 IBM 一年一度的"大押注会议"(Big Bets)做准备,这场会议,会邀请我们 100 位最大客户的首席执行官齐聚一堂。策划团队走进我的办公室,有人建议让威廉姆·亚当斯与我一起参加一个小组讨论。有些人认为这个想法很疯狂,但我却很感兴趣。作为歌手、词曲作者兼黑眼豆豆乐队的队长,威廉姆·亚当斯成立了"我是天使基金会"(i.am Angel Foundation),通过 STEM 领域的教育奖学金,在他出身的低收入移民社区推行变革。当时的我,还从未见过威廉姆本人。而我们两人一见面,我便看到了他的闪光点,那是一种创造力、激情和敬业精神的结合。尽管我们有诸多不同,却都有一个共同的愿景,那就是通过改善教育机会,帮助拥有无限潜力的群体转型。志同道合的想法使我们多次走到一起,而威廉姆和商界之外的人士的协作,使得"技能优先"获得了我从未接触过的受众,打造出一个更具共创精神的联盟。

我对优秀科技的倡导并不局限于美国,同样,我也没有将发扬"技能优先"理念的主场局限于美国。在法国,我参加了埃马纽埃尔·马克龙总统的"科技向善"峰会,并与法国巴黎银行董事兼首席执行官让-洛朗·博纳菲共同主持了该峰会的劳动力和教育板块。在印度,我们开展了"STEM 女生教育"(STEM for Girls)计划,帮助 20 多万年轻女性在科技领域接受教育,并为纳伦德拉·莫迪总理为年轻女性提供教育的目标给予支持。还有一年,我将我的领导团队带到非洲,让他们亲身体验发展中国家的技能培训需求和潜力。IBM 推出了"非洲数字国家"(Digital Nation Africa)计划,这是一个免费的开放平台,旨在为年轻人提供数字技能发展的资源。

想要实现大规模尤其是跨越国界的变革,不仅需要保持信息的清晰,更要确保信息的广泛。

在担任商业圆桌会议劳动力委员会主席时,我突然有一个重要的领悟。商业圆桌会议的成员公司超过 200 家,总共提供了大约 2000 万个工作岗位,我在商业圆桌会议的同人们真诚致力于改善招聘和晋升方法,让更多代表性不足的人群加入他们的劳动力大军。每家公司都有自己的流程,所以我们对商业圆桌会议的成员公司进行了调查,找出最有效且实际效果最好的模式,认为其他成员公司自然会效仿。我们虽然取得了一些成效,但我发现,一些组织并不愿意放弃原有的模式。其中一个重要原因在于,为了在自己的社区打造这些模式,这些公司已经投入了多年的精力和可观的资金。

我深感理解。这是因为,对于 P-TECH,我也有同感。问题是,即使是最有效的模式，其覆盖广度也不足以解决全美的就业不平等问题。

前进的道路不是强迫组织用一个项目取代另一个项目，而是改变思维方式。更多人需要接受"技能优先"的总方针，然后再自由编写自己的实操规则。一旦认识到这一点，我意识到，真正的前进之路，是建立起对于"技能优先"信条和益处的信任，并提供如何构建这种全新现实的大致思路。如果各家公司能够团结起来，协调一致，联合共进，"技能优先"便可以加速实现规模化。我的经验是，力争进步，勿求完美。

除了领导商业圆桌会议的劳动力委员会，我还在特朗普政府的美国劳动力政策咨询委员会任职，致力为全美更多人才提供优质的工作。我们取得了实质性的进展，2020 年，特朗普总统发布了一项行政命令，要求所有联邦政府机构按照"技能优先"范式招聘员工。

此外，在纽约市，杰米·戴蒙和摩根大通协力创建了纽约就业首席执行官委员会。我加入了由 30 多家公司和社区大学组成的联盟，为 10 万名低收入纽约人提供工作，让他们得以支撑自己的家庭。这些组织不是独立运作，而是共同合作，协助教育机构和社区大学将教学内容与所需技能相匹配。通过共同的努力，委员会已经产生了一定的影响。

在倡导过程中，我敏锐地意识到，我的声音以及工作者和企业的声音虽然重要，但并不足以引发建立"技能优先"世界所需的长期体制性变革。除此之外，这套拼图还差一个碎片。为了创造新领工作岗位，我们还需要联手联邦政府、州政府、公立学校系统、社区大学和私营企业，在多个行业实现合作。"我们不可能总是意见一致，但想要创造就业机会，我们就需要公开讨论并做到积极参与，"我在 2016 年《今日美国》的专栏文章中写道，"我们必须携手共进，在全美和世界各地改革教育、政策和战略方针。"

第 12 章 技能优先

我所说的困难重重但不可避免的政策改革工作,是实现任何体质变革所必需的一步。

政策改革

餐厅里气氛有些紧张,因为餐桌周围的许多人都是政治上的对手。尽管如此,大家还是出席了晚宴,这是 IBM 等公司耗时 7 年心血更新《帕金斯法案》后取得的重大胜利。很快,国会将就修订后的法律进行投票,伊万卡·特朗普邀请两党议员到她位于华盛顿特区的家中参加非正式晚宴,想在最后关头再次推进。伊万卡是"技能优先"的坚定支持者,在她的邀请下,我和另一位首席执行官代表商界参加了这次两党聚会。对于这种将政策置于政治之上的倡议,我们当然欣然接受。

1963 年,原版《卡尔·帕金斯法案》以另一个名字通过,旨在为各州提供资金,为针对非四年制大学的学生设立的社区大学和职业学校提供资助。这项法案,使得主要来自低收入家庭的数百万人才获得了职业技术工作。《帕金斯法案》得到了数次重新授权,但没有经过细致的更新,其主旨在数字时代已站不住脚。IBM 则誓要更新这部过时的法案,推动国家人才供应与人才需求保持一致。

我们共同努力,旨在弥补该法案的主要缺陷:通过《帕金斯法案》资助的社区大学和其他教育机构,没有责任教授学生符合现代产业需求的技能。简而言之,社区大学有很大的能力和潜力来培养公司所需的毕业生,却没有奖励机制促进这些大学的教育与市场需求匹配。

修订法案的讨论持续了数年,但党派之争却阻碍了进展。

最终,我们成功采取了一种兼容并包的共同创造方针,投入了数年时间，在参与起草新法律的多样化联盟中建立起彼此的信任。这个联盟，包括企业、商会、劳工组织和民权团体。我们要求这些团体的成员代表与立法机构的成员对话，从所有选民的角度清晰传达改革的必要性，这有助于获得左右两派议员的支持。尽管如此，大家还是有些犹豫，于是便有了这场晚宴。

我们边进餐边讨论了修改法案背后的推定意图，以及可能出现的意外结果，大家的辩论非常激烈。在陈述自己的观点时，我强调了一个确信能够赢得大家共识的话题：就业。更新后的《帕金斯法案》将使数百万人做好迎接更高质量工作的准备，这些人分布在美国各州，无论是红州还是蓝州。①

这 7 年的努力和那顿晚餐并没有白费。2018 年 7 月 31 日，特朗普总统签署了《加强 21 世纪职业与技术教育法案》（亦称第 5 版《帕金斯法案》），将法案上升为法律。这条法律为更多类型的学习和教育增加资助，便于更多学生参与技能培训。另外，该法律还赋予各州更大的权力来设定自己的教育目标，这意味着会有更多的学校教授当地雇主所需的技能。最值得注意的是，该法律通过毕业率和获得证书的学生数量等数据，要求全州教育机构为教育的进步承担责任。现在，联邦政府可以拒绝向未能达到绩效目标的州提供资金。没错，如果不能满足市场需求，你就得不到资金。这是一项有力的激励政策，也是通过问责制增加机遇的一个实例。

第 5 版《帕金斯法案》的通过进一步证明，公私合作可以解决任何一方无法单独解决的问题。我们有没有实现所有的目标？答案是否定的。但与从前一样，我们力争进步，勿求完美。这也提醒我们，在追求体制性变

---

① 表示美国共和党和民主党在各州的势力，红色代表共和党，蓝色代表民主党。——译者注

革的过程中，韧性何以会扮演如此重要的角色！

将政策置于政治之上，将对其他法律法规的更新起到有力的促进作用。想要推动任何体制性变革，在审视立法和法规时，我们都需要从当下现实出发，判断什么有利和什么有害。在进一步创造经济公平方面，从设定最低工资的劳动法，到设置更多的工会，再到涵盖更广的经济援助资格，人们对需要改变的领域各持己见。政府可以撬动达成广泛共识的杠杆，并通常要与私营部门合作。而人们的意见如此不同，想要改变支离破碎的体制，必须撬动大量杠杆。

以下，是我为"技能优先"世界制定的立法注意事项。

首先，普及价格合理、安全可靠的互联网连接，必须和普及水电一样成为一项人权。无法连接互联网阻碍了在线学习，增加了在线申请和远程工作的难度，甚至阻碍了这种可能。与学徒计划一样，美国在普及网络方面远远落后于其他国家。2022年，20家互联网提供商同意为数百万低收入家庭改善有补贴的高速互联网，并扩大其入户范围，这一目标已接近实现。这项倡议，无论如何也不能停滞不前。

其次，我们还需要更多更高质量的全方位服务。学员和员工必须能够负担得起交通和托儿服务，以便安心上课或上班；孩子或年迈的父母应得到良好的照顾，以便让他们专注于学习和工作。否则，培训和工作就没有意义了。

再次，我还提倡提高教育和就业机会的公开透明度。学生及处于职业生涯中期的专业人士，必须能够轻松洞察市场趋势和诸多全新的学习途径，以便在适合自己的选择上投入资源。越来越多的初创公司正在获取解决这个问题的资金。有些公司为服务的人群提供可消费的信息，比如以类似TikTok的形式向父母和高中生提供建议。许多公司正在使用人工智能匹配职位和求职者，并提供职业规划咨询。而其他公司则正在围绕人才融资搭建市场。

最后，学校和雇主对于各种认证的可移植性和透明度也有很大的需求。除了履历或学位之外，求职者没有证明其技能的统一方式；而全国性的资格认证体系将为求职者和雇主提供一种标准模式，以分享、认可和验证通过课程、考取证书、获得学位，以及诸如学徒学习等体验式学习获得的技能。诸如区块链这样的科技能够利用不可变分类账等工具记录个人历史，使这种模式成为可能。

以上这些，需要大规模的巨变。但是，通过创新打造"技能优先"这样的不同现实，并不意味着我们要抛弃现有的一切。在创新的同时，我们还必须探索应该保留什么。

确定必须保留什么

学士、硕士和博士学位对经济的健康和增长仍然至关重要。因此，高等教育必须作为大众可选的途径保留下来。我们可以让四年制学位变得更加容易，减少由此带来的经济负担，并使之更加贴近市场，从而增加获得学位的机会。例如，大学可以将有资质的非传统人才开发机构经验计入学分，使之成为获取毕业资格的条件之一。让更多大学对就业安排等实质性成效负起责任，这有助于确保学生在学校的投资换来的不只是一纸学位。

"不上大学就破产"的观念深植于美国梦的故事之中，受此观念影响的不仅包括美国。联邦贷款和拨款的管理方式，进一步强化了这一观念。例如，自1965年以来，《高等教育法》的财政援助项目为数百万美国人打开了大门。佩尔助学金是一项广受欢迎的补贴，帮助低收入本科生支付大学学费，如今，我们需要扩大学生贷款以及佩尔助学金的资助范围。大多数经济援助仅面向在两年制或四年制学院及大学就读的学生，有些也面向在符合严格要求的职业学校就读的学生。相应的规则需要放宽，将更多的人才开发机构纳入其中，比如科技训练营和传授技能的非营利组织。根据现行法律，佩尔助学金只适用于 15 周和 600 小时的教学项目。然而，加州紧急医疗技术人员在完成 170 小时的培训后就可以达到执业要求。在北卡罗来纳州，护士助理 I 级认证在 75 小时内就可完成。联邦法律必须将非全日制学生和职业生涯中期的专业人士纳入佩尔助学金和学生贷款的范围，囊括短期学习项目、学徒计划、实习、资格认证课程和社区大学课程。

如果耐心审视，我们会发现使得现状停滞不前的诸多基础因素。想象一下，如果连联邦勤工俭学计划这样的小规模项目也能与时俱进，我们的现状会好多少。长期以来，这一计划向兼职打工的大学生和研究生补贴高达 75% 的工资，帮助他们支付学费。目前，该项目提供大约 10 亿美元的资金，但大部分资金只能用于校园工作，比如在图书馆整理书籍和在自助餐厅做服务生。可用于校外营利性企业工作的资金，只占 25%。若能打破 25% 的上限，更多的学生便可以在当地的小型企业工作，获得实际经验，为就业做更好的准备，同时，小型企业也能获得更多人才。

改变长期存在的工作岗位和制度，是一项艰巨的工作。我们的进步就像蜗牛爬行一般缓慢。对于像我这样注重速度的人来说，这种速度可能会令人大为光火。在这种情况下，韧性的重要性不言而喻！鼓励我们的教育机构解决紧迫的社会问题，淘汰不再造福我们的法律，并在这些法律的基础上进行拓展更新，这些，都是击中"技能优先"模式靶心的箭。从体制出发进行思考，通过正能量的滤镜审视问题，有益于开启意义深远的规模化改革。

原则规模化

2020年底，在IBM工作了40载之后，我从工作岗位上退休。在最后的几个星期，由于疫情的肆虐让我们无法面对面相聚，我只能通过数不清的视频会议向世界各地的同事和客户告别，其中许多会议都是针对某些地区或国家开展的。每次会议上，我都会分享3段最重要的记忆，讲述当地的IBM员工对公司的全球转型、业务成果、客户以及所在国家产生的影响。在无数次与客户的视频通话中，我向每个人举杯致敬，表达我在他们的领导工作中最为钦佩之处、我从他们身上学到的东西，并阐述我对继任者阿尔温德·克里希纳的强烈信心。在给IBM员工的最后一封信中，我写道："我们塑造了为之效力的公司，而这家公司也反过来塑造了我们。"这种感觉，真是五味杂陈。

我的一生都在为这一家公司效力，离别时自然会分外怀念。然而，我并没有退休，只是离开了IBM。现在，我已经找到了另一个让我充满激情并愿意投入时间和精力的使命。

我一直相信经济机会是最好的均衡器，在我眼里，经济机会等同于收益良好的就业。因此我很清楚，帮助更多的人获得更好的工作不仅至关重要，而且迫在眉睫。对我来说，加倍努力创造一个技能优先的世界，是将正能量从"我"推广到"我们"和"大家"的终极转化。

帮助更多人获得更好的工作，让社会为迎接数字时代做好准备，就等同于为数百万可能被排除在数字经济之外的人群造福。另外，想要蓬勃发展，企业就需要培养和寻找具备所需技能的人才；想要稳定发展，社会中的公民就必须相信自己拥有更好的财务前景。因此，此举造福的对象，还包括企业和社会。

规模化推行技能优先，要求我们建立对新范式的信任，并接受就业鸿沟的症结所在。如此多的人之所以被排除在劳动人口之外，不是因为他们缺乏才能或动力，而是因为他们缺乏接受教育和就业的机会。我们一定能够解决这个问题，因为真正的解决方案已经存在，并且能够通过规模化实现拓展。

想要实现规模化，我们就需要从体制出发进行思考，审视全局，弄清楚哪些因素必须改变，哪些必须保留。让我们坦诚面对在今天的教育机构和企业实践中不再有效的传统。让我们用智慧和毅力，在政府政策改革和公私部门合作的基础上，采用新范式，创造新模式。

建立更具多样化和包容性的劳动力队伍，接纳被忽视的群体和社区，为个人、社会和企业做出正确的选择，这就是为优秀科技保驾护航的真谛。

最后，必须解决的障碍是根深蒂固的，我也逐渐了解到，需要应对的主要牵制因素在于支撑家庭的工作所要求的资质过高、教育供给与雇主需求不匹配、缺乏获得更优质工作的途径、过时的政策和法律，以及一劳永逸的学习心态。解决这些障碍，将为所有代表性不足和被忽视的群体打开通往高质量工作的大门。我们有机会掀起一股大潮，让整个大环境水涨船高。这需要巨大的韧性，但面对如此重大的使命，我已经做好了奋力一搏的准备。

2020年夏天的悲剧引起了全世界的关注，也使得这一使命变得更加紧迫。

第 13 章　积极变革，勇往直前

在关键时刻来临之际，我们却并未必能意识得到。

2020 年 5 月下旬，也就是我退休前 6 个多月的一天，马克和我像其他人一样待在家里，在新冠流行期间进行自我隔离。当时，我的继任者阿尔温德·克里希纳已经开始了他的任期，而我则担任 IBM 的执行主席。之所以有时间上的交叠，是为了确保平稳过渡，尤其是考虑到我们宣布的大规模资产剥离事宜。

我的大部分时间都花在与同事和客户的视频电话会议上，大家也都习惯了这种新的远程工作方式。我已经在家待了差不多 3 个月的时间，上次在家连续待这么长的时间……真不知是什么时候的事情了。我想念与人面对面交流的感觉，但不得不说，不必一直出差的确是一种解脱，我尤其享受这种与马克一起开始和结束一天的生活。时时有我在身边，对他来说也很新鲜。因为我总在出差，我们的家庭办公室便成了他的个人办公室，因此，我在厨房以橱柜为背景，布置好了自己的工作空间。

和大多数人一样，在这个前所未有的非常时期，我们经常开着电视，以关注每日新闻。5 月底，一位名叫乔治·弗洛伊德的 46 岁黑人在明尼苏达州明尼阿波利斯市遭到谋杀，新冠的相关报道随之平息。弗洛伊德因涉嫌使用 20 美元的假币被捕，他被一名叫作德雷克·肖万的白人警察戴上手铐，脸朝下倒在街上，而肖万则用膝盖压在他的脖子上长达 9 分钟之久。弗洛伊德痛苦难忍，最终停止了呼吸。尸检结果确定，弗洛伊德死于他杀。关于这场骇人悲剧的视频，在网上被人们疯传。

对于像我这样没有经历过种族主义带来的敌意和障碍的人来说，乔治·弗洛伊德的死和随之而来的民愤，是对美国白人和黑人之间巨大鸿沟的又一记警钟。我没有上街抗议，但我和家人进行了交谈，仔细倾听我的黑人朋友和同事的心声，以便更好地理解黑人群体正在经历的现状。肯·弗雷泽在默克集团担任了10年首席执行官，任期与我领导IBM的时间相当。他表示，弗洛伊德被杀，对于包括白人和黑人在内的大家而言都是一个重大事件，这是因为，这是一场美国民众作为一个国家共同经历的事件。每个人都在家里，在电视上亲眼看到一个白人警察跪在一个手无寸铁的黑人的脖子上，对他的求救充耳不闻。在接下来的日子里，美国数百万民众走上街头表达愤怒、沮丧和深深的哀思。肯说，这种宣泄不仅仅是对警察暴行的愤怒，更是针对美国存在的一切种族主义，以及对于美国黑人从未完全成为社会一分子的普遍认识。

与我和肯一样，许多商界领袖都在反观自身，向自己提出各种重大问题，比如我们是如何处理生活中和公司里的种族不平等和障碍的？我们是否在用最有效的方式行使自己的权利？有一件事变得愈发明显：我们必须付出更多努力，这是因为我们正在实施的举措，并没有对为我们提供经营许可的社会产生足够积极的影响。

积累人气，获得支持

我们该如何在整个社会范围内创造积极的变化？对我来说，这就是对于正能量，也就是大家的力量的终极应用，真正而广泛的变革必须是体制性的，这意味着人们每天思考和做事的方式必须与现在有所不同。当意想不到的事件引发集体意识的转变时，体制性的变化便会由此开启。数百万人凝聚在一个想法或真理周围，而这个想法或真理已然在酝酿之中，正等待一个合适的时机，在国家或全球舞台上粉墨登场。乔治·弗洛伊德之死，以及随之而来的大规模民愤，就是这样一个时机。因为这件事加深了更多人对种族主义和不平等的反思和认知，尤其是在包括我在内的非黑人群体。当乔治·弗洛伊德在世人面前离世时，种族主义便烙上了另一张我们无法忽视的面孔。

我承认，我本以为自己了解美国的种族和经济差距，但数据显示的情况，却比我意识到的还要糟糕得多。根据美国人口普查局2019年的《美国社区问卷调查》，在美国，黑人生活在贫困中的可能性是白人的两倍多；一个黑人家庭的平均净资产为1.7万美元，而一个典型的白人家庭则是17.1万美元。包括平均净资产在内的各种收入差距，已经严重到了令人发指的程度，而新冠疫情的流行则使得差距进一步扩大，尤其是对黑人女性而言。

在2020年夏天的事件引发商界领袖反思浪潮之前，一些人已经致力于通过各种方式解决当今的偏见和种族不平等问题，其中的一种方式，就是在工作场更加开诚布公地讨论这一问题。在过去，这个问题曾是职场中不能触碰的"高压线"，而今却成了日常谈话的热点和政策大会的议题，吸引员工纷纷发表意见和分享经验。大约在乔治·弗洛伊德被谋杀的6个月前，作为公司常规高级领导力培训的部分内容，IBM举办了一次这样的会议。我邀请了著名物理学家、伦斯勒理工学院多年的校长雪莉·杰克逊发表演讲。雪莉是第一位获得麻省理工学院博士学位的黑人女性，也是我崇拜的榜样之一。在我看来，她仿佛有着无穷无尽的干劲。与雪莉一起，我们的几位黑人领袖讲述了自己遭遇歧视的经历。一位发言者表示，他感到全世界的重担都压在了他的肩上，鞭策着他获得成功，因为失败不仅意味着让自己失望，还意味着让整个黑人群体和他的故国失望。当时的我大为震惊，没有想到，种族主义竟有如此多不易察觉但同样有辱人格的表现形式。如果这些最聪明、最有成就的黑人成功人士也能感受到种族主义带来的痛苦、压力和阻碍，我简直无法想象，一个年轻人可能会承受怎样的情绪。

诸如此类的对话意义重大，展开这样的对话也非常重要。但为了社会的进步，在对话的基础上，还需搭配实质性的行动。

在全美抗议活动之后，肯·弗雷泽发出了行动的呼吁："我们应该做企业最擅长的事情，提供就业机会。"肯明白优质工作对于黑人家庭的价值，尤其是对年轻一代而言。他父亲的最高学历只是小学三年级，是一名看门人。肯最清晰的一段童年记忆，就是在洗手间刷牙准备上学的场景，那时，他父亲已经离家去上班了。

"他已经离开，但我还能闻到他的剃须膏的味道。"有一次，肯这样告诉我。在成长过程中，他感受到了父亲对工作的自豪和从中获得的尊严，这给他留下了深刻的印象。后来，肯进入宾夕法尼亚州立大学和哈佛大学法学院学习。他于1991年加入默克集团，并于2011年成为首席执行官，是《财富》世界500强公司中仅有的5位黑人首席执行官之一。肯相信，就像他的父亲一样，父母的榜样可以增强年轻人的自我意识。如果包括黑人在内的每个孩子都能看到家庭成员努力工作的情景，他们就会获得尊严、信心，甚至动力。若是规模化推动这种思想转变，便可以改变整个国家。鉴于自己的成长经历，我也对此表示同意。没有榜样的力量，我们就无法成功！

肯携手另外两位黑人商业领袖一起制定新的模式，为被剥夺应有权利的黑人群体提供就业机会，他们分别是美国运通的前首席执行官陈纳德以及企业软件供应商恩富的前首席执行官查尔斯·菲利普斯。此外加入其中的，还有安进公司的前首席执行官凯文·夏尔。他们的目标，是为黑人提供更多的优质工作，对此，我深表理解。作为一名白人女性，我当然无法为黑人的经历提供证言，于是，我继续倾听同事的意见，并由此加深理解。我也从中恍然意识到，或许，我也能够提供一些非常宝贵的资源，那就是我在"技能优先"招聘和晋升方面的运营经验。"技能优先"模式，可以帮助他们将愿景变为现实。于是，我加入了他们的行列。

　　我们都知道，黑人虽然人才济济，但即便我们的公司主动招聘，也并不总是那么容易找到。只需看看数据，你就会发现这并不奇怪。在18岁至35岁的美国黑人中，有超过75%的人没有大学学位，然而，在能够支撑家庭的优质工作岗位中，几乎75%的岗位都需要四年制大学学位，其中许多岗位都存在过度认证问题。毫无疑问，大规模的"技能优先"转型，能让包括黑人在内的所有美国人受益。但是，想要引发真正的巨变，需要成千上万大大小小的公司重新思考招聘、管理和培养人才的方式。然而，召集众多公司联手进行这样的体制性变革谈何容易，更何况，这些公司之间还存在着业务竞争关系。然而那一年，民众意识的转变如同催化剂一般，让大家迫不及待地想要采取不同的行动，解决美国的种族不平等问题。另外，许多企业仍然很难找到足够的技术工人，因此也有商业上的动机。雇用更多未充分就业[①]的美国人，是一种双赢的举措。让企业接受"技能优先"招聘和晋升模式的最好时机，莫过于

---

① 指人才没有得到有足够报酬的工作，或是没有从事能充分发挥技能的工作。——译者注

现在。

从个人的角度来说,我一直在深入思考该如何利用离开 IBM 后的时间。我已经加入了好几个董事会,包括摩根大通、西北大学和纪念斯隆-凯特琳癌症中心。我将激情和经验投入到"技能优先"运动中,从而为更广阔的世界创造有益变化。

实现体制性的变革

2020 年夏天,我和肯·弗雷泽与商业委员会的成员进行了视频通话,提出了我们这支工作小组的构想。这是一支由 200 名首席执行官组成的委员会。我们成立了一个组织,名叫"经济和种族正义雇主联盟"(Coalition of Employers for Economic and Racial Justice, CEERJ)。诚然,名字有点儿拗口。该联盟将做出长期承诺,雇用不具有四年制学位的黑人,让他们从事具有向上发展空间的中产阶级工作。

该联盟旨在造福三大群体:一是没有四年制学位但需要获得就业机会的人,从黑人开始,扩展到所有被忽视的人群;二是需要填补空缺职位且希望自己的劳动力更具包容性和多样化的企业,这些企业大小不一,由大型企业牵头;三是教育机构和技能开发机构,他们需要为当今和未来的工作储备更多的人员。

我们的实践方式也同样充满了野心,志在实现体制性的变革。什么是体制性的变革?从最基本的层面来说,被优质工作拒之门外的人必须转变他们的观点,愿意学习新的技能。雇主们必须对雇用、培训和提拔的人员和方式进行重新思考。技能开发机构必须改变教授学生的方式和内容,有时还需对运营模式进行调整。

我和肯以及团队花了几个月的时间，试图说服这些首席执行官和他们的公司加入进来。大家都需要员工，却没有对大量需要就业的人才加以利用。凭借 IBM 通过"技能优先"招聘模式获取的经验，我不厌其烦地强调着一个事实："问题不在于缺乏人才，而在于缺乏机遇。"截至 2020 年 12 月，将近 40 家大型企业做出了帮助我们实现目标的承诺：在 10 年之内，他们会在美国雇用、晋升和培养 100 万没有四年制学位的黑人，让他们从事能够供养家庭的工作。诚然，这是一个非常大的赌注，因此，我们将之前拗口的名字改成了"OneTen①"，这个名字一来能反映我们的使命，二来方便人们记住。我和肯同意，共同领导这个新组织。

2020 年 12 月 10 日，我们俩各自坐在自家的办公室里，通过 Zoom 接入哥伦比亚广播公司的《今晨》节目，接受盖尔·金的采访，宣布 OneTen 项目的启动。盖尔首先发话："我想，无须大学文凭就能就业这一点，会吸引很多人的关注……说实话，根据我的经验，高学历往往不能转化成生存技能，甚至不一定能带来聪明才智。"这句话说得好极了！戴着玳瑁框眼镜的盖尔，用她那温暖而权威的声音对着数百万观众娓娓道来。这番话，也是在帮助我们更好地应对学位偏见这一牵制因素。接下来，我和肯描述了 OneTen 的使命，最后，盖尔向我提出了一个尖锐的问题："你担心被指责排斥其他人群吗？"我回答说，OneTen 刚刚起步，虽然我们首先关注的是黑人人才，但我们努力化解的障碍可能适用于所有被忽视的群体。美国民众各有疾苦，白人和黑人都包括在内："但就像任何一家创业公司一样，你必须从某个起点开始。"

为了积累人气，我和肯接受了更多的媒体采访。宣传造势的风头一

---

① 即在 10 年内，为 100 万美国黑人提供能够供养家庭的工作。——译者注

过，我们就必须回到繁重的工作中，将我们的意图变为现实。

很快，全美最大的 60 多家公司加入阵营，包括自动数据处理公司、好事达保险公司、美国运通、安进公司、怡安集团、美国电话电报公司、贝恩公司、美国银行、嘉吉公司、卡特彼勒公司、思科、克利夫兰诊所、德勤、达美航空、礼来公司、吉利德科学公司、通用汽车、惠普、哈门那公司、IBM、山间医疗、伊利诺斯工具公司、强生、劳氏公司、美敦力公司、纪念斯隆-凯特琳癌症中心、默克集团、耐克公司、诺德斯特龙百货、诺斯洛普·格鲁曼公司、百事可乐公司、儒博科技公司、史赛克公司、同步金融、塔吉特百货公司、特灵科技、威讯通信、沃尔玛以及惠而浦公司。

加入的企业越来越多，每家公司都确定了 50 到 500 个符合 OneTen 要求的需要填补的工作岗位。也就是说，这些工作岗位能够支付维持家庭生活的工资，不需要四年制学位，无须 5 年以上的工作经验，不会承担因自动化被淘汰的风险。作为一个集体，OneTen 积累了越来越多的"技能优先"需求。这是一个强制功能，旨在应对阻碍我们实现目标的另一大牵制因素："技能优先"人才供应的匮乏。

应对人才牵制因素

作为俄亥俄州首屈一指的医疗机构，克利夫兰诊所之所以加入 OneTen，是因为其传统的招聘渠道不足以填补数百个空缺职位。

梅丽莎·伯罗斯博士负责诊所的人才发掘工作，在与 OneTen 合作一段时间后，她对"技能优先"的招聘方式产生了浓厚的兴趣。但是，诊所必须首先找到潜在的求职者才行。因此，她的招聘团队走进附近一些最贫穷的社区，挨家挨户地上门对大约400户家庭进行自我介绍，并告知诊所的工作机会。其中的大多数居民都吃惊地发现，他们竟然能够胜任许多提供良好工资、福利和职业发展机会的岗位。由于没有教育学位或工作经验，他们曾经以为这些岗位遥不可及。但在其中的一些岗位，他们可以在工作中学习，或者通过一些课程跟上其他人。伯罗斯博士和她的团队发现，很明显，许多人都对自己的就业选择范围一无所知。

伯罗斯博士决定回到社区中，而不是等着人才找上门。2022年3月，诊所举办了首届招聘会，带领招聘经理和招聘专员进入克利夫兰的社区。一天之内，有123人参加了面试，其中的82人都得到了工作机会。

克利夫兰诊所的首席执行官汤姆·米哈伊耶维奇博士告诉我，技能导向型招聘方法带来了巨大的变革，不仅让他们找到了更多合格的员工，还让领导者清楚认识到黑人人才面对的特殊问题。同时，此举也让克利夫兰诊所走上了寻找多样化人才的新道路。他们正在改写2700个职位描述，为药剂师和信息技术专员岗位启动了学徒计划，并对3000名现有员工进行培训，帮助他们成为更具包容性的管理者。2021年，诊所超额实现了雇用500名黑人护理人员的目标，几乎达到了目标的两倍。截至2022年年中，他们已几乎实现了全年目标。

正如我在上文中所写，供需不匹配不仅仅是克利夫兰诊所的问题。在大多数城市，这都是阻碍更多人找到更优质工作的一大牵制因素。

我和肯逐渐坚信，只有在需求增加的情况下，具有技能但没有学位的人才供应才能增加。再次重申，工作是一种货币，可以激励培训和教育机构对教学内容和方式进行重新思考和调整，以满足就业市场的需求。因此，如果一所社区大学知道IBM在其所在城市的分公司每年有数百网络人才空缺，并且希望在该校进行招聘，就很可能聘请更多的网络讲师，并开设网络课程。这也是我们通过 P-TECH 亲眼所见的情况。

美国银行的首席执行官布莱恩·莫伊尼汉表示:"大量的工作机会推动了人才计划,而不是人才计划创造了工作机会。"现在,这家金融服务公司已经成为技能导向型招聘的大力支持者,对于难以填补的科技岗位也使用了这种方法。

向技能优先世界的转型,有点像"先有鸡还是先有蛋"的难题:技能优先的招聘模式必须提供大规模的人才;但如果没有足够的求职者来填补技能导向型工作机会,技能优先的招聘模式就无法继续发展。OneTen 的理念是,如果我们能让足够多的公司将其招聘需求集中在我们兼容并包的大帐篷下加以校准,并承诺雇用大量人才,这些工作便能激励诸多技能开发机构改变现有的运营方式。

这些人才开发机构和技能供应机构对于每个经济体的成功至关重要,因此,我们必须对其有效性进行精心打磨。那么,这些机构到底指的是什么?在哪些方面的表现可圈可点,又在哪些方面应当有所改进呢?推广 OneTen 的过程,让我获益良多。

"人才开发机构"和"技能供应机构"这两个词语涵盖广泛,包括各种公立、私立教育和培训机构,各个国家的情况有所不同。在美国,这些机构随州和城市而异,涵盖全国 2600 所四年制大学,也包括传统的黑人大学[①](HBCU)。总体来说,尚且没有足够多的学府将技能差距视为自己的问题,而是认为技能培训应属于高中和社区大学负责的领域。与此同时,根据教育数据倡议组织的数据,许多获得学位的毕业生在离校时都背上了沉重的债务,在大约 4300 万美国人中,平均债务约为 3.8 万

---

① 美国于 1964 年前专为黑人设立的高等教育机构,现有约 100 所此类大学,涵盖公立及私立、二年制及四年制等形式。——译者注

美元。

想要获得经济流动性，全美 1200 多所较为便宜的社区大学是一条重要的途径。每年都有近 700 万学生为获得学分进入社区大学，其中，大多数人都是少数族裔、低收入人群和第一代大学生。副学士学位和学习证书可以带来更多的就业机会和更高的收入，许多社区大学只用短短几年，就能为多个行业培养出有能力胜任新工作的学生。其中，最优质的社区大学会与行业合作，以便调整课程内容。他们将触角延伸到了高中和处于职业中期的劳动力中，将可移植技能证书嵌入课程，方便学生更快地找到高薪工作。有些公司不仅提供涵盖辅导和育儿的全方位服务，还提供强大的工作安置服务。尚未与国家需求对齐的社区大学，可谓一个潜力尚未被挖掘的深水库。

除了大学之外，人才开发机构还包括一系列营利性和非营利性模式：职业学校、在线平台、虚拟课程、工会教育、公私合作项目（如 P-TECH）、雇主主导教育、军事过渡课程和行业特定的认证组织。除此之外，还有提供沉浸式、项目式学习的在线训练营，以及将实际工作经验与课程相结合的混合课程。这样的例子不胜枚举，但质量参差不齐。一些技能供应机构已经把握住技能需求的脉搏，有些兼顾教授软技能，有些则只关注科技，而另一些则让学员为参与销售、物流、制造、医疗保健和其他领域的工作打好基础。

这是一个万事俱备、只欠创新的领域，许多新晋玩家正在做着可圈可点的工作，值得我们在其基础上进行拓展。例如，Per Scholas[①] 每年会为大约 3000 人提供免费的课堂培训。Generation USA[②] 在公司、非营利组

---

① 非营利组织，主要为失业的成年人提供免费的信息技术培训。——译者注
② 非营利组织，提供免费职业培训、安置和支持，协助人们找到工作。——译者注

织和现有教育机构开展为期数月的培训项目，每年可为大约5000人提供服务。Merit America① 科技训练营专注于为需要边读书边赚钱的在职成年人提供帮助，并将学员交学费的时间推迟到就业后。这些组织给人留下了深刻的印象，其中许多都具有令人难以置信的增长潜力，有望获得更快速的发展，为数百万需要工作的人才和无数需要人才的公司造福。

一致性和碎片化，是许多人才供应机构急需解决的两个问题。所谓一致性，意味着更多的供应机构需要推出具备雇主所需技能的人才，从而调整供需。而碎片化则是指人才供应机构数量巨大，包括最大型企业在内的所有招聘机构，都无法处理如此众多的小规模人才来源。

OneTen 旨在为技能供应机构提供服务，从而解决这些问题，同时帮助成员公司解决自身存在的漏洞。截至2022年秋季，已有100多家技能供应机构加入我们的行列。通过几个方向的措施，我们对这些机构提供个别和整体的支持。首先，我们帮助这些机构进行一致性的对齐，使之教授企业所需的硬软技能。第二，我们帮助这些机构与更多的雇主取得联系，确保学生找到优质工作，而此举也将建立更坚实的信任，从而吸引更多的学生。第三，我们帮助这些机构实施可行且可持续的商业模式，确保机构对结果负责，提供发展、规模化及培养更多技术人才的空间。

OneTen 的信念是，如果有足够多的成员公司能对其招聘需求进行调整和融合，我们就会成长到足够的规模，引导技能供应机构改进其教学内容和运营方式。同样，看到其他公司在招聘人才方面有所改进，剩下的雇主也会对自身加以调整。再次重申，工作就是刺激变革的货币。

---

① 非营利组织，对有才华的低薪岗位员工进行培训，帮助他们为高薪岗位做好准备。——译者注

作为OneTen的创始首席执行官，莫里斯·琼斯的整个职业生涯都在私营和公共部门度过，深谙公私合作伙伴关系对于实现大规模社会变革方面的威力。他表示："在美国，没有企业的参与，解决问题便寸步难行。政府和社会部门经常会尝试创造一些东西，然后再进入商业领域。而OneTen的真正利器，在于共同创造的力量。"

最大的挑战，在于将我们的意图变为现实的执行环节，我们使用的方法之一，就是在当地建立生态系统。首先，我们选择了25个人才和潜在就业机会较多的城市和地区，将其命名为"市场"。我们会在每个市场建立雇主联盟，促进技能需求的汇总，创造大量同类工作机会，使当地技能开发机构将课程与企业需求相结合，方便毕业生找到工作。另外，我们还与提供交通和儿童保育等全方位支持服务的组织展开合作。从本质来说，每个区域"生态系统"中连接各方的"结缔组织"，都有可能颠覆全局。

两年过去了，我们仍在学习很多东西，其中不乏灵光一闪的顿悟时刻，包括如何对聚集诸多参与者的模式实行规模化。例如，OneTen并不会规定成员公司取得成果的具体方式。每家公司都有独一无二的复杂性，强迫采用其他公司的模式几乎是不可行的。这是我从学徒计划中得出的经验：每个人都想创造自己的东西。这种做法虽然低效，却很现实。OneTen的作用是提供一个兼容并包的大帐篷，让成员可以聚集在一起相互学习，然后对适合的理念进行个性化。这是间接适应，而不是直接套用。

我们从中得到的最宝贵的经验是，聚合、对齐和结盟，对强制规定说"不"。

共享解决方案

创造技能优先世界的第一步,就是重新调整各家公司的职位认证标准。正如我在前文中所写的那样,OneTen 致力于帮助会员公司改变人力资源系统和公司文化,以便让他们接受技能导向型的招聘和晋升模式。这意味着,我们要求每家公司重新审视自己的求职申请标准,以防止过度认证,还要找出方法,为数百名没有大学学位的求职者提供招聘和晋升的机遇。

当 OneTen 的成员公司齐聚我们的"实践社区"时,知识传播便随之发生。我们分别为首席执行官、人力资源负责人等不同职位开设了专属社区。我会参加这些视频会议,以便不断学习进步,并协助鼓舞士气。大家的热情和坦诚,总能给我留下深刻的印象。我们的许多成员都打从心里希望为自己的组织和整个世界的积极变革做出贡献,每次进行视频会议时,他们都会带来问题、成果和能够说明问题的实例,阐释他们正在如何努力改变公司对人才的看法。

对许多人来说,在公司内部树立"技能优先"的理念是一种挑战。正因如此,每季度召集 OneTen 公司的首席执行官召开一次会议才至关重要。这些领导者需要重申,技能优先的目的不是符合标准,也不是所谓的多样化策略,而是一项人才战略。

达美航空的首席执行官埃德·巴斯蒂安告诉 OneTen 的成员,该公司已取消了几乎所有工作岗位的四年制学位要求,其中也包括飞行员的工作描述。这是因为,想要接受必要的培训,可以通过多种渠道实现。重新编写飞行员工作要求,强调技能而不仅突出学位,此举为来自不同背景的大量求职者敞开了大门。埃德表示,建立技能优先的职业发展路径,对于员工的保留和晋升同样重要。诸如达美航空的许多公司，已经拥有了非常多样化的员工队伍，技能优先的职业路径，向公司的一线员工展示了通往公司更好职位的发展道路。

另外，分享数据和研究结果也同样有助于建立信任。一项针对2017年至2019年期间3300万个招聘信息的分析发现，当雇主取消学位要求时，他们往往会在具体工作中增加理想的软硬技能和科技技能。美国大数据研究机构燃镜研究所的报告称："这种学位重置似乎并未反映出工作难度有任何降低，恰恰相反，学位重置后的工作更有可能针对高级技能提出具体要求。"换句话说，为更准确地阐明具体技能而修改工作认证的过程，可以吸引更高质量的求职者加入，并产生经济效益。报告指出："扩大招聘范围，招聘更多不具备学位的人才，可以在不显著降低生产率的情况下，减少填补职位和人事变更造成的平均空缺时间，为雇主带来实际的经济回报。"

哈佛大学商学院、埃森哲和人生毕业生咨询公司在2017年发布的一份关于学位通胀后果的报告发现，与从事中等技能工作而没有学位的员工相比，拥有大学学历的员工薪水更高、员工参与度更低，且自愿离职率更高，部分原因在于，有学位的员工的工作期望往往高于没有学位的员工。除此之外，二者入职后所需的适应时间大致相同。

分享大家的故事，在客观的范式中加入真人案例，也是帮助人们对"技能优先"建立信任的另一种方式。你的首席执行官可以命令你采取技能优先的方针，客观数据也有助于增强说服力。相比之下，假如一位名叫鲁法罗·曾格尼的年轻女性告诉你，她在7岁时从津巴布韦移民到美国，但因为没钱支付学费而不得不靠打工来支撑家庭，因此没能完成四年制学位学业。这样的案例，更加富有感染力。而更令人动容的是，她还告诉你，一家非营利训练营免费教她学会了编写 JavaScript 代码，让她在摩根大通找到了一份工作，并成为一名软件工程师。在 2022 年的一次电话会议上，鲁法罗对我们的 OneTen 小组表示，她曾经认为，没有四年制大学学位的她，不会得到任何人的信任。然后，她呼吁大家拥有开放的心态，给那些来自非传统背景但具有自我提升能力和动力的人才提供机会。听到这席话，你便更有可能改变你对人才的观点，并改变组织的方针。

怡安集团全球政策和公共事务主管布里吉特·盖纳提醒我们，想要说服公司相信，一些聪明上进但没有大学文凭的人才值得聘用，并不像我们想象得那么难："职场中大多数人与没上过大学的人只隔着一代。也许，他们的父母或兄弟姐妹就没有大学文凭，因此，为一个没有上过传统四年制大学的人进行投资，不仅能巩固关系，也能建立信任。"

话虽如此，放弃学位偏见仍很困难。"四年制学位就像一份招聘的保险合同，降低风险是人类的天性，"布里吉特表示，"公司需要给招聘人员空间，让他们改变工作方式，敢于承担这些风险。"

我早就说过，多样化是一个既定事实，但包容性则是一种选择。加入 OneTen 的公司和组织就在做出这样的选择，我可以很肯定地告诉大家，他们所面对的，是一项非常艰巨的任务，需要通过一次次决定和一个个行动慢慢解决。我和肯鼓励每个人保持对结果的关注，并像对待其他商业计划一样，用同样的严谨和关注对待"技能优先"黑人人才的招聘工作。我们会设定目标，并衡量进展。虽然所有人都有可能将注意力放在 100 万员工这样的数字上，但我试着提醒自己，数字的背后是活生生的人，他们拥有自己的故事、梦想和家庭。

在去年夏天的 OneTen 小组电话会议上，作为思科系统多样化、公平性和包容性招聘和业务战略全球主管，阿莱塔·豪厄尔提出了一个一针见血的观点。即使是毕业于四年制大学的人，也并非都具备从事入门级和更高级别新工作所需的技能。我们每个人都有可能担负起必须成长才能适应的角色，那么，不具备传统学位的人为什么就没有这个机会呢？我们都需要在实践中学习和成长。

许多体制性的变革，都始于自身观点的转变，不是吗？

在我们的小组通话结束之前，阿莱塔的一句话，让我的脸上露出了微笑："我热爱我的工作，我发自内心地相信，这是一场运动。"

一场运动。这不正是我们所追求的吗？没错，就是这样。

我问过自己：我们何时才算实现了目标？我从大规模推广积极变革的经验中认识到，任何旨在获得有意义且可衡量的巨大收效的使命，往往在规模上与其试图解决的问题不成比例。有的时候，改革艰巨而宏大，需要投入大量的时间，因此，我们可能永远无法看到愿景全面实现的那天。然而，保驾护航的工作本质如此，这并不意味着我们不该全力以赴地努力尝试。

总结反思

有的时候，我们必须回溯过去，才能展望未来。现在的我能够看到，对"技能优先"的支持，是我一生经历和学习自然达到的巅峰，其根源，可以追溯到我的童年。

我们的青春和早期的职业生涯，往往为我们的核心理念和性格特征埋下了种子。就我个人而言，这些年，我发现了为我的生活带来积极变化的"自我的力量"。另外，我还发现了获取教育和就业机会如何释放出人们的潜力。最重要的是，我还认识到了好奇心和保持好奇心的价值。终身学习赋予我们自信，有了这种自信，我们才能将更多人聚集在一起，弥合分歧，找到新的解决方案。这些，都是每个人实现更美好未来的关键因素。

随着事业的发展，我的视野逐渐开阔，开始朝着我所钦佩并努力成为的领导者迈进，即以价值观、尊重他人、严谨和责任为出发点的领导者。我逐渐发现了能够推动各种变革的正能量原则，并开始运用"我们的力量"。

我注意到，造福他人以及考虑众多利益相关者的需求，会给我们的行为和成效带来怎样的影响。当我们渴望满足大多数人的需求，而不仅仅顾及少数人时，便能在为大多数人提供最大利益的同时满足自己的需求。

我体会到，建立对使命的信任，能够促进员工自主努力并释放才华，推动真实而艰巨的变革。通过发挥影响力而非显示权威，我们将人们凝聚在一起，共同拥抱新的现实，通过共同目标和共同创造来弥合分歧。

我意识到，认识到什么必须改变，什么必须保留，这是做出持久变化所需的艰难选择的关键，也让我们在关注工作内容的同时，同样关注完成工作的方法。

在一个科学技术渗透所有组织的世界里，我努力为优秀科技保驾护航，并且下定决心，只要价值观支撑着我们所做的一切并成为决策的信息来源，那么变革就不会脱离现实，也不会以牺牲他人为代价。

我曾多次调动性格中的韧性，这让我敢于冒险，坚持变革的势头，即使在旅程艰难、进退维谷的时候也仍然砥砺前行。

但愿大家已经看到，随着经验、高风险任务和实践的积累，这些原则的效果也在不断巩固。并非所有原则都适用于我们工作的每一个阶段，但我认识到，无论是单独还是整体运用，这些正能量原则都能够帮助我们应对领导、解决问题和努力实现伟大创想的工作中固有的矛盾。这也是我对各位的鼓励，希望各位能够运用"大家的力量"，通过对你们有意义的方式，引领大规模的变革。

虽然我希望大家投身"技能优先"运动，但我猜，每个人都有源自生活和学习且属于自己的激情或使命。我强烈建议大家全力以赴地追求。不要被远大的志向和巨大的挑战吓倒，也不要被人误导，认为自己不能有所作为。相信自己的内心，思考如何反复运用这些原则，将愿景变为现实。从本质上来说，正能量就是一种积极完成艰难而有意义的使命的方式，你们说对吗？

无论各位想为自己的生活、工作或我们的世界带来怎样的变革，不适和受挫都不可避免，但是，不要令其成为你的阻碍。现在就去实现自己的变革吧！我们的世界，需要勇往直前，"成为风暴"。

结语

如何成就，才是关键

亲爱的读者：

感谢你花费宝贵的时间来阅读本书。在此，我想与大家分享最后一个想法。

无论你心怀何种抱负，能让世人铭记你的关键，并不在于你曾经取得了哪些辉煌的成就，而在于你此生能否为后人留下有价值的遗产，以及你是如何实现这些成就的。生命中的每一天，都请牢记这一点。我保证，你会为你的人生感到骄傲。

感恩。

罗睿兰

Dear Reader,

    Thank you for giving me your most valuable asset — your time. Before we part ways, one final thought from me to you.

    Whatever your ambitions, you'll not only be remembered for "what" you achieve; your greatest legacy just might be "how" you achieve it. Keep that in mind every day, and I promise that you will be proud of the life you live.

With gratitude,

Ginni

致谢

这本书的创作，是我做过最有挑战的事情之一。实际上，我从没有写书的打算，但自从我 2020 年从 IBM 退休后，人们便开始鼓励我分享自己的经历。就我个人而言，我最热衷的事业，是一个比我个人更加宏大的问题，也就是为更多的人创造更多的就业机会，从而帮助社会在数字时代蓬勃发展，以及通过"技能优先"运动为大批人才创造经济机会和弥合分歧。这是一本有助于推动这一社会变革的书，也是一本充满了事实、研究、故事、关于挫折和具体实践的描写的书，我相信，这本书会吸引需要它的读者。

广受赞誉的律师和著名图书出版专家罗伯特·巴那特，引导我踏上了一条不同的道路。他说服我走出自己的舒适区，讲述我的个人和职业故事，重述那些曾经影响我领导理念的事件，分享那些让我走上"技能优先"之路的经历。为此，也为了你分享的更多智慧，罗伯特，我要在此感谢你。

这本书是我与乔安妮·戈登合作构思和撰写的，她是一位经验丰富、才华横溢的作家，兼具细致和耐心。乔安妮鼓励我深入审视自己的内心，更多地挖掘感受，而不只是叙述所闻所见，所有这些，都是以我善于分析和策划的思维所做不到的。她仔细研读我的档案文件和文章，确保我写的一字一句都准确无误且符合事实。在她的帮助下，我在一生的经历中融入对未来的构想，编织成一段希望能够激励和造福每一位读者的故事。带着这样的意图，这本书成了一本肩负使命的回忆录。乔安妮力求卓越，能找到她，我心怀感激。

感谢我富有洞见的编辑梅琳达·梅里诺和哈佛商业评论出版社的编辑部，感谢你们对我的故事和作品的热情和尊重。你们从一开始就坚信，我的经历和重要的创想值得与世界分享，并在一路上给予我鼓励和指导。感谢哈佛商业评论出版社的整个团队：包括珍妮弗·沃林、斯蒂芬妮·芬克斯、萨莉·阿什沃思、阿基拉·巴拉苏布拉马尼扬、乔丹·康坎农、朱莉·德沃尔、林赛·迪特里希、埃德·多米纳、布赖恩·高尔文、埃丽卡·海尔曼、亚历山德拉·凯法特、乔恩·希普利和费利西娅·西努萨斯，感谢你们从制作、设计和营销方面对这本书的把控和塑造。

在本书出版愿景尚未成形的时候，普里蒂·瓦利就一直是我热情而值得信赖的顾问，她从容而优雅地规划了这本书从草稿到出版的整个过程，这可不是一件小事。

我也要感谢我信任的公关和数字合作伙伴，包括 Bully Pulpit Interactive（BPI）公司，以及马克·福捷及其敬业的团队。

我要深深感谢书中 50 多位与我分享回忆和观点的人，他们帮助我重建了过去的经历，也解决了复杂的问题。另外，我还要感谢 IBM 团队验证了我在本书中分享的诸多事实、数据和经历。

我也要感谢那些慷慨投入时间和精力阅读草稿并提供诚实反馈的人。山下基思深思熟虑的建议，在关键时刻起到了重要作用。我还要感谢乔纳森·阿达谢克、米歇尔·布劳迪、罗布·德尔本、尼娜·伊斯顿、黛安娜·盖尔松、玛丽亚·里夫斯·海斯、约翰·凯利、肯·凯维里安、布里吉特·范·克拉林根、阿尔温德·克里希纳、蒂娜·伦德格伦、凯瑟琳·麦克伦南、杰西·曼塔斯、莫琳·纳利、帕蒂·塞勒斯和鲍勃·韦伯。

萨拉·格林伯格和朱莉·泰特的熟练专业和勤奋，也同样推动了本书的信息搜集处理及研究工作。

能与这么多了不起的同人共事，我深感荣幸。我在书中提到了一些人名，但还有许多没有提到。我从他们的身上学到了良多，包括贾尼丝·卡夫迈耶、帕特·奥布赖恩、鲍勃·豪、弗雷德·阿莫罗索、道格·埃利克斯，当然还有郭士纳。我之所以能走到今天，少不了你们每一个人的帮助。

致 2011 年至 2020 年期间 IBM 董事会的所有成员，你们坚定的指导和支持，让 IBM 有条件采取必要的行动，在混合云和人工智能的时代重塑自我。我从你们每个人身上学到了很多东西，我对你们的奉献与智慧充满感激。

致我在 IBM 这 40 多年来的所有直系下属，只靠言语，无法表达我对你们的辛勤工作和才华的感激之情。你们中的许多人都做出了巨大的贡献，以无限的精力和高超的专业技能，带领 IBM 度过了最艰难的转型时期。无论是在过去还是现在，你们对公司及其使命的贡献都是不可计数的。我也永远对你们的朋友和家人心存感激，感谢他们对你们的支持，感谢他们为让你们专注于 IBM 而做出的牺牲。

我想对所有有缘并肩共事的 IBM 员工说，无论是在顺境还是逆境中，你们都一直遵循 IBM 的价值观，无论是过去还是现在，你们都在不断地造福我们的客户，为此，我感到无比自豪。能成为大家的同事，是我的荣幸。

这么多年来，我的客户来自世界各地，能够为你们和你们的公司造福，是我最大的荣幸。我从你们每个人身上都学到了很多关于领导、追随力和管理的经验，感谢你们允许我和 IBM 成为你们旅程的一部分。你们中的许多人也成了我一生的朋友，对此，我感到万分荣幸。

感谢所有为 OneTen 的成功付出心血以及将公司资源投入其中的人。你们有那么多可以投入时间的选项，却选择了把自己奉献给这项意义重大的事业。肯·弗雷泽、陈纳德、查尔斯·菲利普斯和凯文·夏尔，很荣幸能和你们一起完成这项使命。感谢 OneTen 的成员公司及其首席执行官，感谢你们愿意接受技能优先的文化，感谢你们对 OneTen 使命的长期奉献：埃森哲、德科集团、自动数据处理公司、爱彼迎、好事达保险公司、美国运通、安进、怡安、美国电话电报公司、贝恩公司、美国银行、伯克希尔哈撒韦公司、伯克希尔哈撒韦能源公司、美国伯灵顿北方圣太菲铁路运输公司、光明地平线家庭解决方案公司、家庭护理提供商 Care.com、嘉吉公司、外包服务公司 Catalyte、卡特彼勒公司、安达保险、思科、临床生命科学解决方案供应商 Clario、克莱顿房屋公司、克利夫兰诊所、外包服务公司 ConSol USA、德勤、达美航空、陶氏集团、礼来动物保护公司、虚拟现实营销公司 Emerald、旧金山联邦储备银行、通用汽车、简柏特、吉利德科学公司、高盛集团、制药公司 Hikma、惠普、哈门那公司、IBM、伊利诺斯工具公司、山间医疗、捷蓝航空、强生、摩根大通、礼来公司、劳氏公司、美敦力公司、纪念斯隆-凯特琳癌症中心、默克集团、奈佳罗信息服务、NBA、耐克、诺德斯特龙百货、诺斯洛普·格鲁曼公司、纽约大学专业研究学院、百事可乐公司、任仕达集团、儒博科技公司、巴拿巴健康、美国三星电子、汽车产业解决方法公司石鹰、史赛克公司、同步金融、塔吉特百货公司、特灵科技、美国联合航空公司、威讯通信、沃尔玛、威尔康奈尔医学院、富国银行、惠而浦公司以及百胜餐饮集团。另外，还要感谢所有在本书付梓后加入我们的 OneTen 成员。

马克和我要感谢我们最亲密的朋友，包括约翰和格伦达，巴布和比尔，罗恩和玛丽·简，里克和克劳迪娅，格里和黛安娜，以及亚历克斯和帕特。几十年来，你们倾听我们，支持我们，鼓励我们，为我们流泪，与我们一起庆祝了这么多的里程碑事件。我们因你们而变得更好，生命中有你们，是我们的幸运。

致我的整个家庭：能得到你们每个人无条件的爱与支持，是我的幸运。你们一直是我坚强的支柱，在我于本书中讲述我们的家庭故事时，也得到了你们一如既往的支持。从很多方面来说，我的故事也是你们的故事。谢谢你们让我与各位读者一同分享。

最后，献给我一生的挚爱——马克。没有你，这一切都不可能实现。没有你，这一切都没有意义。你总爱引引用齐柏林飞艇乐队的那句广为流传的歌词，我也将这句歌词送给你："如果太阳不再照耀，我仍然会爱你。即使山崩地裂，你和我依然惺惺相惜。"